Québec : *Ville du Canada, capitale de la province du même nom, sur un escarpement dominant le Saint-Laurent, au confluent de ce fleuve et de la rivière Saint-Charles ; Env. 500 000 habitants (Québécois) ; 725 000 d_____i_____ _____ion. Archevêché. Centre administratif, cultu_____ _____ustriel. Aéroport. La ville a été fondée en 160_____ _____ fut le berceau de la civilisation française en _____*

Modeste définition que c_____ _____le ville !

Car Québec a une place à part dans le paysage Québécois. Ayant su conserver les charmes de l'Europe sans renoncer aux attraits du nouveau continent, elle suscite l'attachement de chacun, et ne cesse d'évoluer et de redéfinir son identité aux yeux du monde, s'imposant peu à peu comme une ville avec laquelle il faut compter. Cette conciliation entre un important héritage historique et un avenir chargé de projets caractérise la ville, qui dispose de nombreux attraits.

C'est justement l'objet de cette nouvelle édition du Petit Futé, mise à jour et enrichie, que de vous dévoiler le meilleur de la capitale, et ceci dans tous les domaines. 160 pages cette année, et pas une n'aura été de trop, tant il y avait à dire. Notre équipe a sillonné la ville, mais aussi ses alentours, dans le seul but de faire de vous d'incollables Petits Futés.

Il est temps à présent de vous remercier d'avoir fait l'acquisition de cet ouvrage, qui nous en sommes sûrs saura vous accompagner dans vos découvertes !

L'équipe du Petit Futé

Infos sur l'éditeur

Édité par : Les Éditions Néopol Inc, 43 av. Joyce, Montréal (Qc) H2V 1S7
tél : 514-279-3015 | fax : 514-279-1143 | courriel : redaction@petitfute.ca | www.petitfute.ca
Administrateurs : Jonathan Chodjaï, Audrey Lorans.
Directeurs de collection : Jonathan Chodjaï, Michaël Galvez.
Directeur de la rédaction : Jonathan Chodjai.
Directrice des publications : Audrey Lorans.
Directrice du studio : Noémie Roy Lavoie.
Auteure : Katy Boudreau.
Conseillère en publicité : Perrine Faillot.
Impression : LithoChic
Distribution : Socadis-Flammarion.
ISBN : 978-2-922450-76-7
Dépôt légal – Bibliothèque nationale du Québec, 2009. Dépôt légal – Bibliothèque nationale du Canada, 2009.

AVERTISSEMENT

Tous les prix et adresses qui se trouvent dans ce guide étaient valables au 1er septembre 2009. Il est possible que les prix aient un peu augmenté et que certains établissements aient fermé entre le jour de l'impression de ce guide et le moment où vous l'utiliserez. En ce qui concerne les horaires d'ouverture, ils peuvent avoir été modifiés.

Photo en couverture © Christopher Howey- Fotolia.com

Offices du tourisme

MAISON DU TOURISME DE QUÉBEC

12, rue Sainte-Anne | 1-877-266-5867 | www.bonjourquebec.com *En face du Château Frontenac. Du 1er septembre au 31 août, ouvert tous les jours de 9h à 17h. Du 21 juin au 30 août de 9h00 à 19h00. Fermé le 25 déc et le 1er jan.* Comptoir d'information touristique avec guichet automatique, bureau de change et librairie.

BUREAU D'INFORMATION TOURISTIQUE DU VIEUX-QUEBEC

835, av. Wilfrid-Laurier | 418-641-6290 / 1 877-783-1608 | www.quebecregion.com *Ouvert tous les jours du 24 juin à la fête du Travail de 8h30 à 19h30, De la fête du Travail à l'Action de grâce de 8h30 à 18h30, de mi-oct au 23 juin lun-sam de 9h à 17h, dim de 10h à 16h. Fermé le 25 déc et le 1er jan.*

Transport

DANS QUÉBEC

À PIED

Les parties intéressantes pour le visiteur, notamment la vieille ville, le port et les plaines d'Abraham peuvent aisément se parcourir à pied. Ces promenades permettent de profiter au mieux de la ville. Pour aller dans les grandes galeries commerciales, dans le quartier Saint-Roch ou pour se rendre de la vieille ville à la rue Cartier (dont les restaurants sont renommés) mieux vaut prendre le taxi ou le bus.

BUS

RÉSEAU DE TRANSPORT EN COMMUN (RTC)

418-627-2511 | www.rtcquebec.ca *Tickets en vente dans toutes les tabagies et les pharmacies au prix de 2,45$ admission générale, ou payable directement au chauffeur à 2,60$ (attention, il ne rend pas la monnaie). Laissez-passer pour la journée 6,45$. Tarifs spéciaux pour les étudiants, les aînés et les moins de 18 ans. Cartes d'abonnement mensuel aussi disponible.*

BATEAU

TRAVERSIERS DU QUÉBEC

1 877-787-7483 | www.traversiers.gouv.qc.ca *Durée de la traversée : environ 10 minutes. Tarifs : Gratuit pour les 4 ans et moins, 1,95$ pour les 5 à 11 ans, 2,75$ pour le 12-64 ans, 2,50$ pour les 65 ans et plus. Cartes mensuelles disponibles, tarifs spéciaux pour les groupes de 15 personnes et plus.* Pour avoir une idée du site tel que découvert par Cartier et Champlain, prenez le traversier pour Lévis. Pour une somme modique, vous apercevrez la ville depuis l'eau. Une belle perspective.

TAXI

Attente moyenne de 6 minutes lors des heures d'affluence, près de 10 (sinon 15) tard le soir.

Écolobus

Depuis 2008, ces autobus électriques se promènent discrètement dans les rues du Vieux-Québec. Non polluant et silencieux, l'Écolobus contribue à la conservation d'un environnement de qualité dans le secteur historique de la ville de Québec. En plus de ces fabuleux critères… il est gratuit ! Pour plus d'informations sur ce moyen de transport écolo, consultez le site web du Réseau de transport en commun : www.rtcquebec.ca

TAXI COOP

496, 2e Avenue | 418-525-5191 | www.taxicoop-quebec.com Le taxi classique, mais en plus : tours de ville personnalisés et guides touristiques bilingues. Tarifs : entre 55$ et 65$ l'heure, tout dépendant du nombre de passagers.

ARRIVER À/QUITTER QUÉBEC

AUTOBUS

TERMINAL D'AUTOBUS LONGUE DISTANCE
320, rue Abraham-Martin | 418-525-3000

AUTOBUS ORLÉANS
418-525-3043 | www.orleansexpress.com *Transport interurbain tous les jours. Départ de la gare de bus (Gare du Palais).* Ils desservent les aéroports de Montréal et Québec, le Saguenay, le Lac-Saint-Jean, la Gaspésie, le Bas-Saint-Laurent et d'autres destinations au Canada et aux États-Unis.

AVION

AÉROPORT INTERNATIONAL JEAN-LESAGE DE QUÉBEC
505, rue Principale, Sainte-Foy | 418-640-2600 | www.aeroportdequebec.com
Liaisons nationales et internationales.

Compagnies aériennes qui desservent Québec :
Air Canada www.aircanada.ca
Continental Airlines *(de Newark et Cleveland)* www.continental.com
Northwest Airlines *(de Détroit)* www.nwa.com
United Airlines *(de Chicago)* www.united.com
Air transat *(de Paris)* www.airtransat.com
Corsairfly *(de Orly et Nantes)* www.corsairfly.com
WestJet *(de Toronto)* www.westjet.com
Porter *(de Toronto et Halifax)* www.flyporter.com

LOCATION DE VOITURES
Adresses qui se trouvent principalement dans le Vieux-Québec. Pour d'autres localisations se référer directement au centre de location choisi.

ALAMO 1 800-462-5266 | 542, boul. Charest Est | 418-523-6136 | www.alamo.com
AVIS 1 800-879-2847 | 1100, boul. René Lévesque Est | 418-523-1075 | www.avis.com
BUDGET 1 800-268-8991 | 29, côte du Palais | 418-692-3660 | www.budget.com
DISCOUNT Hôtel Château Laurier | 1220, place Georges V Ouest | 418-529-2811 / 1 800-263-2355
www.discountquebec.com
HERTZ 44, côte du Palais | 418-694-1224 / 1 800-263-0678 | www.hertz.ca
VIA ROUTE 2605, boulevard Wilfrid-Hamel | 418-872-5996 | www.viaroute.com

CO-VOITURAGE

ALLO-STOP
597, rue Saint-Jean | 418-658-0000 *Ouvert sam-mar de 9h à 18h et mer-ven de 9h à 19h.*
2336 Chemin Sainte-Foy | 418-658-0000 *Ouvert lun-mar de 9h à 18h, mer-ven de 9h à 19h, sam fermé et dim de 9h à 17h* | www.allostop.com *Adhésion annuelle 7$ pour un automobiliste et 6$ pour un passager. À titre indicatif, quelques destinations courantes avec leur coût par personne : Montréal 19$, Chicoutimi 19$, Sherbrooke 19$.* Un système pour globe-trotters, écolos, ou sans autos qui a fait ses preuves. À l'achat d'une carte de membre annuelle, Allo-stop garantit un service de transport fréquent sur les destinations canadiennes les plus prisées. Pour les autres destinations, vérifiez les disponibilités. Il est préférable de réserver deux jours à l'avance. Plusieurs bureaux à travers le Québec assurent le relais. Note : Allo-stop a été contraint de cesser ses activités vers l'Ontario suite à une plainte des compagnies d'autobus. Les voyages sont non fumeur.

AMIGO EXPRESS
1 877-264-4697 | www.amigoexpress.com *Points de service à Québec : Auberge internationale de Québec 19, rue Ste-Ursule et Voyages Campus Ste-Foy, Université Laval, pavillon Maurice-Pollack, local 1258. Permanence téléphonique lun-mar de 9h à 18h, mer-ven de 9h à 21h, sam-dim de 9h à 18h.* Un service en ligne de covoiturage, avec des trajets pour le Québec et ailleurs en Amérique du Nord. Adhésion annuelle de 7,50 $ pour passager et chauffeur. Inscription gratuite pour les étudiants et possibilité d'abonner gratuitement d'autres personnes lorsque membres.

TRAIN

VIA RAIL CANADA 1 888-842-7245

GARE DU PALAIS 450, rue de la Gare du Palais | www.viarail.ca
Billetterie ouverte lun-ven de 5h15 à 21h00, sam-dim de 7h à 21h00. Moyen de transport quelque peu suranné mais ô combien romantique. Prix similaires ou un peu supérieurs à l'autobus. Meilleurs tarifs si on réserve au moins trois jours avant le départ. *Tarif jeunesse pour les 18-25 ans qui permet d'économiser jusqu'à 25%.*

BUREAUX DE CHANGE

CAISSE POPULAIRE DESJARDINS 19, rue des Jardins | Meilleurs taux en ligne :
www.desjardins.com/fr/taux/change *Ouvert 7j/7 l'été. Au cœur du Vieux-Québec, l'endroit pour obtenir des devises étrangères et des chèques de voyage. Guichet automatique sur place.*

MAISON DU TOURISME DE QUÉBEC 12, rue Sainte-Anne | 1 877-BONJOUR (1 877-266-5867) | www.bonjourquebec.com *En face du Château Frontenac. Du 1ᵉʳ septembre au 31 août, ouvert tous les jours de 9h à 17h. Du 21 juin au 30 août de 9h00 à 19h00. Fermé le 25 déc et le 1ᵉʳ jan.*

S'informer

PRESSE

LE JOURNAL DE QUÉBEC 450, av. Béchard, Vanier | 418-683-1573 www.journaldequebec.com Un des quotidiens les plus vendus à Québec. Surtout des chroniques à sensation et des photos choc. Une bonne section d'annonces classées.

QUÉBEC SCOPE 420, boul. Charest Est, bureau 600 | 418-522-0440 | www.quebecscope. com Un guide mensuel qui sert de répertoire culturel et touristique. Bilingue, il est distribué gratuitement dans les lieux touristiques. Québec Scope est aussi le support des programmes officiels de bon nombre d'événements majeurs de la ville. Il gère également le contenu socioculturel du site Internet de la ville.

LE SOLEIL 410, boul. Charest Est | 418-686-3233 | www.lesoleil.com Une ligne éditoriale rigoureuse, se concentrant de plus en plus sur l'actualité, la vraie. LE quotidien de Québec, avec plusieurs cahiers spéciaux les fins de semaine.

VOIR 470, rue de la Couronne | 418-522-7777 | www.voir.ca Un hebdomadaire incontournable si l'on veut profiter pleinement de la vie culturelle, celle du devant, mais aussi celle plus underground. Livre, ciné, musique, théâtre, tout y est.

RADIO

RADIO-CANADA PREMIÈRE CHAÎNE 106,3 FM | www.radio-canada.ca Une des meilleures radios pour s'informer, si ce n'est la meilleure.

ESPACE MUSIQUE 95,3 FM | www.radio-canada.ca L'espace musical de jazz et de classique de Radio-Canada. La détente assurée.

CKRL 89,1FM | www.ckrl.qc.ca Locaux dans Limoilou, une bonne programmation musicale, des émissions parfois sérieuses, parfois plus loufoques, mais toujours de la bonne humeur.

CFOM 102,9FM | www.cfom1029.com De son propre aveu, LA radio flash-back.

ÉNERGIE 98,9FM | www.radioenergie.com Musique contemporaine, un brin d'humour.

CHYZ 94,3 FM | www.chyz.qc.ca La radio étudiante de l'Université Laval.

LA RADIO TOURISTIQUE DE QUÉBEC

90,3 FM | www.radiotouristique.ca *24h/24, 7 jours/7, la radio touristique de Québec diffuse de l'information utile pour vous guider à travers votre séjour dans la ville et ses environs ainsi que pour les régions de Chaudière-Appalaches et de Charlevoix. L'écoute de cette fréquence peut même vous amener vers quelques réductions intéressantes. C'est la radio idéale pour des idées de sorties et pour en apprendre davantage sur les événements de l'heure !*

CHOI 98,1FM | www.radiox.com La radio rock de Québec, bons airs des années 70 et 80. On souligne les chroniques d'actualité très colorées.

CHRC AM 800 | www.quebec800.com André Arthur y avait établi sa tribune de la provocation. La radio la plus critiquée et curieusement parmi les plus écoutées.

ROCK DÉTENTE 107.3 FM | www.rockdetente.com On n'est pas près d'entendre AC-DC ou du hard rock sur le 107,5. La vitesse de croisière est au soft. Musique douce pour la radio au boulot.

CJMF 93,3 FM | www.cjmf.com Pour certains, c'est la radio « quétaine ». Pour d'autres, on en fait partie, c'est la radio pour chanter à tue-tête dans la maison ou sous la douche. Chansons francophones actuelles ou plus anciennes.

TÉLÉVISION

RADIO-CANADA www.radio-canada.ca Une des institutions de la télévision. Bonnes émissions et parfois de bons films.

TQS www.tqs.ca La chaine est située en plein quartier Saint-Roch. Suite à un rachat de la chaîne, le réseau a changé son image au sein de l'industrie. La programmation actuelle offre des productions québécoises et américaines.

TVA www.tva.canoe.com Pour un salut bonjour version capitale nationale, c'est ici!

SITES INTERNET PRATIQUES

WWW.INFOCULTURE .CA Cinéma, théâtre, musique, arts visuels, festivals.. Un guide culturel complet.

WWW.RADIO-CANADA.CA/ARTS-SPECTACLES/ Pour tout savoir sur l'activité culturelle, des articles courts et sympas, des entrevues et des reportages étayés.

Événements

Nous essayons de vous donner les dates les plus justes possibles. Mais, nous ne sommes pas à l'abri de changements de dernière minute.

HIVER

SALON DES ARTISANS DE QUÉBEC *Du 10 au 20 décembre 2009*
Centre de Foires de Québec | 418-877-1919 | www.salondesartisans.com Rassemblement de nombreux artisans de la ville de Québec et de ses alentours. Présentations et ventes au public de leur travail.

CARNAVAL DE QUÉBEC *Du 29 janvier au 14 février 2010*
418-626-3716 | www.carnaval.qc.ca Au moment où il fait bien froid et où n'importe qui resterait chez lui, une fièvre hivernale s'empare de la ville. Anciennement, le Carnaval de Québec était synonyme de fête plutôt réservée aux adultes. Aujourd'hui, la programmation du plus gros carnaval d'hiver du monde s'adresse aux petits aussi. Bonhomme Carnaval, bain de neige, découverte de cultures nordiques, activités hivernales et culturelles, animations de tous genres se réunissent pour faire découvrir le plaisir de l'hiver !

MOIS MULTI *Février*
418-524-7553 poste 3 | www.moismulti.org Un mois de rencontre et une incitation à la découverte de nouvelles disciplines artistiques. Présence de nombreux artistes venus du monde entier, spécialistes de diverses disciplines en arts visuels.

RED BULL CRASHED ICE *26 et 27 mars 2010*
www.redbullcrashedice.ca Admission gratuite pour tous les spectateurs. Soyez témoin d'une descente infernale de plus de 500 mètres à travers les rues du Vieux-Québec. Alliant à la fois les sports du hockey, du ski de descente et le snowboardcross, ce parcours glacé remplis d'obstacles est le rendez-vous de plus de 100 compétiteurs provenant du Canada et de l'Europe et ayant un objectif en commun, arrivé en bas… le premier. Adrénaline garantie !

PRINTEMPS

FESTIVAL DE CINÉMA DES 3 AMÉRIQUES *Dernier week-end de mars*
418-647-1234 | www.fc3a.com Le plus important festival de cinéma à Québec. Courts et longs-métrages, nouvelles images en provenance des Amériques, de l'Alaska à Ushuaia, à découvrir de toute urgence pour sa diversité et son intérêt.

SALON INTERNATIONAL DU LIVRE DE QUÉBEC *Du 7 au 11 avril 2010*
Centre des Congrès 418-692-0010 | www.silq.org Le lieu de rencontre des auteurs et du public autour de leurs œuvres. Les conférences, tables rondes, rencontres et séances de signature font de cet événement un salon qui dépasse la question littéraire.

FESTIVAL DE LA GASTRONOMIE DE QUÉBEC
COUPE DES NATIONS *Du 16 au 18 avril 2010* | Au Centre de Foires ExpoCité | 418-683-4150
www.crq.ca/fr/festival Les meilleurs restaurateurs de la région de Québec y
participent. Dans une ambiance de fête, on déguste des vins et bières,
tout en assistant au défi des chefs, à des spectacles continuels et aux
compétitions culinaires.

MANIF D'ART
De début mai à mi-juin, tous les deux ans. Dates pour 2010 : Du 1ᵉʳ mai au 13 juin | 418-524-1917
www.manifdart.org L'art actuel s'exhibe dans la ville sous sa forme la plus diverse
à l'aide d'une programmation d'expositions et de spectacles où cohabitent
poésie, musique, métiers d'art, photographies, installations, peinture,
performances et vidéos. Cette biennale d'envergure internationale fait vivre
une expérience stimulante et originale autour de l'art de recherche.

CARREFOUR INTERNATIONAL DE THÉÂTRE *Fin mai-début juin*
418-692-3131 www.carrefourtheatre.qc.ca Vaste sélection de pièces de théâtre venues
du monde entier.

ÉTÉ

GRAND RIRE (LE) *Mois de juin*
418-640-2277 / 1 877-441-7473 | www.grandrire.com Une centaine d'humoristes de
renom et des représentants de la relève donnent des spectacles en plein
air ou en salle.

FÊTE NATIONALE *24 juin*
418-640-0799 | www.snqc.qc.ca Un grand concert, généralement sur les plaines
d'Abraham réunit des milliers de spectateurs. En marge de cet évènement sont
organisés bals, fêtes pour enfants, défilés, etc.

LE MOULIN A IMAGES
Silo Bunge, sur les quais, entre le Marché du Vieux-Port et la rue Dalhousie, au nord du quai
Saint-André. *Du 3 juillet au 13 septembre, du mer au dim (tous les soirs durant les vacances de construction
mi-juillet à début août). Juillet :22h, Août : 21h30, Septembre : 21h. Gratuit.* Le Moulin à images est
la plus grande projection architecturale existante à ce jour. Un média qui a su
rassembler différents arts de la scène (musique, cinéma, théâtre) et formé un
seul langage. 400 ans d'images qui défilent avec une technologie telle que
pour un instant on a l'impression que les silos qui nous font face prennent vie !
Tel un livre, Robert Lepage et ExMachina, nous racontent l'histoire de Québec
à travers différents tomes représentent les grandes époques de la ville. Il est
possible d'écouter la trame du spectacle sur la fréquence 97.5.

LES CHEMINS INVISIBLES DU CIRQUE DU SOLEIL
Quartier Saint-Roch. *Du 24 juin au 7 septembre du mer au dim. Du 24 juin au 26 juillet à 21h30, du 29
juillet au 23 août à 21h et du 26 août au 6 septembre à 20h30. Gratuit.* Les Chemins invisibles sont
un événement déambulatoire dans les rues du quartier Saint-Roch où les
spectateurs sont conviés à suivre des amuseurs publics à différents endroits.

Représentant des membres de diverses tribus (les Brumes, les Brasiers, les Sables et les Embarrassants),c'est un monde de saltimbanques qui jonglent, dansent, chantent et virevoltent sous nos yeux. Symbolique et poétique, ce spectacle est une incursion dans l'intimité de personnages urbains qui transforment la rue en lieu de rencontres ouvert sur le monde.

FÊTE DU CANADA *1 juillet*
418-663-9660 | www.celafete.ca Nombreuses festivités pour enfants et adultes, notamment sur les plaines d'Abraham.

FÊTE DE QUÉBEC *3 juillet*
418-641-6411 La fondation de la ville de Québec remonte au 3 juillet 1608. Des spectacles et diverses animations, allant du folklore au spectacle de rue, commémorent cet anniversaire.

FESTIVAL D'ÉTÉ DE QUÉBEC *De début juillet à mi-juillet*
418-523-4540 ou sans frais au 1-888-992-5200 | www.infofestival.com Ce festival de musique invite des artistes du monde francophone et d'ailleurs. Musique, arts de la rue, 11 jours de festivités et d'effervescence.

GRANDS FEUX LOTO–QUÉBEC *Entre la dernière semaine de juillet et la deuxième semaine d'août* | Parc de la Chute Montmorency | 418-523-3389 / 1 800-923-3389
www.lesgrandsfeux.com Les mercredis et samedis soir, le ciel s'illumine de grands feux d'artifices musicaux. Tout un spectacle que cette compétition conviant les meilleurs artificiers du monde sur le site enchanteur du parc de la Chute Montmorency !

FESTIVAL DES JOURNÉES D'AFRIQUE, DANSES ET RYTHMES DU MONDE *Fin juillet*
418-640-4213 | www.festivaljourneedafrique.com | Place d'Youville et Église Saint-Roch. Musiques traditionnelles et modernes reflétant la diversité de la musique africaine.

FÊTES DE LA NOUVELLE-FRANCE SAQ *Début août*
418-694-3311 ou 1 866-391-3383 | www.nouvellefrance.qc.ca Le Québec du XVIIe siècle renaît ! Pendant une semaine, les filles du roi, coureurs des bois et autres personnages de l'époque envahissent les rues. Reconstitutions, théâtres, animateurs, costumes, rien n'est laissé au hasard pour remonter au temps du régime français.

PLEIN ART QUÉBEC *Début août*
Vieux-Québec | 418-694-0260 | www.metiers-d-art.qc.ca/paq/ Une centaine d'artisans professionnels québécois exposent un large éventail de produits : décoration en verre, articles de cuir, de métal, vêtements et accessoires, meubles, bijoux, etc.

EXPO QUÉBEC *Mi-août*
1 888-866-3976 | www.expocite.com À l'origine, une foire agricole qui est devenue la plus grande fête foraine de l'Est du Canada. Un parc d'attractions pour petits

et grands, différents pavillons récréatifs et culturels. La foire agricole constitue toujours une part importante des festivités.

FESTIVAL INTERNATIONAL
DE MUSIQUES MILITAIRES DE QUÉBEC *Du 24 au 29 août 2010*

1 888-693-5757 | www.fimmq.com Un festival hors norme qui convie le public à la découverte de cette musique si particulière. Les divers lieux de concert permettent une redécouverte originale de la ville et de ses sites touristiques.

FÊTE ARC-EN-CIEL DE QUÉBEC *Du 3 au 5 septembre 2010*

418-809-3383 | www.glbtquebec.org Festival socio-artistiques de la fierté gaie qui accueille les hétéros et permet de faire connaître les principaux acteurs sur la scène GLBT.

AUTOMNE

FESTIVAL ENVOL ET MACADAM *Du 10 au 12 septembre 2009*

418-522-1611 | www.envoletmacadam.com | Saint-Roch Un festival de musiques alternatives qui anime les rues de Limoilou depuis 1996. Des artistes reconnus et ceux de la relève se côtoient, en salle ou à l'extérieur, pendant quatre jours.

JOURNÉES DE LA CULTURE *Du 25 au 27 septembre 2009*

1 866-734-4441 | www.journeesdelaculture.qc.ca Un grand nombre de musées et de monuments ouvrent gratuitement. Des spectacles et des concerts rythment les visites.

CHALLENGE DE TENNIS DE QUÉBEC *Du 12 au 20 septembre 2009*

418-653-8737 / 1 866-653-6203 www.challengebell.com Plus de 10 ans déjà que ce tournoi féminin convie des joueuses de tennis de niveau international et des jeunes espoirs. Celles qui brillent sur le terrain aujourd'hui ont souvent fait leurs premières armes sur les terrains de Québec.

FESTIVAL DES MUSIQUES SACRÉES DE QUÉBEC

Du 22 octobre au 1 novembre 2009 | 418-525-9777 / 1 866-525-9777 | www.festivalmusiquesacree.ca Église Saint-Roch Les musiques religieuses et un lieu chargé d'histoire se marient pour l'organisation de concerts. Cet événement, créé en 1997 par le curé de la paroisse Saint-Roch accueille des interprètes internationaux de premier ordre pour des gospels, des chants grégoriens, des polyphonies corses et de la musique ancienne.

PARADE DES JOUETS *Du 13 au 15 novembre 2009*

418-780-3006 | www.paradedesjouets.ca Trois jours de festivités magiques ! Tournoi de hockey bottines, activités en plein air au Village enchanté, spectacles, cadeaux et une parade défilant plus de 50 tableaux ; chars allégoriques, fanfare, troupes de danses et la vedette de l'événement… le Père Noël !

Les remparts © NRL

Bien avant l'arrivée des Européens, les chasseurs et pêcheurs amérindiens habitaient le village de Stadaconé, non loin du site actuel de Québec.

En 1535, Jacques Cartier est le premier européen à accoster à Québec.

Il donne le nom de cap Diamant au promontoire qui domine le Saint-Laurent, pensant y trouver de précieuses pierres, avant d'en repartir, déçu. Il fonde en 1535 un petit fortin. Il quitte les nouveaux territoires, sans diamant et avec beaucoup de ses hommes atteints du scorbut. Il retourne au Québec en 1541, mais s'établit alors à la rade de Cap-Rouge. C'est la dernière expédition de la France pendant plus de 50 ans, puisqu'elle préfère ensuite concentrer ses expéditions vers l'Amérique du Sud.

Néanmoins, à partir des débuts du XVIIème siècle, ces territoires intéressent à nouveau la France, probablement en raison de la mode des fourrures. En 1603, Samuel de Champlain participe en tant qu'observateur à une expédition. Puis, en 1608, Pierre Dugua de Mons, détenteur du monopole du commerce de fourrure, le charge de fonder une colonie à partir de laquelle il pourra aller chercher des animaux à fourrure.

C'est ainsi que Champlain fonde Québec, le 3 juillet 1608. Il y établit un poste de traite des fourrures et érige une première forteresse de bois. Les institutions religieuses et l'administration coloniale s'établissent dans la haute-ville, tandis que les marchands et les artisans habitent la basse-ville, qui demeurera jusqu'au milieu du XIXème siècle le cœur économique de la cité. Très vite, Québec devient le centre politique, administratif et militaire de la Nouvelle-France. Perchée sur le promontoire du cap Diamant (98 m de hauteur), au confluent de la rivière Saint-Charles et du Saint-Laurent, la ville, surnommée « le Gibraltar de l'Amérique », occupe en effet un site stratégique qui fera l'objet de multiples offensives : elle ne subira pas moins de six sièges. Les frères Kirke, émissaires anglais, réussissent même à s'en emparer en 1629.

Mais, en 1632, le traité de Saint-Germain-en Laye rend Québec à la France. Comme elle reste vulnérable en dépit de sa situation de forteresse naturelle, on décide de l'entourer de puissantes fortifications. Elles sont érigées en 1690 par le comte de Frontenac qui réussit à repousser l'assaut de l'amiral Philips. Mais, en 1759, les troupes anglaises du général Wolfe assiègent la ville. C'est ainsi que, lors de la funeste bataille des Plaines d'Abraham, le général français Montcalm est battu. La France perd sa colonie.

Conquise, Québec est cédée à l'Angleterre en 1763. Cependant le territoire francophone conserve son droit de pratiquer la religion catholique (interdite en Angleterre) et se voit autorisée, grâce à la signature, en 1774, de l'Acte de Québec, à préserver sa langue et ses coutumes. Ce qui n'empêchera pas, un an plus tard, une autre tentative d'invasion, celle des troupes américaines de Montgomery qui convoitent la perle de la « Belle province ». Cuisant échec de l'envahisseur.

En 1791, le Canada est divisé en deux provinces : le Haut-Canada (actuel Ontario) majoritairement anglophone dont la capitale est Newark (actuelle Niagara) et le Bas-Canada (actuel Québec) dont la capitale est Québec. En 1814, après une nouvelle guerre entre les États-Unis et la Grande Bretagne, la ville de Québec – comme plusieurs autres du Canada- est fortifiée. L'actuelle Citadelle date de cette époque. Jusqu'à présent ce

système de fortifications s'est avéré inutile puisque la ville n'a plus jamais été attaquée !

Au début du XIXème siècle, Québec est un port très important en raison notamment de la construction sur place de grands voiliers, des expéditions de bois vers l'Europe et de l'arrivée d'immigrants du vieux continent. Dès lors, Québec acquiert un grand poids économique et politique : elle est pendant plusieurs années la capitale du Canada-Uni (entre 1840 et 1867) puis devient la capitale de la province de Québec lors de sa création en 1867.

L'expansion que connait Québec au cours de la première moitié du XIXème siècle ralentit considérablement lors de sa deuxième moitié : moins de chantiers navals, abolition du protectionnisme avec la Grande-Bretagne, etc. Cela a des conséquences directes sur la démographie. Montréal devient beaucoup plus peuplé que Québec.

Au début du XXème siècle la ville profite de l'installation de diverses industries (textile, cordonnerie) et du développement d'un réseau ferroviaire. Puis, dans les années 30, le nombre de fonctionnaires augmente. Les débuts du tourisme contribuent également à l'enrichissement de la ville. Dans les années 70, Raymond Garneau, ministre des Finances du Québec, donne un nouveau souffle à la ville en lançant une politique de grands travaux. La rénovation de la Place-Royale et de la colline parlementaire, la construction de l'autoroute Dufferin-Montmorency datent de cette époque. En 1995, la création de la Commission de la Capitale-Nationale du Québec vise à faire de la ville une « vraie capitale ».

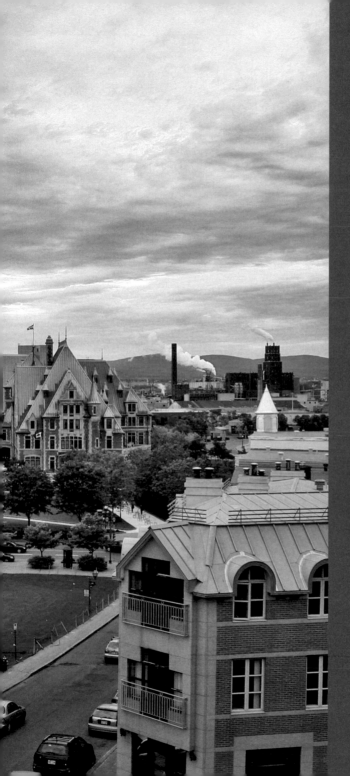

Pense futé

Numéros utiles

SERVICES MUNICIPAUX

HÔTEL DE VILLE
2, rue des Jardins
418-641-6010
www.ville.quebec.qc.ca

COMMISSION DE LA CAPITALE NATIONALE
525, boul. René-Lévesque Est
418-528-0773 / 1 800-442-0773
www.capitale.gouv.qc.ca
Créée en 1995, sa mission est de promouvoir le rôle de la Ville de Québec comme capitale et contribuer à son développement. Elle conseille ainsi le gouvernement sur des questions telles que la localisation des ministères et organismes et l'aménagement. La Commission œuvre dans tous les domaines de la ville, que ce soit dans les institutions nationales, les biens historiques ou les espaces publics.

SERVICES GOUVERNEMENTAUX

FÉDÉRAL

AGENCE DU REVENU DU CANADA
1 800-267-6999
www.ccra-adrc.gc.ca

PASSEPORT CANADA
2640, boul. Laurier, bureau 200, 2ᵉ étage
1 800-567-6868 / ATS 1 866-255-7655
www.ppt.gc.ca
Le délai de délivrance d'un passeport est normalement de quatre semaines. Dans les cas d'urgence, le délai de traitement peut être réduit. Pour un service « urgent », le passeport sera délivré la journée ouvrable suivant la réception de la demande (frais de 70 $ + droits de passeport). Pour un service « express », deux à neuf jours ouvrables suivant la réception de la demande (30 $ + droits de passeport).

NUMÉROS D'URGENCE

POLICE – POMPIERS – AMBULANCE	**911**
INFO-SANTÉ	**811**
SÛRETÉ DU QUÉBEC	**310-4141**
INFO-CRIME	**1 800-711-1800**
RECHERCHE & SAUVETAGE MARITIME ET AÉRIEN	**1 800-463-4393**
CENTRE ANTI-POISON	**1 800-463-5060**
GAZ – DÉTECTION D'ODEUR	**911**
GAZ MÉTROPOLITAIN (fuites, 24h/24)	**1 800-361-8003**
HYDRO-QUÉBEC (pannes & urgences, 24h/24)	**1 800-790-2424**

Santé

RÉGIE DE L'ASSURANCE MALADIE DU QUÉBEC (RAMQ)

1125, Grande Allée Ouest

418-646-4636

www.ramq.g ouv.qc.ca

Ouvert les lun-mar-jeu-ven de 8h30 à 16h30 sans interruption et le mer de 10h à 16h30.

CENTRE LOCAL DE SERVICES COMMUNAUTAIRES (CLSC)

Vous pouvez recevoir des services médicaux de base soit dans les cabinets de médecins privés, les cliniques ou polycliniques privées, soit dans un Centre Local de Services Communautaires (CLSC), un établissement public qui dispense à la fois des services de santé et des services sociaux. Certains CLSC offrent leurs services dans plusieurs langues.

CLSC DE QUÉBEC

Centre de santé et de services sociaux de la Vieille-Capitale

1, av. du Sacré-Cœur

418-529-4777 | www.csssvc.qc.ca

CLSC BASSE-VILLE-VANIER

50, rue Saint-Joseph Est | 418-529-2572

CLSC CAP-ROUGE-SAINT-AUGUSTIN

1100, boul. de la Chaudière, bureau 115

418-651-2572

CLSC DES-RIVIÈRES

900, boul. Wilfried Hamel | 418-688-9212

CLSC HAUTE-VILLE

55, ch. Sainte-Foy | 418-641-2572

CLSC HAUTE-VILLE,

Pavillon Courchesne,

les services famille et enfance

383, ch. Sainte-Foy | 418-641-2572

CLSC DE L'ANCIENNE-LORETTE

1320, rue Saint-Paul | 418-651-2572

CLSC LIMOILOU

1405, chemin de la Canardière | 418-529-2572

CLSC SAINTE-FOY-SILLERY

3108, ch. Sainte-Foy | 418-651-2572

HÔPITAUX

CENTRE HOSPITALIER UNIVERSITAIRE DE QUEBEC HÔTEL DIEU DE QUEBEC

11, Côte du Palais

418-525-4444 | www.chuq.qc.ca

CENTRE HOSPITALIER DE L'UNIVERSITE LAVAL (CHUL)

2705, boul. Laurier | 418-525-4444

CENTRE HOSPITALIER ROBERT-GIFFARD

2601, ch. de la Canardière

418-663-5321 | www.rgiffard.qc.ca

CENTRE HOSPITALIER AFFILIE HÔTEL DIEU DE LEVIS

143, rue Wolfe, Lévis | 418-835-7121

HOPITAL SAINT-FRANÇOIS-D'ASSISE

10, rue de l'Espinay | 418-525-4444

HOPITAL DE L'ENFANT-JESUS

1401, 18e Rue

418-649-0252 | www.cha.quebec.qc.ca

HOPITAL DU SAINT-SACREMENT

1050, ch. Sainte-Foy | 418-682-7511

HOPITAL LAVAL

2725, ch. Sainte-Foy | 418-656-8711

COMMISSION DES DROITS DE LA PERSONNE ET DES DROITS DE LA JEUNESSE

575, rue Saint-Amable, bureau 4.31
418-643-1872/ 1 800-463-5621
www.cdpdj.qc.ca

La commission s'assure de veiller au respect des principes de non discrimination et d'égalité dans tous les domaines. Si vous souhaitez obtenir plus d'information sur vos droits, la commission est là pour vous aider.

ÉDUCALOI

www.educaloi.qc.ca

Un site Internet qui répond à toutes vos questions concernant vos droits, le système judiciaire et autres ressources, de façon claire et dans plusieurs catégories (habitation, famille, consommation, pénal, etc.)

MINISTÈRE DE LA JUSTICE DU QUÉBEC

418-643-5140 / 1 866-536-5140
www.justice.gouv.qc.ca
Pour obtenir plus de renseignements sur des lois, des procédures, etc.

PALAIS DE JUSTICE DE QUÉBEC

300, boul. Jean-Lesage | 418-649-3400

COUR MUNICIPALE

300, boul. Jean-Lesage | 418-649-3400
Les cours municipales ont une compétence limitée en matière civile. Celle-ci porte notamment sur les réclamations de taxes. Elles ont également compétence en matière pénale pour les infractions aux règlements municipaux et pour les infractions aux lois québécoise telles que le Code de sécurité routière.

COUR DES PETITES CRÉANCES

300, boul. Jean-Lesage | 418-649-3508
La Division des petites créances entend des causes où une somme d'argent est en litige ainsi que d'autres causes visant l'annulation ou la résiliation d'un contrat, lorsque l'objet du contrat et la somme réclamée n'excèdent pas chacun 7000 $. C'est une division de la Cour du Québec où les gens se représentent seuls et sans avocat.

LE CURATEUR PUBLIC

400, boulevard Jean-Lesage,
Hall Ouest, bureau 22
418-643-4108/ 1 800-463-4652
www.curateur.gouv.qc.ca

Le curateur public a pour mission de gérer la protection de citoyens inaptes, et de s'assurer que toute décision relative à leur personne ou à leurs biens est prise dans leur intérêt, le respect de leurs droits et la sauvegarde de leur autonomie.

INFO-NOTAIRES

1 800-668-2473 | Service d'informations juridiques gratuit tenu par la chambre des notaires du Québec.

RESSOURCES POUR LES VICTIMES D'ACTES CRIMINELS

CENTRE D'AIDE POUR LES VICTIMES D'ACTES CRIMINELS (CAVAC)

1167, ch. Sainte-Foy
418-648-2190 / 1 888 881-7192 | www.cavac.qc.ca
Le cadre de leur intervention englobe une prise en charge de la victime afin de lui expliquer toutes les démarches à suivre, d'assister aux rendez-vous avec les procureurs et les enquêteurs référés sur le dossier d'une victime, de rencontrer et d'orienter la victime vers des ressources sur un plus long terme selon ses besoins.

Sos ticket

Vous n'êtes pas d'accord avec l'infraction que l'on vous a inculpé ? Vous voulez contester un ticket ? SOS Ticket saura vous assister dans vos démarches et vous fera économiser votre argent et vos points sur votre permis de conduire. Ouvert du lun-ven de 9h à 18h. Adresse : 373, rue Saint-Paul 418-614-8541 / 1 866-767-9311

fournissant des informations utiles sur divers sujets, tels que l'habitation, les voyages, la santé, les impôts et bien d'autres.

CONSEIL DES AÎNÉS DU QUÉBEC
www.conseil-des-aines.qc.ca | 1 877-657-2463
Organisme gouvernemental qui a principalement pour fonction de promouvoir les droits des aînés, leurs intérêts et leur participation à la vie collective ainsi que de conseiller la ministre sur toute question qui concerne ces personnes.

FÉDÉRATION DE L'ÂGE D'OR DU QUÉBEC
1098, route de l'Église, Sainte-Foy
418-650-3552 | www.fadoq-quebec.qc.ca
Regroupement de plusieurs organismes dont la mission est de fournir des informations sur les droits des aînés, leurs besoins et qui propose également des activités et des services divers.

RETRAITES-QUEBEC.CA
www.retraites-quebec.ca
Plus d'une centaine de sites informatifs pour les retraités, pré-retraités et leurs familles. Une foule de sujets disponibles tels que l'alimentation, la culture, la famille, les gouvernements, l'immobilier, le jardinage, les sports, les loisirs, les voyages etc.

LES RETRAITES FLYES
http://pages.riaq.ca/flyes/
Les retraités et préretraités dynamiques ont leur site Internet qui leur permet de se retrouver et de se regrouper à travers le Québec. Ils organisent plusieurs activités de groupes, comme des cours de langue, du bénévolat, de la coopération internationale, de la marche, du vélo, du ski, etc.

RÉSEAU D'INFORMATION DES AÎNÉS DU QUÉBEC (RIAQ)
www.riaq.ca
Informations variées pour les 50 ans et plus. Organisation d'activités.

Informations & services juridiques

GÉNÉRAL

BUREAU D'INFORMATION JURIDIQUE DE L'UNIVERSITÉ LAVAL (BIJ)
Pavillon Maurice-Pollack (Local 2231)
418-656-7211
Oct à avr ouvert lun-ven de 8h30 à 18h30. Pour avoir l'heure juste tout à fait gratuitement concernant vos droits. Des étudiants de 2e et 3e année sont disponibles sur place et vous orientent.

AIDE JURIDIQUE
8500, boul. Henri Bourassa | 418-643-3334
Si vous avez besoin d'informations juridiques ou bien d'une aide, des professionnels agréés sont disponibles et l'aide juridique peut être gratuite ou à frais réduit, selon votre situation.

FEMMES

CONSEIL DU STATUT DE LA FEMME
1 800-463-2851 | www.csf.gouv.qc.ca
Cet organisme gouvernemental a pour mission de promouvoir et de défendre les droits et les intérêts des Québécoises. C'est une source d'information pour les femmes et le public dans son ensemble.

PERSONNES SOUF-FRANT DE DÉFICIENCE

ASSOCIATION CANADIENNE POUR LA SANTÉ MENTALE
325, rue Raoul-Jobin
418-529-1979 | www.acsmquebec.org
Organisme sans but lucratif qui œuvre à la promotion de la santé mentale et à la prévention de la maladie depuis 1979.

ASSOCIATION DES MALENTENDANTS QUÉBÉCOIS
7260, boul. Cloutier
418-623-5080 | www.amq1985.org
Services d'aide et d'information à l'audition lors d'activités de loisirs.

LA FÉDÉRATION DES FAMILLES ET AMIS DE LA PERSONNE ATTEINTE DE MALADIE MENTALE (FFAPAMM)
1990, rue Cyrille-Duquet, bureau 203
418-687-0474 / 1 800-323-0474
www.ffapamm.qc.ca
Depuis sa fondation, en 1986, le FFAPAMM travaille à sortir ses membres de l'isolement. De plus, cet organisme sensibilise la population et les instances décisionnelles aux problèmes reliés à la maladie mentale et aux impacts sur les familles et amis. Son porte-parole n'est ni plus ni moins que Rémy Girard !

FONDATION MIRA
2700, rue Jean-Perrin
418-845-6472 / 1 800 799-6472 | www.mira.ca
À but non lucratif. Mira fait don de chiens-guides aux non-voyants. Cause des plus nobles, et la générosité à leur égard est de mise !

OFFICE DES PERSONNES HANDICAPÉES
979, av. de Bourgogne, bureau 400, Sainte-Foy
418-643-1599 / 1 888-643-1599
www.ophq.gouv.qc.ca
L'Office a pour mission de s'assurer que les droits des personnes handicapées sont respectés et d'améliorer leur intégration sociale. Service de soutien et d'accompagnement aux personnes handicapées et à leur famille.

VAN-ACTION
418-529-6551 / 1 800-668-8705
www.van-action.com
Entreprise adaptant les véhicules, commerciaux ou privés, aux besoins des handicapés. Aussi aménagement des domiciles avec ascenseurs et rampes. Bonne réputation dans le milieu.

RÉSEAU DE TRANSPORT ADAPTÉ
418-687-2641 | www.rtcquebec.ca
Le service de transport adapté est offert aux personnes qui ont une déficience significative et persistante, les rendant incapables d'utiliser le transport collectif régulier. Les personnes désireuses de bénéficier du service de transport adapté doivent se procurer et compléter le formulaire de demande d'admission.

TROISIÈME ÂGE

PROGRAMMES ET SERVICES POUR LES AÎNÉS DU QUÉBEC
www.aines.info.gouv.qc.ca
Site web du gouvernement québécois

Raccompagnement à domicile

Ce n'est pas une nouveauté, on peut très bien s'amuser sans boire. Mais au cas où vous n'auriez rien vu venir et pour éviter le massacre sur les routes, voici une alternative efficace et drôlement pratique. À utiliser sans modération. Et ce n'est pas parce qu'on a du mal à marcher qu'il faut oublier le tip !

CENTRE D'AIDE ET D'ACTION BÉNÉVOLE DE CHARLESBOURG

7260, boul. Cloutier, Charlesbourg

418-622-5910 | www.caabcharlesbourg.org

Vous voulez sauver le monde ! Faites-le concrètement en prêtant main-forte aux plus démunis et aux personnes en difficulté. L'action bénévole est aussi un moyen d'échanger et de vivre des expériences stimulantes et enrichissantes !

CROIX-ROUGE CANADIENNE

325, rue de la Croix-Rouge

418-648-9066 | www.croixrouge.ca

La Croix-Rouge intervient dans des situations d'urgence et des sinistres. Elle offre également des programmes de secourisme et de prévention pour tous les âges.

CÉLIBATAIRES

LAVALIFE

www.lavalife.ca

Lavalife est un groupe international de rencontres par téléphone et par Internet. On vante les mérites des services offrant un milieu sécuritaire et divertissant.

RENCONTRES TRAIT D'UNION

www.traitdunion.ca

Pour discuter en ligne, se faire des amis ou encore trouver l'âme sœur, il suffit d'un clic et le tour est joué.

RESEAU CONTACT

www.reseaucontact.com

Un des plus grands sites de rencontre québécois. Pour hommes et femmes qui cherchent amour et/ou amitiés.

COMMUNAUTÉ GAIE

CHAMBRE DE COMMERCE GAIE DU QUEBEC

1 888-595-8110

www.ccgq.ca

Service d'information et de réseautage pour communauté d'entrepreneurs gais.

GROUPE DE RECHERCHE ET D'INTERVENTION SOCIALE GAIS ET LESBIENNES-QUEBEC (GRIS)

363, de la Couronne, bureau 201

418-523-5572

www.gris.ca

Démystification de l'homosexualité en milieu scolaire auprès des adolescent(e)s et jeunes adultes. Activités et partenariats avec les écoles secondaires et cégeps.

GAI ÉCOUTE

1 888-505-1010

www.gai-ecoute.qc.ca

Gai Écoute dispense gratuitement des services d'aide et de renseignements à l'intention des personnes intéressées par les questions relatives à l'orientation sexuelle.

de même que des remorques et des chariots. La ligne complète des fournitures pour un déménagement organisé et bien planifié. Pour les longues distances, un supplément permet de couvrir la location à sens unique, et ce pour l'ensemble de l'Amérique du Nord. Ouvert 7 jours, avec un service routier gratuit en cas de pépins.

ENTREPÔTS

Un entreposage peut vous sauver lorsque vous avez une forte tendance à accumuler les biens matériels. À moins que vous ne vous envoliez pour de longs moments. Dans ce cas, les effets personnels cherchent logis et l'entreposage permet de tout conserver à petit prix. L'idéal est de louer un espace approprié, chauffé et surveillé 24 heures, avec accès 7 jours. Voici une sélection des entrepôts de la région les plus recommandés, sélectionnés pour la sécurité offerte ainsi que l'accessibilité tous les jours de la semaine.

A PRIX MODIQUE DEMENAGEMENT
273, Sophia-Melvin
418-841-4932 / 1 877 722-4932
www.dem-prixmodique.com

DEMENAGEMENT COTE
2890, av. Kepler, Sainte-Foy | 418-652-8222

ENTREPOSAGE DOMESTIK
2383, Galvani, Sainte-Foy
418-683-8333 | www.domestik.qc.ca
Entreposage Domestik est un système d'entreposage « libre service » qui vous permet de louer un espace correspondant à vos besoins et ce, pour aussi longtemps que vous le désirez.

U-HAUL
2495 boul. Henri-Bourassa
418-524-7868 | www.uhaul.com

SERRURIERS

A À Z SERRURIER
4461, 1e Avenue, Charlesbourg
418-622-4720
Lorsque vous avez oublié vos clés, perdu ce fameux trousseau, le service d'urgence 24h sur 24 de cette boutique sauvera votre soirée.

BEDARD SERRURIER
2842, ch. Sainte-Foy, Sainte-Foy
418-653-8877
www.bedard-serrurier.com
La confection de clés et serrures ainsi que les coffres-forts pour le commercial et le privé, Bédard serrurier offre un service d'urgence pour un déverrouillage rapide.

Organismes & services

BÉNÉVOLAT – ENTRAIDE

CENTRE D'ACTION BÉNÉVOLE DE QUÉBEC
245, rue Soumande, local 285, Vanier
418-681-3501 | www.cabqinc.net
Fondé en 1976, le Centre regroupe 340 organismes. Il apporte du support aux bénévoles en les formant. Cet organisme tient également un répertoire de 700 organismes à but non-lucratif de la région.

TOLERANCE ZERO
1 877-996-9990 | www.tolerancezero.ca
Précurseur en la matière, les services de raccompagnement de Tolérance Zéro, à votre domicile, à bord de votre véhicule, sont disponibles partout au Québec, toute l'année. Transport bénévole. Pour être bénévole, il suffit de faire une demande d'inscription au même numéro.

Québec gratuit

Entrées libres pour les musées et les monuments

• **Musée national des Beaux Arts :** *accès gratuit tous les jours aux six salles de la collection du Musée. À ne pas manquer : la salle consacrée à Jean-Paul Riopelle et la collection d'art inuit Brousseau.*

• **Musée de la civilisation :** *entrée libre tous les mardis entre le 1er novembre et le 31 mai ainsi que de 10h à 12h les samedis des mois de janvier et février. Superbes expositions permanentes sur l'histoire du Québec et les Premières Nations.*

• **Parlement :** *visites guidées gratuites toute l'année. Pour plus de renseignements : 418 643 7239.*

• **Basilique-Cathédrale Notre-Dame de Québec :** *entrée libre.*

• **Résidence du Gouverneur général du Canada :** *entrée libre. Fermée lors du séjour de la Gouverneure.*

• **La Maison Chevalier :** *entrée libre en tout temps.*

• **Les économusées :** *entrée libre en tout temps.*

• **Le centre d'interprétation Place Royale :** *entrée libre le mardi du 1er novembre au 31 mai ainsi que de 10h à 12h les samedis des mois de janvier et février.*

• **Monastère des Augustines de l'Hôtel Dieu :** *entrée libre en tout temps.*

• **Centre Marie de l'Incarnation :** *entrée libre en tout temps.*

• **Musée de l'Amérique Française :** *entrée libre le mardi du 1 novembre au 31 mai ainsi que de 10h à 12h les samedis des mois de janvier et février.*

Spectacles gratuits

• **Les bibliothèques municipales** *et en particulier la bibliothèque Gabrielle Roy organisent de nombreux spectacles, gratuits ou peu chers.*

• **Le défilé du Carnaval :** *on assiste gratuitement au défilé de chars colorés et musicaux lors du Carnaval, parrainé par le fameux bonhomme.*

• **Le programme de nombreux festivals** *contient des spectacles gratuits.*

QUÉBEC APRÈS LES FESTIVITÉS DU 400e... CE N'EST QU'UN DÉBUT !
Suite au succès des festivités en 2008, la ville de Québec veut maintenir sa popularité auprès des visiteurs et pour atteindre cet objectif elle organise un calendrier d'activités qui en met plein la vue ! Le retour du Moulin à Images de Robert Lepage et de ExMachina et le nouveau spectacle déambulatoire du Cirque du soleil en sont des preuves concrètes. Signés chacun pour 5 ans, ces spectacles sont offerts gratuitement au public.

Lecture libre

• **Le réseau des bibliothèques municipales :** *25 établissements regroupant plus d'un million de documents, libres, revues, journaux, films, jeux et cédéroms.*

• **Magazine Le Clap.** *Une véritable institution pour les cinéphiles de Québec. Distribué gratuitement dans plus de 400 points de dépôt.*

• **Journal Voir.** *Un hebdomadaire incontournable pour profiter pleinement de la vie culturelle. livres, ciné, musique, théâtre, tout y est.*

Sports

• **Plusieurs patinoires,** *intérieures ou extérieures ouvrent gratuitement, à certaines heures de la semaine. Voir sur le site www.ville.quebec.qc.ca*

• **Plusieurs piscines,** *intérieures ou extérieures, ouvrent gratuitement, à certaines heures de la semaine. Voir sur le site www.villedequebec.qc.ca*

• **Plaines d'Abraham :** *belles pistes de ski de fond et de raquette en hiver et de patins à roues alignées ou à vélo en été.*

CAISSES DESJARDINS
1 800-224-7737 | www.desjardins.com

ING DIRECT
1 866-464-3473 | www.ingdirect.ca

CARTES PERDUES

AMERICAN EXPRESS
1 800-869-3016

MASTERCARD
1 800-622-7747

CARTES VISA
1 800-847-2911

Habitation

DÉMÉNAGEMENT

Le grand mal québécois. Une infection hautement saisonnière qui frappe la population et pousse à la bohème. Comme de raison, une myriade d'entreprises se charge du lest, à des prix variant hautement. Le magasinage est fortement recommandé, surtout que la norme est d'offrir une estimation gratuite. Ne pas négliger non plus de payer le petit supplément pour l'assurance ; un bris est si vite arrivé.

À PRIX MODIQUE - DÉMÉNAGEMENT
273, Sophia-Melvin
418-841-4932 / 1 888 722-4932
www.dem-prixmodique.com
Depuis plus de 20 ans, cette entreprise familiale vous déménage avec soin de la cave au grenier. Elle emballe pour vous et fournit tous les cartons. Assurances, transport local et de longues distances, peu importent vos besoins.

DÉMÉNAGEMENT COTE
2890 av Kepler, Sainte-Foy
418-652-8222 / 1 800-263-9754
Au Canada ou aux États-Unis une équipe aux gros bras qui vous porte main forte depuis plus de 100 ans ! Minutieux, ils ne négligent aucune des étapes du déménagement : emballage, déballage, entreposage, nettoyage et assurances. De vraies petites fourmis à l'ouvrage !

DÉMÉNAGEMENT LA CAPITALE
1 800-808-7128
www.demenagementlacapitale.com
Pour un déménagement résidentiel ou commercial, La Capitale propose une estimation gratuite et des services très pratiques tels que l'emballage et le déballage des boîtes ou des couvertures pour protéger vos effets personnels. Service d'entreposage également disponible.

EUROPACK
514-633-8583 | www.europack.ca
Déménageurs et transporteurs internationaux, ils vous permettent de préparer en toute quiétude le grand départ vers l'étranger. De la porte de départ à la porte d'arrivée, ils s'occupent de tout, et vous fournissent l'information nécessaire pour passer les douanes sans encombre. Une compagnie très professionnelle pour ces occasions où l'on ne veut rien laisser au hasard.

U-HAUL
2495, boul. Henri Bourassa
418-524-7868 / 1 800-468-4285
www.uhaul.com
Pour économiser et lorsque l'effort ne vous fait pas peur (ou que le cercle d'amis est important), U-Haul s'impose comme une solution aux coûts du déménagement. Plusieurs volumes de camions disponibles à la location,

INSTA-CHÈQUES

Encaissement de chèques
662, boul. Wilfrid-Hamel | 418-527-5440
De jour comme de nuit, lorsque les besoins sont pressants. Contre une commission de 3% de la valeur du chèque et des frais administratifs, on change le chèque, illico presto.

PROVINCIAL

CENTRES LOCAUX D'EMPLOI
www.mess.gouv.qc.ca
Vous trouverez une liste détaillée de tous les centres locaux sur le site Internet du ministère de l'Emploi et de la Solidarité sociale.

DIRECTEUR DE L'ÉTAT CIVIL
2535, boul. Laurier, Sainte-Foy
418-643-3900
www.etatcivil.gouv.qc.ca
Depuis 1994, le Directeur de l'état civil est le seul officier de l'état civil habilité à dresser les actes de naissance, de mariage, d'union civile et de décès, et à délivrer des documents authentiques relativement à ces événements. Coûts : certificat de mariage, d'union civile ou de naissance 15 $ par certificat, copie d'un acte 20 $. Les délais réguliers sont de 12 jours ou moins, mais si vous souhaitez obtenir vos documents rapidement (trois jours), il faudra payer 35 $ par certificat.

MINISTÈRE DU REVENU DU QUÉBEC
www.revenu.gouv.qc.ca
418-659-6299 / 1 800-267-6299
Québec 400, boul. Jean-Lesage
Sainte-Foy 3800, rue de Marly

RÉGIE DU LOGEMENT
900, boul. René-Lévesque Est
1 800-683-2245
www.rdl.gouv.qc.ca

SERVICES AUX CONSOMMATEURS OFFICE DE LA PROTECTION DU CONSOMMATEUR
400, boul. Jean-Lesage, bureau 450
418-643-1484 | www.opc.gouv.qc.ca
Informations, conseils et soutien aux victimes de fraudes (tant le consommateur que le commerçant) vers des ressources judiciaires.

Banques

BANQUE CANADIENNE IMPÉRIALE DE COMMERCE (CIBC)
1 800-465-2422 | www.cibc.com

BANQUE DE MONTRÉAL
1 877-225-5226 | www.bmo.ca

BANQUE LAURENTIENNE DU CANADA
1 877-522-3863 | www.banquelaurentienne.ca

BANQUE NATIONALE DU CANADA
1 888-835-6281 | www.bnc.ca

BANQUE ROYALE
1 800-769-2511 | www.banqueroyale.com

BANQUE SCOTIA
1 800 575-1212 | www.scotiabank.ca

BANQUE TD CANADA TRUST
1 800-895-4463 | www.tdcanadatrust.com

Découverte

© Luc Antoine Couturier

Bref aperçu de la ville

Le centre de la ville de Québec, dans lequel se regroupent les attraits touristiques, se divise en une Haute-Ville et une Basse-Ville. Au niveau pratique, cela implique un fort dénivelé entre le port et la partie surélevée de la ville. Voici principaux quartiers touristiques :

LE VIEUX-QUÉBEC : HAUTE-VILLE ET BASSE-VILLE

Classé patrimoine mondial par l'Unesco en 1985, le Vieux-Québec est le quartier le plus visité de la province. Il se divise entre une partie au niveau de l'eau et une autre sur les hauteurs stratégiques du Cap Diamant. Champlain choisit la partie haute en 1620 pour installer le fort Saint-Louis. La vocation des deux parties date de cette époque : une basse-ville peuplée de commerçants et d'artisans et la haute-ville habitée par les militaires, les fonctionnaires et membres du clergé. Les travaux pour l'édification de l'enceinte fortifiée commencent à la fin du XVIIe siècle et se terminent en 1832 avec l'achèvement de la construction de la citadelle. Aujourd'hui, de nombreuses institutions politiques et religieuses occupent une place de choix dans la haute ville : l'Hôtel de Ville, le Séminaire de Québec, le couvent des Ursulines, le monastère des Augustines, l'Hôpital de l'Hôtel Dieu. Dans la basse-ville, la vocation commerçante et artisane de la ville se confirme dans le quartier du Petit Champlain qui regroupe de beaux magasins vendant de l'artisanat, essentiellement québécois. Au niveau administratif le quartier du Vieux-Québec comprend aussi les Plaines d'Abraham (ainsi nommées en raison de la bataille au cours de laquelle la France perdit sa colonie) et la colline parlementaire.

LE QUARTIER SAINT-JEAN-BAPTISTE

Aux débuts du Régime français, ce territoire faisait partie de la banlieue, notamment en raison de sa situation géographique, hors de l'enceinte fortifiée. Son véritable essor ne commence qu'au début de XIXe siècle, quand le quartier se peuple d'artisans, de commerçants et d'ouvriers. En 1929, le quartier prend le nom de Saint-Jean-Baptiste, en l'honneur du saint patron des Canadiens français. Le quartier connaît aujourd'hui une activité économique importante, en raison des nombreux bâtiments administratifs, notamment des ministères. La rue Saint-Jean ainsi que la Grande Allée, à la limite du quartier Saint-Jean-Baptiste, débordent de magasins, de restaurants et de bars.

LE QUARTIER SAINT-ROCH

Il s'agit d'un des plus anciens faubourgs de Québec mais surtout du nouveau quartier à la mode. Beaucoup de galeries d'art, de résidences d'artistes, de magasins de mode s'y côtoient. Ce quartier se développa au milieu du XVIIIe siècle avec l'avènement des chantiers navals le long de la rivière Saint-Charles. Un siècle plus tard, l'économie se concentra sur la construction de navires. Mais, cette activité ainsi que d'autres types d'industries arrivées par la suite connurent un déclin. Par la suite, le quartier figurait parmi les plus pauvres de la ville au cours de la deuxième moitié du XXe siècle. C'est à partir des années 1990 que commença la réhabilitation des rues principales, notamment la rue Saint-Joseph. Aujourd'hui, en raison de son passé industriel, du charme des ruelles, de la qualité des commerces, c'est un quartier qui mérite une visite. Aujourd'hui, lorsqu'on fait référence au quartier, on parle du Nouvo St-Roch.

Québec en deux jours

Pour commencer, rendez-vous au sommet de l'Observatoire de la capitale pour comprendre la structure de la ville.

Jour 1. *Vieux-Québec. Haute-Ville Tous les renseignements nécessaires se trouvent dans ce guide, dans la section Vieux-Québec, Haute-Ville. En une journée, baladez-vous sur la terrasse Dufferin, la rue du Trésor et jetez un coup d'œil à la cathédrale et à la basilique. Puis, au choix, optez pour le musée de l'Amérique française (exposition intéressante sur les communautés francophones en Amérique du Nord) ou pour des monastères (Augustines ou Ursulines).*

Jour 2. *Vieux-Québec. Basse-Ville Commencez par le traversier pour Lévis afin d'admirer la vue depuis le fleuve. Puis reportez-vous à la section Vieux-Québec, Basse-Ville. Promenez-vous dans les ruelles du Petit Champlain, puis passez par la belle rue Saint-Paul. Vous aurez ensuite du temps pour visiter le Musée de la Civilisation, très intéressant.*

Poursuivre la visite :
• *les plaines d'Abraham et le musée des Beaux Arts : un beau parc et un musée*
• *le quartier Saint-Roch : de jolies ruelles, des galeries d'art contemporain et des restaurants de quartiers sympathiques.*

Visites guidées

LES SERVICES HISTORIQUES SIX ASSOCIÉS INC.

820, boulevard Charest Est, bureau 232
418-692-3033 / 1 877-692-3033
www.sixassocies.com

Circuit offert à l'année aux groupes, sur réservation. Visiteurs individuels : départs à heures fixes à partir du 24 juin. Réserver par téléphone ou par courriel. Visite en anglais et en français. Des circuits touristiques intelligents et très intéressants qui varient sur plusieurs thèmes insolites de l'histoire de Québec. « Le lys et le lion » propose un voyage de 400 ans d'histoire et montre comment ont cohabité les cultures anglaise et française dans la ville de Québec depuis sa fondation. « Luxure et ivrognerie » raconte l'histoire de la vie nocturne à Québec au XIXe siècle. Avec « Crimes et châtiments », découvrez les punitions infligées aux petits et grands criminels d'autrefois, du régime français à 1900.

VISITE DES FANTÔMES DE QUÉBEC

85, rue Saint-Louis
418-692-9770 | www.fantomesdequebec.com
Départ au 98, rue du Petit Champlain. Visite en français 1 mai-31 oct, lun-dim 20h30. Durée : 90 minutes. Adulte 18 $, étudiant et aîné 15,50 $, moins de 10 ans gratuit. Réservations. Billets en vente au bureau ou par téléphone. Quand la pénombre s'empare de la Vieille Capitale, les histoires oubliées ressurgissent. Cette promenade guidée dans le Vieux-Québec fait revivre 350 ans de meurtres, d'exécutions, de tragédies et de mystères. Suivez les guides costumés dans les rues pavées de pierres, à la lumière d'une lanterne.

PROMENADE DES ÉCRIVAINS

Réservations et renseignements à la Bibliothèque du Vieux-Québec : 418-641-6797
www.promenade-ecrivains.qc.ca
De mi-juin à mi-oct. Départ tous les samedis à 10h30 à la Bibliothèque du Vieux-Québec, 37 rue

Sainte-Angèle. Réservation par téléphone. Adulte : 15$, étudiant 10$. Comptant seulement. La promenade dure environ 2 heures. Suivre pas à pas les écrivains dont la plume a décrit la Ville de Québec est sans doute une des façons les plus intéressantes de s'imprégner de la culture québécoise. Le parcours : Québec, ville réelle et fictive autour des textes de Chaplin, Julien green, Alain Grandbois, Henry James, Alain Beaulieu, Pierre Morency et Patrice Desbiens. Des parcours thématiques sont également disponibles les dimanches de 10h30 à 12h30. Une initiative des plus originales !

CIRCUIT QUÉBEC

Centre d'interprétation de la vie urbaine de la ville de Québec – Maison Chevalier
50, rue du Marché-Champlain
418-692-5550 | www.spuq-quebec.com
Vieux-Québec et Vieux-Port

15$ par personne. Droit d'accès disponible au bureau d'information touristique. Disponible en français, anglais et espagnol. Circuit Québec est le premier circuit pédestre autonome qui vous permet de visiter la ville à ciel ouvert. Utilisant la plus récente technologie, on guide le visiteur à travers les rues du Vieux-Québec et du Vieux-Port à l'aide d'images anciennes qui illustrent des sites importants. En chemin, l'on croise des bornes interactives qui diffusent des capsules d'information sur l'histoire et le patrimoine culturel de Québec. Une fois le droit d'accès payé, on visite la ville à son gré ; de jour comme de nuit, seul ou accompagné.

PARCOURS VIVA CITÉ

www.parcoursvivacite.com
Un circuit piétonnier de 5,3km balisé de pastilles incrustées au trottoir qui permet de sortir des sentiers battus et de visiter différents quartiers de la ville. Une visite urbaine qui vous fera découvrir des parcs, des places publiques, des rues populaires, des boutiques, des restaurants et plusieurs autres attraits. *Départ au Bureau d'information touristique de l'Office du tourisme de Québec (835, ave. Wilfrid-Laurier).*

QUÉBEC JOGGING TOURS

418-204-0511 | www.joggingtours.com
Départs quotidiens à 9h de la Place d'Armes (en face du Château Frontenac). Durée : 1 heure (environ 40 minutes de jogging modéré avec quelques arrêts pour reprendre son souffle). Distance approximative : 6km. 30$ par personne, 45$ en privée. Réservations obligatoires. La façon idéale de découvrir une ville tout en se tenant en forme ! En plus d'être bénéfique pour la santé, ces circuits guidés permettent de découvrir plus d'endroits que si l'on était à pied et donnent accès à des endroits inusités que l'on ne pourrait atteindre avec un véhicule.

TOURS LUDOVICA

Place de Paris
418-655-5836 | www.toursludovica.com
2 personnes par cyclo-pousse. De juin à octobre de 9h30 à 23h. Plusieurs tours et forfaits disponibles. Tour régulier : 40$ pour 2 adultes. À bord d'un cyclopousse (un grand tricycle), Ludovica vous amène à la découverte du Vieux-Port mais aussi en dehors des sentiers battus comme dans le Quartier Saint-Roch, à Limoilou et sur les bords de la rivière Saint-Charles. Niveau fatigue, pas de souci. Ce n'est pas à vous de pédaler mais bien un employé de la compagnie ! Une belle façon écolo de visiter la ville.

HYDRAVIONS DE LA CAPITALE

5773, chemin du Lac Sept-Îles,
Saint-Raymond-de-Portneuf
1 866 787-8657 / 418 337-2099
www.hydravionsdelacapitale.com
À quelques kilomètres de Québec, cette entreprise organise des survols panoramiques du Vieux Québec et des lacs et forêts de la région.

LES TOURS DU VIEUX QUÉBEC – AUTOCARS DUPONT

88, rue Saint-Louis
12, rue Sainte-Anne
418-664-0460 – 1 800-267-8687
www.tourdupont.com

Les horaires et tarifs varient selon le circuit choisi. Spécialisé dans le service de transport de personnes, cette compagnie offre des tours de ville et des excursions touristiques commentés par des chauffeurs-guides. De nombreux circuits sont proposés au cours de l'année. Pour les groupes, possibilité de noliser les autocars avec un service de guides. Transfert aéroportuaire et service de cueillette gratuit aux hôtels.

LES CALÈCHES DU VIEUX-QUÉBEC

418-683-9222

De mai à octobre de 9h à minuit et de novembre à avril, selon la température. 4 personnes maximum par calèche. 80$ pour le parcours de 45 minutes, 150$ pour 90 minutes et 220$ pour 120 minutes. Quoi de mieux que de visiter une ville vieille de 400 ans à bord d'un moyen de transport traditionnel; la calèche. Partez à la découverte des attraits incontournables du Vieux Québec au son des sabots d'un cheval majestueux guidé par un cocher qui commentera le parcours.

LOCATION DE VÉLOS

CYCLO SERVICES

289, rue Saint-Paul | 418-692-4052
www.cycloservices.net

Ouvert tous les jours de 8h à 20h l'été. Autres saisons : tous les jours, horaire variable. Visites guidées du Vieux-Québec (durée 2 heures) sur réservation, ven au dim, départ à 9h30. Adulte 35$, enfants 12 ans et moins 28$ (les prix incluent guide, casque, bouteille d'eau et taxes). D'autres parcours sont disponibles. Location de vélos de 15$ à 17$ de l'heure dépendant du type de vélo (assurance bris, casque et cadenas

inclus). Prix spéciaux pour 4h et à la journée. Cette boutique offre divers services qui mettent en vedette le vélo : vente de vélos, pièces et accessoires, réparation, visites guidées à vélo et location. Location de raquettes en hiver.

QUELQUES PISTES CYCLABLES

LA PROMENADE SAMUEL DE CHAMPLAIN

Un parc qui a été aménagé dans le cadre du 400e de Québec. Il longe le fleuve Saint-Laurent sur près de 2,5 km. Ayant pour but de redonner le fleuve aux citoyens, cette promenade est un véritable oasis pour les piétons, cyclistes et amateurs de patins à roues alignées.

DANS LES ENVIRONS

CORRIDOR DES CHEMINOTS

Cette piste cyclable s'étend sur 22 km. Elle mène à d'autres pistes de la région. Le corridor des Cheminots relie l'arrondissement de Limoilou à Val Bélair. Il permet ainsi de se rendre de Wendake au domaine Maizerets, dans la ville de Québec. De l'autre côté, il mène à la très belle piste Jacques-Cartier/Portneuf, qui aboutit à Shannon.

CIRCUIT VÉLOROUTE MARIE-HÉLÈNE-PRÉMONT

www.velocotedebeaupre.com

Une piste cyclable de plus de 55 kilomètres qui traverse sept ville et municipalités de la Côte-de-Beaupré. Du pied de la Chute Montmorency à la réserve du Cap Tourmente en passant par la Route de la Nouvelle-France, on ne peut être qu'ébloui par les paysages offerts sur ce circuit.

Le Vieux-Québec et son patrimoine

Pour découvrir Québec et son patrimoine, voici une balade ponctuée de visites de sites historiques et de musées. Pour tout voir, il vous faudra une bonne semaine au bas mot. Nous avons organisé les descriptifs des attraits de façon géographique : en suivant la liste, votre itinéraire vous permettra de ne pas revenir sur vos pas.

HAUTE-VILLE INTRA-MUROS

Le cœur du Vieux-Québec, où Champlain érigea le premier fort, conserve depuis sa fondation une vocation religieuse et administrative. Depuis 1985, la zone du Vieux-Québec dans l'enceinte des murailles est classée patrimoine mondial par l'Unesco.

CHATEAU FRONTENAC
www.fairmont.com
Ainsi baptisé en l'honneur du gouverneur de la Nouvelle-France, il se dresse au flanc du cap Diamant depuis 1893, à l'emplacement de l'ancienne résidence du gouverneur. En août 1943 et en septembre 1944, les Alliés se donnèrent rendez-vous au château pour discuter de la conduite générale de la guerre et de la stratégie future. C'est lors de la première rencontre que furent déterminés la logistique et le lieu du débarquement de Normandie. Lors de la deuxième rencontre, l'après-guerre constitua l'essentiel des conversations. Aujourd'hui, le château, hôtel 5 étoiles, propriété du groupe Fairmont, compte plus de 600 chambres, plusieurs restaurants, magasins, etc. Il faut y entrer, ne serait-ce que pour prendre une consommation au bar, pour l'ambiance et la vue sur la ville.

Les visites guidées sont intéressantes et vivantes. Un personnage de la fin du 19e siècle vous dévoilera ses confidences sur le Château tout en vous faisant parcourir ses couloirs et visiter certaines de ses pièces. *Départ à chaque heure, durée de 50 minutes. Du 1er mai au 15 oct tous les jours de 10h à 18h, du 16 oct au 30 avr du sam-dim de 12h à 17h, horaire variable du lun au ven. Adultes : 8,50 $, Aînés 7,75 $, enfants de 6 à 16 ans 6 $. Réservations nécessaires : www.tourschateau.ca*

TERRASSE DUFFERIN ET PROMENADE DES GOUVERNEURS
Ayant fêtée son 130e anniversaire en 2009, cette promenade se situe au pied du Château Frontenac. C'est une longue et large terrasse de planches balayée par le vent et surplombant le Saint-Laurent. Elle offre de magnifiques vues sur la basse-ville et le fleuve. La nuit, quand le Château est éclairé, le spectacle devient féerique. En hiver, on fait des glissades en luge, une attraction pour les amateurs d'adrénaline. La terrasse Dufferin se prolonge par la promenade des Gouverneurs, longue succession d'escaliers longeant la citadelle du côté du fleuve et qui aboutit aux Plaines d'Abraham (très belles vues).

CATHÉDRALE ANGLICANE DE LA SAINTE-TRINITE
31, rue des Jardins
418-692-2193 | www.cathedral.ca
Ouvert 24 juin-4 sept, lun-jeu de 9h à 17h, ven-sam de 9h à 20h, dim de 12h à 17h. Fermé de sept à juin. Visites commentées l'été. Entrée gratuite. Cette cathédrale de style palladien, construite en 1804 sur le modèle londonien de Saint-Martin-in-the-Fields, abrite une collection d'objets précieux, don du roi George III. Le trône du roi est situé au balcon, dans la loge royale. Lui seul (ou son représentant) pouvait l'occuper. Les bancs sont faits de chêne importé

Les dessous de la Terrasse Dufferin de Québec

VISITES ARCHÉOLOGIQUES DES FORTS ET CHÂTEAUX SAINT-LOUIS

En 2005, des fouilles archéologiques ont débuté sous la terrasse Dufferin. Sur le site, où Champlain et Montmagny ont vécu, on s'attendait certes à découvrir de nombreux vestiges. Le résultat des fouilles en a surpris plusieurs par la quantité et la qualité des objets que l'on a ressortis. Plus de 500 000 fragments d'objets ont été répertoriés. Après 3 ans de fouilles, on décide alors d'ouvrir le site au public pour les festivités du 400ᵉ. Géré par Parcs Canada, un circuit à sens unique suivant les dalles authentiques des caves des châteaux Saint-Louis, guide les visiteurs à travers le site. En 2009, l'expérience est répété, mais pour l'instant on ne sait pas pour combien de temps. Plusieurs projets sont envisagés pour les dessous de la terrasse Dufferin et un de ceux-ci est de ré-enterrer le site. Donc, si vous passez par ici et que le site est toujours ouvert, faites vite et allez le visiter… vous ne serez pas déçus. Pour plus de détails sur cet attrait : www.pc.gc.ca/fortifications

de la forêt royale de Windsor. En été, dans la cour de la cathédrale, des artisans de la cathédrale exposent leurs œuvres tous les jours de 10h à 22h.

MONASTÈRE DES URSULINES CHAPELLE ET MUSÉE

12, rue Donnacona
418-694-0694 | www.museocapitale.qc.ca

Des rénovations ont lieu en 2009, réouverture du musée prévue au printemps 2010. Basse saison (mars-avril et octobre-novembre) ouvert du mar-dim de 13h à 17h. Haute saison de mai à sept du mar-dim de 10h à 17h. Déc à fév, sur réservation seulement. Adultes 6$, aînés 5$, étudiants 4$, enfants (12 à 16 ans) 3$ gratuit pour les moins de 12 ans. C'est le plus ancien établissement d'enseignement pour jeunes filles d'Amérique du Nord (1639). La chapelle possède une superbe décoration intérieure provenant de l'ancienne chapelle du XVIIIᵉ siècle et abrite le tombeau de la bienheureuse Marie de l'Incarnation. C'est elle qui établit en France et au Québec l'Ordre des Ursulines, fondé en Italie en 1535. Le général Montcalm a été inhumé dans la crypte en 1759. Le musée retrace l'histoire des Ursulines arrivées à Québec en 1639. Une riche collection d'objets illustre leur vie quotidienne. Des extraits de lettres de Marie de l'Incarnation et des illustrations d'archives montrent le rôle joué par cette communauté auprès de leurs pensionnaires amérindiennes.

BASILIQUE-CATHÉDRALE NOTRE-DAME DE QUÉBEC

16, rue de Buade
418-692-2533 | www.patrimoine-religieux.com

Ouvert tous les jours de 8h à 16h en basse saison de 7h à 21h en haute saison sauf lors des Feux Sacrés. Entrée gratuite. Visites guidées tous les jours du 1 mai au 31 oct. Hors saison sur réservation. La plus ancienne basilique de la partie du continent américain située au nord du Mexique, cathédrale depuis la fin du XVIIᵉ siècle, chef-d'œuvre de la famille Baillairgé, est riche en œuvres d'art : à l'intérieur, superbe baldaquin doré. Elle représente sans doute l'édifice le plus « classiquement européen » de tout le pays. Frontenac, de Callières et de La Jonquière, gouverneurs successifs de la Nouvelle-France, ainsi que la plupart des évêques de Québec reposent dans la crypte. Détruite par un violent incendie au début de ce siècle, elle fut fidèlement reconstruite.

FUNICULAIRE DU VIEUX-QUÉBEC

Fatigué des escaliers entre le quartier du Petit Champlain et la Terrasse Dufferin, au pied du Château Frontenac ? Alors optez pour le funiculaire. Ayant fêté ses 130 ans en 2009, il est le seul ascenseur du genre encore en service en Amérique. Il fonctionne tous les jours De 7h30 à 23h30 et offre une belle vue sur le fleuve.

MUSÉE DE L'AMERIQUE FRANÇAISE

Site Historique du Séminaire de Québec
2, côte de la Fabrique
418-692-2843 / 1-866-710-8031 | www.mcq.org
Ouvert du 24 juin au 7 septembre, tous les jours de 9h30 à 17h. Sept-juin, mar-dim de 10h à 17h. Fermé lun. Adultes 7 $, aînés 6 $, étudiants 4,50 $, enfants 2 $, 11 ans et moins gratuit. Entrée gratuite tous les mardis du 1er nov au 31 mai et les samedis de 10h à 12h du mois de janvier et de février. Il s'agit du plus ancien musée du Canada. Il se situe dans un bâtiment attenant au séminaire de Québec, fondé en 1663 par Mgr François de Laval. Le Musée de l'Amérique française est issu de la tradition religieuse et éducative européenne. Dès 1806, on y trouve une collection d'instruments destinés à l'enseignement des sciences, puis des collections de monnaies anciennes, de médailles, des collections de minéraux, de fossiles, de peintures, etc. Aujourd'hui le musée est tourné vers l'histoire de l'Amérique française et notamment sur le développement de la culture française sur le continent. L'exposition permanente se divise en îlots consacrés aux communautés francophones du continent : Acadie, Louisiane, Québec, Franco Ontariens, francophones de l'Ouest, les Métis et les franco-américains de Nouvelle-Angleterre. Un film renforce l'intérêt de l'exposition. De nombreuses activités et expositions temporaires se renouvellent continuellement.

MONASTÈRE DES AUGUSTINES DE L'HÔTEL-DIEU

75, rue des Remparts
418-692-0461 | www.augustines.ca
Fermé une grande partie de l'année 2009 pour des travaux de rénovations, réouverture prévue au début 2010. Pour l'horaire, contactez l'établissement. Fondé par les sœurs Augustines en 1639, il est célèbre pour son hôpital, le premier créé en Amérique du Nord. La façade de l'église est de style néoclassique et l'intérieur en bois sculpté, œuvre de Thomas Baillairgé. À côté, le musée des Augustines abrite de belles collections (tableaux, mobilier, orfèvrerie, broderies, instruments médicaux) amassées par les Sœurs depuis plus de trois siècles. Les pièces témoignent de l'histoire de cette communauté d'Hospitalières, les premières femmes missionnaires du monde !

BASSE-VILLE

Accès par le funiculaire ou par l'escalier Frontenac. Le quartier a été joliment restauré dans les années 1970. Restaurants, cafés-terrasses, boutiques et galeries d'art foisonnent. L'animation bat son plein dans la rue du Petit Champlain et autour de la Place-Royale, le cœur de la Basse-Ville, qui a gardé son aspect du XVIIIe siècle.

PLACE-ROYALE

Un de ces endroits à ne pas manquer où l'on sent de façon authentique le souffle de l'Histoire. C'était, à l'origine, le jardin de Champlain. Lorsque la ville se développa, l'endroit devint un des marchés les plus animés. Jusqu'au XIXe siècle, la Place-Royale demeura le centre de l'activité économique de Québec. Elle est entourée de maisons anciennes du XVIIe siècle (restaurées) : maisons Fornel, Drapeau, Bruneau, Rageot. L'église

Notre-Dame-des-Victoires (entrée libre), bâtie en 1688, l'une des plus anciennes églises du Québec, abrite un retable doré représentant la ville fortifiée de Québec.

CENTRE D'INTERPRÉTATION DE PLACE-ROYALE

27, rue Notre-Dame

418-646-3167 / 1 866-710-8031 | www.mcq.org

Ouvert du 24 juin au 7 sept, tous les jours de 9h30 à 17h. Sept-juin, mar-dim de 10h à 17h. Fermé lun. Adultes 6$, aînés 5$, étudiants 4$, enfants 2$, 11 ans et moins gratuit. Entrée gratuite tous les mardis du 1er nov au 31 mai et les samedis de 10h à 12h du mois de janvier et de février. Le Centre d'Interprétation de la Place-Royale, situé dans un superbe bâtiment de la Place Royale fait revivre de façon très vivante les 400 ans d'histoire de cette place. L'exposition est conçue de façon très ludique. Par exemple, 11 objets « mystères » étranges sont disséminés, chacun contenant une énigme. Un spectacle multimédia et des visites guidées, à l'intérieur en hiver et dehors en été, contribuent au dynamisme de la visite. Une toute nouvelle exposition permanente s'est ajoutée à la collection : Champlain retracé. Cette œuvre raconte la vie et les rêves du fondateur à partir d'un film 3D, d'objets archéologiques, d'une maquette et plusieurs autres supports intéressants.

MUSÉE DE LA CIVILISATION

85, rue Dalhousie

418-643-2158 / 1 866-710-8031 | www.mcq.org

Ouvert du 24 juin au 7 sept, tous les jours de 9h30 à 18h30. Sept-juin, mar-dim de 10h à 17h. Fermé lun. Adultes 11$, aînés 10$, étudiants 8$, enfants 4$, 11 ans et moins gratuit. Entrée gratuite tous les mardis du 1er nov au 31 mai et les samedis de 10h à 12h des mois de janvier et de février. Le bâtiment (1988) est une réalisation du célèbre architecte Moshe Safdie. À l'intérieur, le musée propose plus de dix expositions thématiques à la fois. Il est organisé en deux sections : « Objets de civilisation » (mobilier, outils, costumes québécois) et « Mémoires » (quatre siècles d'histoire et de culture). Il faut absolument voir l'exposition « Nous, les premières Nations » qui décrit la vision du monde et le mode de vie des 11 nations autochtones peuplant le territoire du Québec. Récemment, deux nouvelles expositions permanentes se sont ajoutées au musée ; Neurones en action et Territoires.

RUE SAINT-PIERRE

C'était, au XIXe siècle, le quartier des affaires. Le nombre de banques parle de lui-même : Banque nationale, ancienne Banque Molson, Banque Impériale du Canada, Banque Canadienne de Commerce. C'est pourquoi certains l'ont surnommée : la « Wall Street de Québec ». Aujourd'hui, elle abrite plusieurs beaux hôtels.

RUE SAINT-PAUL

Ouverte en 1816, la rue Saint-Paul relie la vieille ville, le port et le faubourg Saint-Roch. Entre 1833 et 1883, le marché Saint-Paul généra des activités économiques intenses. Toujours aussi achalandée, la rue Saint-Paul est parmi les premières rues de Québec à bénéficier des nouvelles améliorations qu'apporte le progrès : le gaz et le tramway. Aujourd'hui, cette charmante rue est renommée pour ses boutiques d'art et surtout d'antiquités.

VIEUX-PORT

Il contribua à l'essor de la ville et joua un rôle primordial jusqu'à la fin du XIXe siècle. Aujourd'hui on y trouve l'Agora, un amphithéâtre à ciel ouvert qui propose des concerts en été. À quelques pas, se niche le Centre d'Interprétation du Vieux-Port de Québec (100, rue Saint-André) qui souligne le rôle prépondérant du port au XIXe siècle. Une promenade en planches a été aménagée le long de la marina (port de plaisance). S'y trouve également un marché couvert, sympathique et animé, où l'on déniche tous les produits locaux.

CENTRE DE DÉCOUVERTE
100, quai Saint-André | 418-648-3300
www.pc.gc.ca/fra/canada/cdq-qdc/index.aspx
Le Centre de découverte, un éco-bâtiment d'architecture moderne, évoque les principaux moments fondateurs du Canada. Découvrez l'importance du fleuve Saint-Laurent, porte d'entrée des immigrants au pays. Faites connaissance avec les Amérindiens, les filles du roi et les immigrants qui ont peuplé le Canada d'est en ouest. Le réseau de Parcs Canada, qui regroupe les sites historiques et les parcs naturels du pays, y est également présenté.

LE SYSTEME DE DÉFENSE : PASSÉ MILITAIRE DE LA VILLE
Du XVIIe au XIXe siècle, la forteresse de Québec eut en charge la défense de tout le nord-est de l'Amérique. De ce dispositif militaire subsistent d'importants vestiges.

LA CITADELLE
1, côte de la Citadelle
418-694-2815 | www.lacitadelle.qc.ca
Ouvert tous les jours. Avril de 10h à 16h, mai-juin de 9h à 17h, juil à début sept de 9h à 18h, sept de 9h à 16h, oct de 10h à 15h, nov-avril une seule visite par jour, à 13h30. Adultes 10$, aînés et étudiants 9$, enfants 17 ans et moins 5,50$, 7 ans et moins gratuit. Visites guidées uniquement. Située dans la haute-ville, au sommet du cap Diamant, sur le flanc Est des fortifications, le plan de la Citadelle forme une étoile caractéristique de Vauban. Ce lieu historique national est aussi connu sous le nom de « Gibraltar d'Amérique ». Depuis 1920, la citadelle est occupée par les troupes du 22e régiment royal. L'ancienne poudrière (1750) et l'ancienne prison militaire abritent un musée présentant une collection d'armes, d'uniformes et de décorations, du XVIIe siècle à nos jours. En tout, 25 bâtiments. Durant la saison estivale, des cérémonies militaires se tiennent tous les jours.

LIEU HISTORIQUE DES FORTIFICATIONS DE QUEBEC
100, rue Saint-Louis
418-648-7016 / 1 888-773-8888
www.pc.gc.ca/fortifications
Mi-oct à mai : sur réservation, mai à sept : lun-dim de 10h-18h, sept-oct lun-dim de 10h à 17h. Adulte, 3,90$, aîné 3,40$, 6-16 ans 1,90$, famille 9,80$. Possibilité de suivre la visite guidée « Québec ville fortifiée ». Durée : 90 minutes. Adultes 9,80$, aînés 7,30$, jeunes 4,90$, familles 19,60$. Québec est la seule ville d'Amérique du Nord ayant conservé ses fortifications. Ce qui lui a valu d'être proclamée joyau du patrimoine mondial par l'Unesco en 1985. Le centre d'interprétation des fortifications de Québec raconte plus de trois siècles d'histoire, de façon ludique et interactive. La visite de la poudrière de l'esplanade est incluse dans les droits d'entrée du centre d'interprétation. La grande muraille est pourvue d'un sentier d'orientation expliquant, à l'aide de panneaux, l'évolution du système de défense de la ville.

PARC DE L'ARTILLERIE
2, rue d'Auteuil
418-648-4205/ 1 888-773-8888
www.pc.gc.ca/artillerie
9 mai au 11 oct ouvert de 10h à 18h, autre période : sur réservation. Adultes 3,90$, aînés 3,40$, 6-16 ans 1,90$, tarif familial 9,80$. Depuis le XVIIe siècle, il s'agit d'un lieu consacré principalement à la défense de la Ville de Québec. Ce fut et c'est toujours un emplacement stratégique majeur. On y visite aujourd'hui, pacifiquement, l'ancienne fonderie (1901-1902), la

redoute Dauphine (1712- 1748) et le logis des officiers (1818). Plusieurs autres activités sont offertes, dont la cérémonie du thé qui est fort intéressante et divertissante.

PARC DES CHAMPS-DE- BATAILLE

C'est ici, sur les Plaines d'Abraham, que Wolfe et Montcalm se sont affrontés en 1759. Il en reste des souvenirs (plaques commémoratives, monuments et pièces d'artillerie), disséminés sur 125 hectares de parc boisé et de jardins. S'y trouve une belle vue de la terrasse Grey. De là, la promenade des Gouverneurs longe la citadelle jusqu'à la terrasse Dufferin, au pied du Château Frontenac. Les tours Martello que l'on aperçoit dans le parc (quatre à Québec, dont deux sur les Plaines d'Abraham) ont été érigées, après la conquête anglaise, entre 1808 et 1812, pour servir d'ouvrages avancés de défense, de crainte d'une autre invasion américaine à la suite de celle de 1775. Rondes, robustes, en pierre, elles constituaient des unités de défense autonome, servant à la fois de caserne, de magasin, de plate-forme de tir, et leur unique entrée à l'étage. Elles n'ont, en fait, jamais servi.

MAISON DE LA DÉCOUVERTE DES PLAINES D'ABRAHAM

835, av. Wilfrid-Laurier

418-648-4071 | www.museocapitale.qc.ca

Ouvert tous les jours de 9h à 17h. Odyssée de 10h à 17h30. Adultes 10$, incluant l'Odyssée, le bus d'Abraham, la Tour Martello, la maison patrimoniale Louis S. Saint-Laurent. Le périple commence par une exposition interactive combinant une vingtaine de costumes avec des projections multimédia très intéressantes. On côtoie les personnages de la Nouvelle France avant de se plonger dans les grandes batailles de Québec, opposant le marquis de Montcalm et

James Wolfe. Au cours de la visite de la maison de Louis S. Saint-Laurent, ancien premier ministre du Canada, le visiteur s'assoit dans son salon et écoute des histoires de famille. La tour Martello 1 abrite une exposition sur le génie militaire et la vie de soldat, par l'intermédiaire de huit bornes sonores.

MUSÉE NATIONAL DES BEAUX-ARTS DU QUÉBEC

Parc des Champs-de-Bataille

418-643-2150 / 1 866 220-2150

www.mnba.qc.ca

1 juin-7 sept, tous les jours de 10h à 18h (mer jusqu'à 21h). Sept- 31 mai, mar-dim de 10h à 17h (mer jusqu'à 21h). Fermé lundi. Collection du musée gratuite, expo temporaire : adultes 15$, aînés 12$, étudiants (moins de 30 ans), 7$ et enfants (12-17 ans) 4$, 12 ans et moins gratuit. Réservation pour groupes. Un bâtiment majestueux, situé dans le parc des Champs de Bataille abrite la plus grande collection de la Capitale. Sept expositions sont permanentes. On ne ratera pas les très belles salles consacrées à l'art inuit, dont les pièces ont été confiées au musée par Raymond Brousseau. L'immense fresque « Hommage à Luxembourg » de Riopelle, dans la salle consacrée à l'artiste, est impressionnante. L'exposition sur la figuration et l'abstraction au Québec met en avant les œuvres de Pellan, Borduas, Dallaire, etc. Enfin, trois autres salles sont consacrées à l'histoire de Québec, la ville et la province. Des tableaux et des sculptures font revivre les grands moments de son histoire et la vie de ses héros.

GRANDE-ALLÉE

Cette grande avenue qui part de la porte Saint-Louis, dans le prolongement de la rue Saint-Louis, est appelée « les Champs-Élysées » de Québec. C'est une succession de bureaux, boutiques, hôtels, restaurants et terrasses de café où se déroule la vie nocturne.

HÔTEL DU PARLEMENT

1045, rue des Parlementaires
418-643-7239 / 1 866-DEPUTES
www.assnat.qc.ca

Entrée des visiteurs à l'angle de l'avenue Honoré-Mercier et de la Grande-Allée Est, porte 3. Sept-juin, lun-ven de 9h à 16h30, fin juin à début sept lun-ven de 9h à 16h30, sam-dim de 10h à 16h30. Visites commentées (30 min). Entrée libre. C'est le premier site historique national du Québec. De style Second Empire, l'édifice conçu en 1886 par l'architecte Eugène-Étienne Taché présente une imposante façade ornée des grands personnages ayant marqué l'Histoire de la Province. Devant l'entrée principale, l'impressionnante fontaine dédiée aux Amérindiens s'orne de sculptures du grand artiste québécois du XIXe siècle, Louis-Philippe Hébert.

RÉSIDENCE DU GOUVERNEUR GENERAL DU CANADA

La Citadelle de Québec, côte de la Citadelle
418-648-4322 | www.gg.ca

Mai-juin, septembre-octobre, sam-dim de 10h à 16h et du 24 juin à la fête du Travail (1ère fin de semaine de sept) tous les jours de 11h à 16h. Visites guidées d'une heure, entrée gratuite. Située sur les hauteurs du cap Diamant, cette résidence offre des vues spectaculaires sur le fleuve Saint-Laurent. Le gouverneur général du Canada représente la Couronne canadienne et exerce les responsabilités liées à la fonction de chef d'État du Canada. Il séjourne à la Citadelle dans le cadre de ses fonctions officielles depuis 1872. Le décor s'inspire des couleurs de l'hiver québécois. Les matériaux canadiens tels que le noyer, le granit et l'aluminium sont mis à

l'honneur. Une œuvre de Riopelle et une collection d'art Inuit ajoutent aux attraits de cette visite.

OBSERVATOIRE DE LA CAPITALE

Édifice Marie-Guyart
1037, rue de la Chevrotière, 31e étage
418-644-9841 / 1 888-497-4322
www.observatoirecapitale.org

Mi-oct. au 31 janvier, du mar-dim de 10h à 17h, du 1er février à la mi-oct, tous les jours de 10h à 17h. Adultes 5$, étudiants et aînés 4$, gratuit moins de 12 ans. Monter au sommet du plus haut bâtiment de Québec (221 mètres d'altitude) permet de comprendre en un coup d'œil l'histoire de la ville : le Vieux-Québec de la Nouvelle France, la Citadelle, les Plaines d'Abraham, le Parlement, les maisons plus modestes, etc. De plus, on se rend compte des distances, ce qui permet de prévoir son itinéraire pour sa visite de Québec. Inutile d'ajouter que le panorama est spectaculaire. Des lunettes d'observation sont mises à votre disposition ainsi que des panneaux d'interprétation. Une exposition permanente retrace les 400 ans d'histoire de la ville. Elle est complétée par des expositions temporaires. L'espace café est très appréciable.

LIEU HISTORIQUE NATIONAL CARTIER-BRÉBEUF

175, rue de l'Espinay
418-648-4038 / 1 888 773-8888
www.pc.gc.ca/cartierbrebeuf

Mai à août mar-dim de 10h à 17h, octobre à novembre et février à mars, ouvert sur réservation Adultes 3,90$, aînés 3,40$, 6-16 ans 1,90$, famille 9,80$. Revivre l'hivernage de Jacques Cartier et de ses compagnons en 1535-1536 est une

expérience en soi. Ce centre d'interprétation très ludique évoque à travers ses expositions les voyages de Jacques Cartier en Nouvelle-France, ses rencontres avec les Iroquois et le rôle joué par les Jésuites, à partir de l'arrivée du missionnaire Jean de Brébeuf.

Galeries d'art

ATELIER GUY LEVESQUE

79, rue Sault-au-Matelot

418- 694-1298 | www.guylevesque.com

Ouvert lun-sam de 10h à 17h. Toute création commence et s'entretient par la passion. C'est vraiment ce que dégage le sculpteur designer Guy Lévesque, à en croire ses masques en cuir travaillés avec plaisir. On dirait qu'une alchimie enveloppe la création de ces pièces. Rien n'est laissé au hasard. Le cuir plie sous sa volonté et ce n'est pas une épreuve de force, c'est juste une envie, un besoin de créer encore et toujours. Ces masques s'envolent ensuite chez les collectionneurs ou chez des gens qui pourraient voir leurs visages transformés. Guy Levesque fabrique également quelques sculptures et du mobilier.

BOUTIQUE DES METIERS D'ART

Place Royale, 29, rue Notre Dame

418-694-0267 | www.metiers-d-art.qc.ca

Du 24 juin à début sept de 9h30 à 22h. Le reste de l'année fermeture à 21h le jeu-ven. Cette très belle boutique a pour objectif la promotion de la création contemporaine des métiers d'art au Québec. Les jolies pièces exposées sont généralement confectionnées par des artisans québécois. C'est le travail d'environ 135 artisans qui y est exposé. Bref, c'est un lieu idéal pour trouver un beau cadeau et promouvoir le travail local.

BEAUCHAMP & BEAUCHAMP

10, rue Sault-au-Matelot

418-694-2244 / 1 877-694-2244

www.galeriebeauchamp.com

Ouvert tous les jours de 9h30 à 18h. V, MC, AE, I. Un grand espace de diffusion accompagné d'une galerie d'artistes québécois, canadiens, américains et européens de grands noms : André Pleau, Marcel Côté, Raymond Quenneville Paul-Henri Du berger. En somme, ils sont 230 à avoir choisi de se rassembler autour du propriétaire Vincent Beauchamp. Un joli portrait de famille avec, comme tête d'affiche, celui qui a préféré les arts à une brillante carrière en droit. On devine que le ton est surtout figuratif mais le contemporain et le classique ne sont pas en reste. Les élucubrations s'étendent jusqu'au caveau, en voûte et pierre, s'il vous plaît. Un véritable petit musée, qui se prête à une visite lente, le temps de s'attarder pour déguster chacune des œuvres.

GALERIE D'ART INTERNATIONALE

87, rue Saint-Pierre

418-692-1152 | www.artinternationale.com

Ouvert tous les jours de 10h à 17h. Stimuler l'imagination de votre âme est un mandat que remplit avec grâce cette gentille galerie. Une vingtaine d'artistes professionnels, peintres et sculpteurs, y exposent en permanence leurs œuvres. De grands noms de la région de Québec, tels Guy Paquet et Micheline Saint-Hilaire, y déploient leur couleur. Un décor envoûtant qu'on rapporte à tout prix chez soi.

GALERIE D'ART BROUSSEAU ET BROUSSEAU

35, rue Saint-Louis

418-694-1828 | www.sculpture.artinuit.ca

Ouvert tous les jours de 9h30 à 18h (17h30 en basse saison). V, MC, AE, I. Une galerie superbe pour les férus d'art inuit ou tout simplement pour les curieux car cet art si particulier vaut le temps de s'y attarder. Les étagères créent des cadres qui soulignent magnifiquement toute la beauté des courbes et des couleurs des sculptures. Le personnel extrêmement qualifié ne manquera pas de vous faire découvrir les subtilités, les mythes et légendes de cette culture ancestrale.

GALERIE LACROIX

21, rue Sault-au-Matelot
418-692-6161 | www.galerielacroix.com
Ouvert tous les jours de 10h à 17h (peut aller jusqu'à 18h certains soirs). Cette galerie se distingue en jouant sur des perceptions extrêmes. Sa froideur de pierre, les murs blancs et cette fenêtre qui s'ouvrent sur les flancs de la colline s'oublient peu à peu au son d'une musique très douce, tout en étant exposés à une forte luminosité. Cette galerie accueille des peintures contemporaines, des giclées et des sculptures. Elle détone surtout par ses artistes qui, tels Michael French, Bernard Louedin, Stefan Chinikov et Helene Kronström, se font les chantres de la sérénité et nous font contempler le monde sous son plus beau jour.

GALERIE LINDA VERGE

1049, av. des Érables | 418-525-8393
www.galerielindaverge.ca
Ouvert mer-ven de 11h30 à 17h30, sam-dim de 13h à 17h. Un petit coin tranquille permettant de se recueillir autour des œuvres d'une trentaine d'artistes présentés en exclusivité dans cette galerie. Les deux étages déploient diverses facettes des arts contemporains : sculptures, œuvres sur papier et peinture. De grands noms y figurent : Sergio Kokis, Suzanne Chabot et Gérard Dansereau, entre autres. Une galerie réputée et prestigieuse.

LACERTE ART CONTEMPORAIN

1, côte Dinan | 418-692-1566
www.galerielacerte.com
Ouvert lun-mer de 9h à 17h, jeu-ven de 9h à 18h, sam-dim de 12h à 18h. Il suffit de prendre un peu de recul et d'avoir un regard nouveau sur les œuvres. C'est ce que vous propose cette galerie qui dispose de tout l'espace nécessaire à la contemplation de ses tableaux. Cet ancien garage ouvre avec plaisir ses portes et exhibe ainsi ses ouvrages au regard du grand jour. Il n'y a rien d'étonnant à ce qu'au fil des trente ans d'existence de cette galerie, des noms célèbres y aient été exposés : Jean McEwen, Serge Lemoyne, Francine Simonin…

MÉDUSE

541, rue de Saint-Vallier Est
418-640-9218 | www.meduse.org
Ouvert mer-dim de 12h à 17h et plus tard quand il y a des événements (l'horaire peut varier selon l'organisme). Un espace immense et multidisciplinaire entièrement dévoué aux arts. Cette coopérative regroupe dix organismes producteurs et diffuseurs. Chaque groupe se concentre sur une discipline, permettant une interaction vivante et créative. Lieu de création par excellence, Méduse offre l'équipement nécessaire pour les arts actuels (salles de menuiserie, espaces d'expo, studios audio, vidéo ou de cinéma, salle polyvalente habilitée à recevoir des productions et des installations visuelles et sonores diverses et des résidences d'artiste), des studios d'artistes et un café-bistro. De nombreux programmes d'échange permettent à Méduse d'être en contact avec les communautés artistiques du monde. De nouvelles expositions à chaque mois.

PAULINE PELLETIER

38, rue Petit Champlain

418-692-4871 | www.paulinepelletier.com

Horaire variant selon les saisons : Basse saison du lun-mer de 10h à 17h, jeu-ven de 10h à 21h, sam-dim de 10h à 17h Haute saison du lun au mer de 9h à 18h, jeu-ven de 9h à 21h, sam-dim de 9h à 18h (en été la boutique est ouverte tous les jours jusqu'à 21h).

Pauline Pelletier et son chat accueillent les clients du haut du cliché accroché à l'entrée de la boutique. Un clin d'œil de l'artiste dont les chats en argile enfumés et décorés de feuilles d'or ont acquis un statut propre à substituer la signature de Pauline. Celui qui s'aventure dans la boutique semble être plongé dans un jeu de cache-cache où l'artiste s'amuse à cacher ici et là des chats sous toutes les formes, incarnés par divers objets, figurines ou reproductions encadrées. La boutique rassemble une importante collection de pièces choisies par la propriétaire lors de ses nombreuses odyssées : gravures, sculptures et bijoux exclusifs où souvent se répète le fameux clin d'œil de l'artiste.

COOP VERT TUYAU

6, rue du Cul-de-sac

418-692-1111 | www.verttuyau.com

Juillet-août ouvert du lun-sam de 9h30 à 21h et dim de 9h30 à 17h. Sept-oct du lun-mer de 9h30 à 17h30, jeu-ven de 9h30 à 21h, sam-dim de 9h30 à 17h. Nov à mars du lun-mer de 10hà17h, jeu-ven de 10h à 21h, sam-dim de 10h à 17h. Avr à juin lun-mer de 9h30 à 17h30, jeu-ven de 9h30 à 21h, sam-dim de 9h30 à 17h.

Ayant ouvert ses portes en 2008, Vert Tuyau est une coopérative composée d'une douzaine d'artisans en métiers d'art québécois qui exposent leurs œuvres dans cette boutique du Petit Champlain. Accueillie par un des artistes membres de la Coop, on est agréablement surpris de la variété des œuvres présentées. De belles pièces d'art à prix raisonnable ! 100% québécois, la plupart des œuvres sont fabriquées à partir de matériaux recyclés. Plusieurs métiers d'art y sont présents ; céramique, sculpture, émaux sur cuivre, bois tourné, verre fusion, vitrail, joaillerie, reliure d'art, poupées artistiques et textile. De quoi faire de beaux cadeaux originaux ! Des expositions mettant en vedette un artiste invité ont lieu une fois par mois. Tout récemment, une coin atelier a été aménagé où il est dorénavant possible d'observer les artisans à l'œuvre.

Économusées

Voir les artisans à l'œuvre constitue un spectacle en soi. Ne serait-ce que pour que perdure le savoir-faire traditionnel, une petite visite dans ces musées-boutiques vaut le détour. www.economusees.com

LES ARTISANS DU VITRAIL

1017, 3e Avenue | 418-648-0969 / 1 877-918-0969 www.artisansduvitrail.com

Ouvert lun-mer de 9h30 à 17h30, jeu-ven de 9h30 à 21h, sam de 10h à 17h, dim de 12h à 16h. Entrée gratuite.

Des efforts, de la créativité, de la précision, le vitrail demande beaucoup. Outre la découverte des méthodes et de l'histoire de ce métier, on aborde aussi les techniques de restauration des vitraux anciens.

Économusée : *Un néologisme combinant économie et culture. Leurs buts sont de préserver et intégrer dans le quotidien des savoir-faire traditionnels. Pour cela s'est développé un réseau d'entreprises sous le label « économusées », dotés d'outils pédagogiques pour expliquer leur contenu. Ces entreprises doivent s'autofinancer par la vente de leurs produits et peuvent avoir reçu une aide technique et financière pour leur démarrage.*

DANS LES ENVIRONS

ALIKSIR

1040, Route 138, Grondines
418-268-3406 / 1 866 596-3406 | www.aliksir.com
*Été : tous les jours de 9h à 17h. Hiver : lun-sam de 9h
à 17h.* On y va d'abord pour découvrir la magie des plantes : de la culture à l'extraction, des vertus médicinales à l'aromathérapie. Ensuite et surtout pour y goûter un excellent chocolat aux huiles essentielles !

MUSÉE DE L'ABEILLE

8862, boul. Sainte-Anne, Château-Richer
418-824-4411 | www.musee-abeille.com
Autoroute 20, sortie 330, route Lallemand. Entrée gratuite pour le musée. Ouvert à l'année. De Pâques au 24 juin- tous les jours de 9h à 17h, du 25 juin à la fête du travail de 9h à 18h, début sept à mi-oct de 9h à 17h, de nov à jan du ven-dim de 11h à 17h. Safari abeille, 5 ans et moins gratuit, 6-12 ans 2,75 $, 13 ans et plus 4,50 $, tarif familial 12,65 $, horaire 10h30 à 13h30, 15h à 16h30. À cette vaste question que tout le monde pose : comment fait-on le miel ? Nous conseillons la réponse : musée de l'abeille ! Dans cet économusée, on observe deux ruches géantes, à travers des vitres bien sûr, on peut voir la reine, assister à la naissance d'une abeille, etc. On repart avec de l'hydromel pour les grands, du miel et des pâtisseries pour toute la famille.

ATELIER PARÉ

9269, av. Royale, Sainte-Anne-de-Beaupré
418-827-3992 | www.atelierpare.com
15 mai-15 oct, tous les jours de 9h à 17h30. Hiver fermé lun-mar, mer-dim de 13h à 16h. Entrée gratuite. Animation : 1,50 $ étudiants, 2 $ adultes. Tout un univers en bois inspiré des légendes se déploie dans le jardin du maître-sculpteur Alphonse Paré. À l'intérieur, les visiteurs peuvent rencontrer les artistes à l'œuvre, toucher et sentir le bois. Il va sans dire qu'un détour à la boutique s'impose.

CASSIS MONNA ET FILLES

721, chemin Royal
Saint-Pierre, Ile d'Orléans
418-828-2525
www.cassismonna.com
Ouvert tous les jours de 10h à 18h de mai à octobre. Sur rendez-vous le reste de l'année. Venez découvrir le petit fruit noir violacé que la famille Monna affectionne tant. Le musée vous permet de mieux connaître le cassis, ainsi que le métier de liquoriste. Visite de la cave à vin et dégustations sont également au rendez-vous.

LIEUX DE DIFFUSION

LA CHAMBRE BLANCHE

185, rue Christophe-Colomb Est
418-529-2715
www.chambreblanche.qc.ca
Ouvert mar-dim de 13h à 17h. Avec cet immeuble anciennement consacré aux matériaux de construction, les artistes se dotent d'un quartier général consacré à la culture. Ce centre de diffusion géré par un collectif d'artistes propose principalement au public d'assister à des pratiques installatives et à de l'art in situ. Parallèlement, il héberge des studios d'artistes à prix modiques. De plus, la Chambre Blanche se fait l'éditeur de publications spécialisées vouées au domaine et tient divers colloques, conférences et débats. Un centre culturel en action !

LE LIEU

345, rue du Pont
418-529-9680
www.inter-lelieu.org
Ouvert tous les jours de 13h à 17h en période d'exposition. Entrée libre. Vaste collection de magazines consacrés à l'art contemporain. Le Lieu expose des œuvres d'art actuel : photos, performances, peintures, etc. Il publie le journal Inter-Actuel.

Hébergement

Les établissements recommandés se situent dans le Vieux-Québec, à proximité des attraits touristiques. Dans le cas contraire, l'article le précisera.

Bien et pas cher

AUBERGE INTERNATIONALE DE QUÉBEC HI

19, rue Sainte-Ursule

418-694-0755 / 1 866-694-0950

www.aubergeinternationaledequebec.com

Chambre avec salle de bain : 84 $ et plus, sans : 74 $ et +, ch. familiale avec salle de bain : 109 $ et +, dortoir : membre 24 $, non-membres 28 $. Réseau Hostelling International, consigne à bagages, salle de lavage, cuisine, stationnement pour vélos, Café Bistro, accès Internet, activités (excursions et tour de ville). Une très belle auberge de jeunesse dans le centre historique de la ville. Des travaux de rénovation ont permis d'allier l'ancien et le moderne, faisant de l'auberge un lieu de séjour prisé. Les chambres privées sont très agréables et les dortoirs sont bien entretenus. Le personnel utilise des produits écologiques pour faire le ménage et prônent la récupération. De la qualité pour un prix intéressant.

L'AUBERGE DE LA YWCA

855, av. Holland

418-683-2155

www.ywcaquebec.qc.ca

Selon la saison, chambre simple 45 $-55 $, double 55 $-65 $, triple 65 $-75 $. Salles de bain communes, cuisine, salle de lavage, salon, stationnement gratuit, piscine intérieure, sauna, ordinateurs disponibles en tout temps. Pour les fauchés, la formule « sac de couchage » permet aux groupes de cinq personnes et plus de dormir au YWCA pour 8 $ (sac de couchage non inclus). Le bémol : l'auberge ne se situe pas dans le Vieux-Québec mais dans une partie plus moderne de la ville, néanmoins accessible à pied pour les bons marcheurs.

UNIVERSITÉ LAVAL

Pavillon Parent, local 1618, Sainte-Foy

418-656-2921 | www.ulaval.ca/sres

Du 1 mai au 22 juin : Chambre simple 45,15 $, double 59,83 $. Du 23 juin au 21 août : Chambre simple 48,54 $, double 66,60 $. Salle de bain à l'étage. Possibilité de réserver chambres avec salle de bain ou studios. Draps et literie fournis. Stationnement gratuit. Autobus 800-801. Les chambres de l'Université Laval se vident l'été. Une belle occasion mais il faut réserver longtemps à l'avance pour être certain d'avoir sa place. Le souci : l'université est loin de la vieille ville. On devra prendre le bus pour y accéder.

AUBERGE DE JEUNESSE DE LA PAIX

31, rue Couillard | 418-694-0735

www.aubergedelapaix.com

25 $ par nuit dortoir 2-8 personnes, 12,50 $ pour les enfants, 4 $ pour la literie pour le séjour. Comptant seulement. Petit déjeuner compris à préparer. Ouverte toute l'année de 8 h à 2 h du matin. Jardin intérieur l'été. Pas d'animaux. La maison date de 1850 et peut accueillir 60 personnes dans les 12 chambres de deux à huit lits. Il y règne un esprit baba cool, comme il subsiste dans quelques auberges de la province. En cas de petite faim, la petite épicerie d'à côté propose de tout.

Couette & café

B&B SAINT-LOUIS

82, rue Saint-Louis | 418-694-1101

www.bbsaintlouis.com

Trois chambres 65 $-110 $. Salle de bain privée ou partagée, télévision, accès Internet sans fil. Un charmant B&B situé dans une maison de style victorien au cœur du Vieux-Québec. Sa localisation vous permet de profiter de l'animation de la rue

Saint-Louis et du Château Frontenac. Mais surtout, vous serez agréablement reçu par les propriétaires toujours prêts à vous renseigner et à vous aider. Les trois chambres vous apporteront tout le calme et le confort exigés.

À L'ÉTOILE DE ROSIE

66, rue Lockwell | 418-648-1044 / 1 866 29 ROSIE
www.etoilerosie.com

Trois chambres et deux studios tout équipés. Tarifs haute saison de 85-135, tarifs basse saison de 75-110. Stationnement gratuit pour la nuit sauf en cas de déneigement. Petit-déjeuner inclus. Une belle maison datant de 1910, des plantes, un solarium, des chambres décorées de façon différente et douillette, l'Étoile de Rosie est un de ces charmants couette et café où il fait bon vivre. La salle de bain est immense, alors même si cette dernière est à partager, on ne se sent pas à l'étroit. Depuis peu, deux petits studios sont disponibles, entièrement équipés (120$, petit déjeuner inclus). La rue Lockwell est à quelques minutes de marche des différents centres d'attraction de la ville.

À LA MAISON TUDOR

1037, av. Moncton
418-686-1033 | www.lamaisontudor.com

2 chambres 100-120. Salle de bain partagée pour les 2 chambres. Stationnement à proximité, couvert en hiver. Cette demeure datant de 1900 offre des chambres douillettes et l'accueil chaleureux des B&B. Aux chambres, hautement confortables, s'ajoutent un salon et une salle à manger réservée aux convives. Les chambres peuvent accueillir jusqu'à trois personnes. Il est possible de réserver les deux chambres afin d'obtenir un petit appartement, pour soi. L'atmosphère intime de cette résidence ne doit pas vous faire oublier que vous êtes à proximité des pôles d'attraction de la ville. Sont également disponibles deux appartements meublés tout confort.

B&B DE LA TOUR

1080, av. Louis Saint-Laurent
418-525-8775 / 1 877-525-8775
www.bbdelatour.com

Occupation simple 75-85, double 90$- 110$, enfants de 12 ans et moins 25$- 30$. Fermé du 20 décembre au 5 janvier 2010. Accès Internet sans fil, petit-déjeuner et stationnement inclus (très pratique). La convivialité d'un B&B s'allie avec confort et services de qualité. L'avenue Saint-Laurent est à proximité de l'avenue Cartier et des Plaines d'Abraham, à environ 10 minutes à pied du Vieux-Québec. En tout, quatre chambres douillettes avec deux salles de bain partagées vous accueillent. Un salon de détente et des services pour travailler sont à votre disposition.

BED&BREAKFAST DU QUARTIER LATIN CHEZ HUBERT

66, rue Sainte-Ursule
418-692-0958 | www.chezhubert.com

Chambre simple 80-85$, chambre double 85-100$. Petit-déjeuner et stationnement inclus. Trois chambres avec lavabo. Deux chambres pouvant accueillir quatre personnes et une chambre pouvant en accueillir deux. Non-fumeur. La maison n'accepte pas les animaux. Ambiance cosy dans cette maison victorienne de trois étages, jusque dans le décor. Tout ici reflète le bon goût : de la salle commune avec télévision (et films disponibles) et fauteuils confortables et bleutés jusqu'à la salle à manger dans les tons orangés. Cette maison bénéficie aussi du calme de sa rue. Venez donc séjourner dans ce lieu que la marque du temps ne semble pas altérer.

B&B MAISON HISTORIQUE JAMES THOMPSON

47, rue Sainte-Ursule | 418-694-9042
www.bedandbreakfastquebec.com

Chambre double 75-135 Trois chambres avec salle de bain privée. Petit déjeuner et stationnement inclus. La maison date de 1793 et est classée monument historique. En plus de profiter de ce cadre chargé d'histoire, trois chambres (une avec deux lits doubles et deux avec un lit double) sont offertes. Une pièce attenante donne accès à un téléviseur et un système de son ainsi qu'une large sélection de films et de CD. Un piano est à la disposition de ceux qui veulent égayer l'ambiance. Quant au petit déjeuner, il est complet et délicieux. Nous n'avons presque pas besoin de le préciser, ce B&B est chaleureux comme tout et vous serez ravis de l'accueil.

AUBERGE KRIEGHOFF

1091, av. Cartier | 418-522-3711
www.cafekrieghoff.qc.ca
Tarif pour une chambre en occupation double en haute saison de 130-140, basse saison de 110-125. Terrasse. Petit-déjeuner inclus. Stationnement 10$. Une institution bien implantée sur cette rue passante et commerçante, à l'extérieur de la vieille ville mais accessible en bus ou à pied (compter 25-30 min). L'établissement a récemment fait d'importants travaux. Les chambres n'en sont que plus agréables. En plus d'abriter un charmant café de quartier, la bâtisse compte une superbe auberge avec sept chambres adorables. Elles possèdent chacune une salle de bain. Comme le café sert de merveilleux petits-déjeuners, le vôtre sera tout aussi délicieux.

LA BOHÈME

650, rue de la Reine
418-525-7832 / 1 866-525-7832
www.gites-classifies.qc.ca/boheme.htm
Occupation simple de 70 à 114$, occupation double de 85 à 129$. 5 chambres. Petit-déjeuner et stationnement inclus. À quelques pas de la gare, ce gîte offre l'hospitalité aux voyageurs de tous les horizons. Une carte du monde où figurent les différentes provenances des visiteurs est affichée à la réception et témoigne du séjour agréable des convives. La vitalité des propriétaires est à l'image de la décoration et de la finesse du petit-déjeuner. En toute tranquillité, les hôtes peuvent profiter de la terrasse et du jardin intérieur. Une telle quiétude en plein cœur du centre-ville, on croit rêver !

COUETTE ET CAFÉ TOAST AND FRENCH

1020, av. Cartier
418-523-9365 / 1 877-523-9365
www.toastandfrench.com
4 chambres. Tarifs : salle de bain partagée : chambre simple ou double 94-104$, salle de bain privée chambre simple ou double 87-115. En basse saison, les chambres sont disponibles à la semaine et au mois. Petit-déjeuner inclus. Stationnement. Des livres, des magazines et des CD offrent un vaste éventail de la culture, notamment québécoise, et pour cause : ce couette et café fait également office de centre d'apprentissage de la langue française. L'avenue Cartier est un endroit idéal pour faire connaissance ou tout simplement pour se détendre l'espace d'une fin de semaine. Le Vieux-Québec est accessible en bus ou à pied (compter 25 minutes de marche).

MARQUISE DE BASSANO

15, rue des Grisons
418-692-0316 / 1 877-692-0316
www.marquisedebassano.com
Chambre double 99-200, petit déjeuner inclus. Stationnement à proximité pour 14$ les 24 heures. Une belle maison, avec une longue histoire, gérée par deux propriétaires, jeunes et dynamiques. Construite par un des architectes du château Frontenac en 1888, la demeure fut par la suite occupée par Francine McKenzie, présidente du Conseil du statut de la femme. Son fils est l'actuel propriétaire des lieux ! La maison, située dans un coin très calme du Vieux-Québec laisse penser qu'on est à la campagne. Les chambres sont charmantes,

peintes avec des couleurs chaudes. Une d'elles possède un lit à baldaquin. Très agréable !

Appartements-Hôtels

APPARTEMENTS-HÔTEL BONSÉJOURS

237, rue Saint-Joseph Est
418-380-8080 / 1 866-892-8080
www.bonsejours.com

15 appartements 95-295. Stationnement gratuit, climatisation, salles de réunion, appels locaux gratuits.

Un concept invitant, hors des murs du Vieux-Québec, dans Saint-Roch, un quartier qui connaît un véritable boom (environ 30 minutes à pied de la vieille ville ou 10 minutes en bus). Les appartements permettent de s'installer en toute facilité pour un séjour de courte ou de longue durée à proximité des principales attractions de la Capitale. De la batterie de cuisine au magnétoscope et au lecteur DVD, rien ne manque au locataire. L'espace est propice à cuisiner ses petits plats et à les savourer calmement dans la salle à dîner. Les chambres sont en retrait. Le décor crie le tout neuf et l'on peut contempler avec aise le bon goût des propriétaires. L'accueil est agréable et personnalisé à souhait. Au rez-de-chaussée, on y trouve des commerces tout à fait charmant, dont une fromagerie, la très réputée boucherie Eumatimi et le Café Le Nektar qui offre un délicieux espresso, du café équitable et des bières de microbrasseries.

LES STUDIOS NOUVELLE-FRANCE

52, rue Sainte-Ursule
418-694-0280 / 1 800-463-0280
www.hôtelsnouvellefrance.com

11 appartements. 70-190 la nuit. Les prix varient en

fonction du nombre de personnes et de la durée du séjour. Tous les studios et appartements ont leur salle de bain privée, une cuisine équipée, la climatisation, le téléphone et Internet sans fil gratuit. La literie est fournie. Une laveuse et une sécheuse dans l'édifice. Un stationnement intérieur et sécuritaire est disponible pour long séjour seulement. Ce ne sont pas des studios et appartements standards qui sont proposés au 52 de la rue Sainte-Ursule. Non seulement pratique, cette formule d'hébergement est également confortable et les plus exigeants d'entre vous seront ravis. Que ce soit les studios ou les appartements, tout le confort est là. Les studios conviendront parfaitement à des groupes ou des familles de 4 personnes. Les appartements peuvent loger jusqu'à 6 personnes. Cuisinette, salle de bain privée, téléviseur avec câble, une superbe terrasse et tous les renseignements possibles et imaginables pour passer un excellent séjour sont réunis. Les centres d'intérêt de la ville (musées, cour historique, boutiques) ne sont qu'à quelques minutes de marche…

Petits hôtels futés

AUBERGE DOUCEURS BELGES

4335, rue Michelet
418-871-1126 / 1 800-363-7480
www.douceursbelges.ca

Chambre double 100-125 avec petit-déjeuner, avec repas complet 180$ pour deux personnes. Stationne-ment. Un hôtel pratique pour les auto-mobilistes car il est situé en dehors du centre-ville, dans le quartier des Saules. Une magnifique maison entourée de verdure et de calme avec seulement deux chambres, mais elles sont ab-solument adorables. Un petit havre de paix avec la chambre Bruxelles qui possède un immense bain tourbillon ou la chambre Liège avec vue sur le jardin. Romantique à souhait et calme, le restaurant propose des spécialités belges avec plus de 70 sortes de bières ! Différents forfaits sont proposés pour en profiter pleinement.

AUBERGE LE LOUIS-HÉBERT

668, Grande Allée Est
418-525-7812 | www.louishebert.com

Chambre double 115-140. Petit-déjeuner et station-nement inclus. Forfait à 195$ pour 2 personnes avec chambre, stationnement et table d'hôte 5 services. V, MC, AE, I. Une superbe auberge à l'am-biance familiale propose sept cham-bres douillettes et délicieuses avec toutes les commodités requises : salle de bain privée, télé, téléphone, Internet sans-fil. Le Louis-Hébert possède éga-lement une table de choix servant une fine cuisine française où gibier et fruits de mer sont à l'honneur (voir article

dans la section À table). Le tout est accompagné d'un cadre superbe, celui d'une maison de près de trois siècles au charme indéniable avec ses boiseries, sa verrière et ses murs anciens.

AUBERGE DE LA PLACE D'ARMES

24, rue Sainte-Anne
418-694-9485 / 1 866-343-9485
www.aubergeplacedarmes.com

Chambre double à partir de 159$ en été, à partir de 90$ en hiver. Possibilité de stationnement à proximité, climatisation dans toutes les chambres, Internet sans fil gratuit, petit déjeuner inclus. Ne vous laissez pas surprendre par l'entrée qui fait double emploi : elle mène à la fois à un restaurant et à l'hôtel. Les cham-bres sont toutes très confortables. Les plus récentes sont même dotées d'un écran plat et de baignoires à jets. La décoration y est très raffinée. Ce lieu de séjour est très bien situé, puisqu'il est à proximité des principales artères du Vieux- Québec et du Château Fron-tenac. L'accueil est très sympathique.

AUBERGE L'AUTRE JARDIN

365, boul. Charest Est
418-523-1790 / 1 877-747-0447
www.autrejardin.com

Été : chambre régulière : 127$, chambre de luxe 143$ et suite 195$. Hiver : chambre régulière 94$, de luxe 114$ et suite 159$. 28 chambres dont trois suites. Salles de réunion, bain thérapeutique dans certaines chambres, Internet sans fil gratuit, petit déjeuner offert. Stationnement payant à proximité. Auberge située dans le quartier Saint Roch. Une quinzaine de minutes de marche pour le Vieux Port, cinq de plus pour la vieille ville. L'auberge est née d'une initiative novatrice d'économie sociale dével-oppée par Carrefour Tiers-Monde, un organisme de solidarité internatio-nale. Résultat : un hôtel trois étoiles, très confortable et œuvrant pour la solidarité internationale et le déve-loppement local. On le remarquera notamment dans la jolie boutique qui vend des bijoux et des vêtements issus du commerce équitable et au buffet du petit déjeuner où sont servis des produits locaux. L'auberge l'Autre Jardin prouve que tourisme durable et séjours d'affaires font la paire : bureau, climatisation, Internet, téléphone et sérénité garantis dans chaque chambre! Les chambres sont belles, décorées chaleureusement et avec personnalité. Tout le monde y trouve son compte puisque trois catégories de chambres sont proposées : régulière, luxe et suite. Quant à l'accueil, il est très doux et professionnel. À recommander sans hésitation.

AU PETIT HÔTEL

3, ruelle Des Ursulines | 418-694-0965
www.quebec-hôtels.ca/fr/fiches/aupetithôtel.asp
Chambre double 70-125 en été, 55$- 100$ en hiver. Stationnement disponible au 1, rue des Ursulines 8-12 la nuit (le prix varie en fonction de la taille du véhicule). Petit déjeuner continental 2,50$. Hôtel disposant de 16 chambres réparties l'une en face de l'autre, disposant d'un frigo, d'une télévision et d'une salle de bain privée. Les chambres avec deux lits doubles sont climatisées. Un four à micro-ondes est mis à la disposition du client. Téléphone avec appel local gratuit mais limité à 30 minutes. Petit hôtel tout en hauteur et fleuri, situé dans un coin tranquille du Vieux-Québec, sans être pour autant trop éloigné de toute l'agitation touristique. Les chambres sont confortables et Tim, la propriétaire, est charmante. Faites un petit détour par ici pour goûter au calme à l'image du monastère des Ursulines à proximité.

HÔTEL BELLEY

249, rue Saint-Paul
418-692-1694 / 1 866-692-1694
www.oricom.ca/belley
Chambre double 100-160 en été, 80-110 en hiver. Stationnement 8 à 12$/jour. 8 chambres climatisées, avec salle de bain, douche, télévision, téléphone, Internet sans fil gratuit. L'hôtel est situé juste

au-dessus de la Taverne Belley dans le Vieux Port, à proximité du Musée de la Civilisation. Les huit chambres de ce petit hôtel sont décorées de façon différente et vous offrent tout le confort possible. Vous pouvez prendre le petit-déjeuner à l'intérieur ou sur la terrasse, et même jouer au billard dans la Taverne.

HÔTEL CAP DIAMANT

39, av. Sainte-Geneviève
418-694-0313 / 1 888-694-0313
www.hôtelcapdiamant.com

Chambre double 164-174 en été, 114-134 en hiver. Petit-déjeuner continental inclus. Stationnement à proximité. 9 chambres. À proximité des attraits touristiques. L'hôtel Cap-Diamant est réputé pour sa décoration, ses lustres, ses foyers en fonte et en marbre, ses meubles. Chaque chambre est équipée d'une salle de bain, d'un téléphone et Internet sans fil gratuit, d'une télévision avec câble et d'un réfrigérateur. Un hôtel particulier où vous pourrez vous détendre avec plaisir sur la véranda ou dans le jardin.

HÔTEL DES COUTELLIER

253, rue Saint-Paul
418-692-9696 / 1 888-523-9696
www.hôteldescoutellier.com

Chambres doubles 185-295. Stationnement 9$/jour. 24 chambres, équipées d'un mini-bar, cafetière, Internet sans fil gratuit. Petit déjeuner champêtre inclus et servi dans la chambre. Possibilité de faire venir un massothérapeute dans sa chambre. Pour plonger dans l'ambiance du Vieux-Port de Québec, rien de tel que de passer une nuit dans un ancien entrepôt, avec vue sur le fleuve. N'ayez crainte : le confort est au rendez-vous dans cet hôtel trois étoiles. Les chambres sont toutes décorées différemment dans un style contemporain mais avec des murs d'origine. Accueil des plus charmants.

HÔTEL AU JARDIN DU GOUVERNEUR

16, rue Mont-Carmel | 418-692-1704
www.quebecweb.com/hjg/

Du 1er mai au 31 oct, Chambre double 70-150. Du 1er nov au 30 avril 60$- 120$. Pour le tarif de groupe hors saison, le petit-déjeuner est inclus. Face au parc, derrière le Château Frontenac, cette demeure offre 17 chambres avec salle de bain privée, télévision câblée et air conditionné. Cet hôtel possède encore son charme d'antan tout en répondant aux exigences de nos contemporains en terme de confort et d'accueil. La localisation de l'hôtel permet de profiter pleinement du Vieux-Québec, notamment de la Terrasse Dufferin et de la promenade des Gouverneurs.

HÔTEL SAINTE-ANNE

32, rue Sainte-Anne
418 694 1455 / 1 877 222 9422
www.hôtelste-anne.com

Chambre double à partir de 169$. 28 chambres dont 4 suites. Télévision câblée, prise Internet haute vitesse. Bar-restaurant « Le Grill » sur place. Un hôtel boutique 3 étoiles au cachet unique vous offrant le confort et le service d'un 5 étoiles! Ses chambres sont très chaleureuses et stylisées. La plupart d'entre elles ont un mur de briques ou de pierres d'origine. Les salles de réunion sont à la fois belles et bien équipées. Cet hôtel plaira aux amateurs de style épuré et contemporain.

HÔTEL JARDIN SAINTE-ANNE

109, rue Sainte-Anne
418-694-1720 / 1 866-694-1720
www.jardinsteanne.com

Chambre double 142-157 en été, 95$- 105$ en hiver. 18 chambres. Téléphone, Internet sans fil gratuit, petit-déjeuner continental 6$ par personne. Stationnement 12$ par 24 heures. Mini frigo et cafetière dans la plupart des chambres. Un hôtel tout ce qu'il y a de plus charmant. La maison construite en 1815 garde le charme d'antan avec la présence, dans certaines chambres, de pierres apparentes et de boiseries. Certaines chambres sont équipées d'un foyer augmentant ce sentiment de douceur et de convivialité. Une superbe terrasse-jardin permet de profiter pleinement de l'atmosphère champêtre du Jardin Sainte-Anne. La sérénité et le calme sont garantis. Pourtant, l'hôtel est situé au cœur du Vieux-Québec, à proximité du Centre des Congrès. L'hôtel a mis en place des forfaits comprenant un repas dans un restaurant avec service et accueil personnalisés.

HÔTEL LA MAISON SAINTE-URSULE
40, rue Sainte-Ursule | 418-694-9794
www.quebecweb.com/maisonste-ursule

Chambre double 69-109. 15 chambres dont 12 avec une salle de bain. Toilette à l'étage. Sept chambres sont situées dans la partie rénovée de l'hôtel et donnent sur une petite cour commune. Stationnement public. Laissez votre stress à la porte car ici on apprécie la sérénité. « Quinze chambres et on n'en veut pas plus » précisent nos hôtes Maurice et Éric, ceci afin d'être attentif à chacun de leurs clients et de préserver une atmosphère à la fois simple, familiale et conviviale.

HÔTEL MANOIR D'AUTEUIL
49, rue d'Auteuil
418-694-1173 / 1 866-662-6647
www.manoirdauteuil.com

Tarifs haute saison 119-299, basse saison 99-199. TV, téléphone, Internet sans-fil et petit-déjeuner inclus et stationnement payant à proximité. Cette superbe demeure datant de 1835 est un hôtel depuis 1953. Les dix-huit chambres offrent tout le confort nécessaire dans un décor faisant honneur à l'art nouveau et à l'art déco. Certaines pièces ont gardé leur cachet d'origine. Les hôtes réservent un accueil convivial et personnalisé. Le manoir est situé dans le

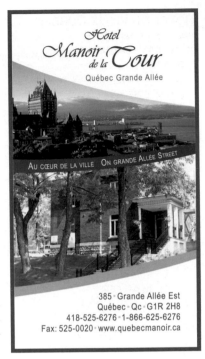

385 · Grande Allée Est
Québec · Qc · G1R 2H8
418-525-6276 · 1-866-625-6276
Fax: 525-0020 · www.quebecmanoir.ca

Vieux-Québec, à proximité du Parlement et du Centre des Congrès.

HÔTEL MANOIR DE LA TOUR
385, Grande Allée Est
418 525 6276/ 1 866 625 6276
www.hôtelmanoirdelatour.com

Chambre double 79-149 en semaine, 99-169 le vendredi et samedi. 20$ par personne additionnelle. Petit déjeuner (buffet continental) inclus. Stationnement : 12$, Wifi gratuit. Hôtel non-fumeur. Installé dans une demeure centenaire, cet établissement 3 étoiles est situé sur la Grande Allée, tout près des plaines d'Abraham. Vous y trouverez des chambres confortables, bien agencées, et au cachet indéniable. Toutes sont climatisées, avec TV et salle de bain privée. Un bon choix pour ceux qui recherchent un endroit calme et élégant, tout en étant en plein coeur de l'action !

HÔTEL DU VIEUX-QUÉBEC

1190, rue Saint-Jean
418-692-1850 / 1 800-361-7787
www.hvq.com

Chambre double 94-214 en été, 144$- 264$ en hiver. Stationnement intérieur à proximité de l'hôtel. 44 chambres avec salle de bain privée. Télévision câblée, accès Internet gratuit. Petit déjeuner offert à la poignée de la porte de la chambre. Le calme d'une belle bâtisse qui côtoie l'animation de la rue Saint- Jean ! Les chambres de l'hôtel sont meublées avec goût, douillettes et confortables. Le café et le thé sont offerts, c'est dire si la convivialité est bien présente. Quant à la localisation de l'hôtel, elle vous permet de visiter facilement les sites historiques et bons restaurants de la ville.

HÔTEL MANOIR SAINTE-GENEVIÈVE

13, av. Sainte-Geneviève | 418-694-1666
www.quebecweb.com/asg

Chambre double 100-130, petit-déjeuner inclus. Stationnement 14$ par jour. C'est dans les plus petits flacons que sont faits les meilleurs élixirs. L'hôtel possède seulement neuf chambres, mais tout y est douceur et calme ! Elles sont toutes équipées d'une TV câblée et d'une salle de bain privée et d'air climatisé, certaines ont même une kitchenette. Quant au cadre, cette maison de style victorien ne pourra que vous enchanter.

AUBERGE LE VINCENT

285, Saint-Vallier Est
418-523-5000 / 1 800-523-5005
www.aubergelevincent.com

10 chambres (dont 2 suites). Chambre double à partir de 199$, supérieure 229$ et suite 279$ en haute saison. Stationnement intérieur 15$/jour, service de valet. Téléviseur écran plat, accès internet gratuit, machine espresso et petits déjeuners complets servis en salle à manger. Petit hôtel très sympathique du quartier Saint-Roch, dont la thématique, Vincent Van Gogh, attire beaucoup d'artistes. Ancien studio d'artistes, on a voulu préserver l'âme du bâtiment en lui donnant une telle thématique. Les chambres sont spacieuses et décorées avec goût. Mur de briques et douche vitrée à même la chambre sont des éléments qui leurs donnent un cachet élégant aux chambres. Accueil sympathique et service personnalisé.

Les grands hôtels

HÔTEL PUR

395, rue de la Couronne
418-647-2611 / 1 800-267-2002
www.hôtelpur.com

Chambres king ou double de 109$ à 250$. Accès Internet gratuit, salle d'entraînement, téléviseur écran plat, piscine intérieure, sauna, stationnement intérieur. Le Pur est un de ces hôtels urbains qui vous plaira pour sa décoration épurée et moderniste. Situé au cœur de l'activité du quartier Saint Roch, il se dégage de cet établissement une atmosphère zen et tranquille. Les chambres sont petites mais leurs murs blancs et la décoration stylée les rendent luxueuses. L'équipement l'est aussi avec des matelas et duvets épais, des salles de bains avec douches de style européen ou bain japonais. Il y a aussi des gadgets nouvelles technologies comme le radio-réveil avec prise Ipod. Cet hôtel conviendra parfaitement aux gens d'affaires.

HÔTEL 71

71, rue Saint-Pierre
418-692-1171 | www.hôtel71.ca

Chambre double 195-309 en été, 175-250 en hiver. L'hôtel vous propose 3 catégories de chambres, la classique, la supérieure et la suite. Petit-déjeuner inclus. 40 chambres avec Internet sans fil. Salle d'entraînement, salle de massage, service de conciergerie

très attentionné, trois salles de réunions, café-bistro au rez-de-chaussée, hall spacieux avec foyer et biblio-thèque. Cet établissement magnifique a pris place dans l'ancien édifice du siège social de la Banque Nationale du Canada datant du XIXe siècle. La façade a été complètement restaurée avec une grande élégance, l'intérieur ne fait pas défaut avec un style très contemporain, et surtout beaucoup de lumière naturelle. Les fauteuils devant la grande cheminée sont absolument parfaits pour les soirées d'hiver. Le mobilier est de confection québécoise dans un style épuré et très design. Le raffinement le plus authentique et jusqu'au bout des ongles.

HÔTEL SÉPIA
418 653 4941/ 1 888 301 6837
www.hôtelsepia.ca
À partir de 119 $, petit déjeuner inclus. À moins de 10 minutes du Vieux-Québec (en voiture, taxi ou navette - gratuite, en saison). Internet gratuit, stationnement gratuit, piscine extérieure (été), salle d'exercice... Plusieurs forfaits disponibles. Cet hôtel 4-étoiles constitue une étape de choix pour séjourner dans la capitale. Un peu à l'écart de la vieille ville, ses 80 chambres très bien équipées (frigo, air conditionné, TV à écran plat, machines à Café Nespresso...) sauront satisfaire les plus exigeants, dans un style très contemporain et assurément "tendance". Un établissement des plus agréables à des prix raisonnables,

et qui mérite le détour. Nous vous conseillons en outre de faire un tour au Galopin, le restaurant adjacent à l'hôtel, qui propose de délicieuses spécialités et de nombreux produits du terroir québecois.

GRAND TIMES HÔTEL
5100, boul. des Galeries
418-353-3333 / 1 888-902-5555
www.timeshôtel.ca
122 chambres de 119$ à 465$. Petit-déjeuner inclus, stationnement, piscine intérieure, téléviseur écran plat, accès Internet haute vitesse, salle d'entraînement, aire de repos avec foyer. Situé aux Galeries de la Capitale, cet hôtel urbain a ouvert récemment. Malgré son emplacement quelque peu excentré, le Grand Hôtel Times reste à proximité des principaux axes routiers et de l'aéroport. Inspiré de l'architecture moderniste new-yorkaise, cet hôtel offre un confort luxueux proposant cinq catégories de chambre allant du loft exclusif à la suite présidentielle. Chacune d'entre elles est parfaitement équipée, certaines disposent même de réfrigérateurs et micro-ondes.

AUBERGE SAINT-ANTOINE
8, rue Saint-Antoine
418-692-2211 / 1 888-692-2211
www.saint-antoine.com
Chambre double 169-969. 95 chambres et suites de luxe avec vue sur les fortifications et sur le Saint-Laurent. Literie de luxe, couette et oreiller en duvet

d'oie, peignoirs, chaînes hi-fi haute qualité, mini-bar, téléviseur câblé écran plat, Internet haute vitesse etc. Stationnement intérieur payant avec voiturier. Salle d'entraînement complète, service de massothérapie et soins esthétiques. Salons et salle de conférences avec équipement audiovisuel perfectionné. Service aux chambres et service bonne nuit. Fine cuisine canadienne revisitée avec le restaurant « Panache », si vous souhaitez manger léger ou boire un verre, l'« Artefact » est conseillé. Service de conciergerie impeccable. Suite à des fouilles archéologiques entreprises en 2001 sous ses assises, cet hôtel/musée, membre de la célèbre chaîne Relais et Châteaux, vous propose une façon originale de trouver le repos et le luxe à l'intérieur des murs d'un ancien entrepôt maritime du début du XVIIe siècle et de la Maison Hunt datant de la même époque. Les chambres sont de grand confort et exposent les artéfacts découverts sur le site. Le style contemporain du mobilier et de l'architecture s'accorde originalement avec les vestiges du passé. Une façon stylée de découvrir la Nouvelle-France.

AUBERGE SAINT-PIERRE
79, rue Saint-Pierre
418-694-7981 / 1 888-268-1017
www.auberge.qc.ca
Chambre double 189-279 en été, 155$- 205$ en hiver. 31 chambres et 10 suites, lit double, queen ou king. Petit-déjeuner gourmet inclus. Deux salles de réunion. Stationnement 20$ par jour. Bibliothèque avec foyer, conciergerie. Différents forfaits. Un coup de cœur, cela ne s'explique pas! Occupant les anciens locaux d'une compagnie d'assurances et d'une banque, une multitude de détails crée un ensemble raffiné avec parquet et moulures. La convivialité et la simplicité des auberges alliées à un service digne des grands hôtels. Les chambres sont parfaitement équipées : téléviseur avec câble, salle de bain avec baigneur à remous, sèche-cheveux, téléphone avec boîte vocale et accès

Internet sans-fil. Mais surtout elles sont décorées avec goût, faisant honneur à l'ancien avec des meubles en érable, des murs en pierre ou en brique, des couettes en plume d'oie, des couleurs vives. À partir du 4e étage, une vue merveilleuse sur le fleuve prolonge le plaisir des yeux. Un bistro décoré d'une fresque (inspirée de Klimt et Picasso) et de superbes photographies propose petits-déjeuners et 5 à 7.

HÔTEL LE GERMAIN-DOMINION
126, rue Saint-Pierre
418-692-224 / 1 888-833-5233
www.hôteldominion.com
Chambre double à partir de 169$, petit déjeuner inclus. Bureau, air conditionné, lecteur CD, Télévision câblée, Internet sans fil gratuit. Bar-lounge. Le concept : un hôtels design qui s'adapte au gré du temps. Beau, zen, tout confort... Le luxe à l'état pur mais pas clinquant. Trois pommes vertes à chaque étage vous rappellent que vous êtes dans un hôtel Germain. Un hôtel digne des meilleurs magazines de décoration. À notre avis, le Dominion est le plus beau des hôtels Germain.

HÔTEL CLARENDON
57, rue Sainte-Anne
418-692-2480 / 1 888-554-6001
www.dufour.ca
Chambre double à partir de 109$. 6 salles de réunion et salons particuliers, stationnement intérieur payant, bar, restaurant. Plusieurs forfaits à prix avantageux sont proposés. 151 chambres avec salle de bain et air climatisé, téléphone, téléviseur avec câble, films et console de jeu. Internet haute vitesse. Le Clarendon est le plus ancien hôtel de la province de Québec! Le bâtiment, construit à partir des plans de Charles Baillairgé, date de 1870, il est truffé d'histoire et de romantisme. Il fait partie du patrimoine socioculturel de la ville. Très bien situé, à l'intérieur des fortifications du Vieux-Québec, cet

hôtel quatre étoiles est réputé pour son excellent service.

HÔTEL LOEWS LE CONCORDE
1225, Cours du Général de Montcalm
418-647-2222 / 1 800-23-LOEWS
www.loewshôtels.com

Chambre double 119-639. 406 chambres. Télévision, accès Internet sans fil, salle d'entraînement, piscine extérieure, service de gardiennage d'enfants. Pour repérer le Concorde, c'est très simple, cherchez l'Astral, le restaurant panoramique. Cet édifice à l'architecture hors norme propose 406 chambres donnant sur le fleuve. Comme il se doit dans des hôtels 4 étoiles et 4 diamants, les chambres sont spacieuses et parfaitement équipées. Quant aux suites, elles possèdent sauna, bain tourbillon et foyer. L'hôtel possède également un spa, une piscine extérieure et une salle de remise en forme. Le restaurant de l'hôtel, l'Astral, vous fait vivre une expérience gastronomique mémorable tout en admirant la vue panoramique de Québec. Le Concorde accueille aussi de nombreux événements et réunions.

HÔTEL LE PRIORI
15, rue du Sault-au-Matelot
418-692-3992 / 1 800-351-3992
www.quebecweb.com/lepriori

Chambre double 129-599. 21 chambres dont cinq suites. Petit-déjeuner inclus, stationnement disponible. Un refuge fier de l'héritage de son bâtiment de 1734, logé tout près du quartier Petit Champlain. On apprécie l'audace d'y avoir apporté un style art déco très contemporain. Chaque chambre se pare de matériaux précieux : mur de brique, céramique, boiserie, pierres... Les lits sont très confortables et les couettes garnies à souhait. Certaines suites sont munies d'une cheminée, d'un bain tourbillon, d'une cuisine équipée, d'un salon et d'un espace de travail. Le ton contemporain accompagne les raffinements du confort moderne. Pour agrémenter l'ensemble, le restaurant Le Toast vous invite à découvrir une cuisine raffinée dans un cadre de qualité. De quoi profiter sans modération du jardin terrasse, qui est des plus agréables.

HÔTEL CHÂTEAU LAURIER QUÉBEC

1220, Place Georges V Ouest
418-522-8108 / 1 800-463-4453
www.hôtelchateaulaurier.com

Chambre double 129-409. Piscine intérieure, sauna, spa, jardin quatre saisons, salle d'exercices, Internet sans fil gratuit, air conditionné. Cet hôtel marie magnifiquement le classicisme et la modernité, avec le confort comme maître mot. Dans la partie la plus ancienne de l'hôtel, les chambres sont toutes décorées avec du bois et des couleurs chaudes. Dans la nouvelle partie, elles sont plus épurées et contemporaines. Situé à deux pas du Vieux-Québec, au coin de la Grande Allée, ce grand hôtel apporte tranquillité et confort pour faire en sorte que votre séjour reste mémorable

HÔTEL PORT ROYAL

144, rue Saint-Pierre
418-692-2777 / 1 866-417-2777
www.hôtelportroyalsuites.com

Chambre double 199-299 en été, 149-259 en hiver. 40 suites. Stationnement 15$ pour 24 heures, accès Internet sans fil, restaurant de cuisine du monde Le « 48 » au rez-de-chaussée. Le luxe, c'est de pouvoir s'offrir ces suites toutes composées d'un salon, d'une cuisine entièrement équipée et d'une chambre. 4 personnes pourront confortablement se partager une suite. Le style conjugue le design urbain et l'histoire. Cet édifice qui a vu naître, au XVIIIe siècle, le premier hôtel à Québec, a conservé ses murs de pierres pour les insérer

dans un décor baroque. Chaque pièce possède un cachet unique. Par exemple, les meubles de frêne d'inspiration scandinave peuvent trôner dans une chambre à coucher immaculée, en accord avec la lumière du jour qui s'infiltre par les fenêtres rustiques. Le nec plus ultra !

HÔTEL ALT

1200, Germain-des-Prés
418-658-1224 / 1-800-463-5253
http://quebec.althôtels.ca/

Chambres à partir de 129$. À Sainte-Foy, juste avant l'entrée dans la ville de Québec. A proximité des sorties de l'autoroute. Un bel hôtel, au style très contemporain.

Grand luxe

FAIRMONT LE CHÂTEAU FRONTENAC

1, rue des Carrières
418-692-3861/ 1 800-441-1414
www.fairmont.com/fr/frontenac

Chambre double 159-2500. Stationnement 26$ par jour, 31$ pour le service valet, trois restaurants, piscine intérieure, club santé, spa et massage. 4 restaurants. L'hôtel le plus photographié au monde ne pouvait être passé sous silence, même si peu d'entre nous pourront y passer une nuit. Oui, le luxe est bien présent et ceci à l'état le plus pur. Le hall d'entrée laisse pantois à lui tout seul. Quant à la salle de bal, elle est complètement féérique. Ajoutons à cela le cadre et le service propres aux hôtels Fairmont : le mythe qui tourne autour du Château s'explique aisément. Et nous n'avons pas encore mentionné la présence de l'excellent restaurant le Champlain, ni celle du Café de la Terrasse qui offre une vue extraordinaire sur le Saint-Laurent. En somme, luxe, calme et volupté : une légende à lui seul.

HÔTEL CHÂTEAU BONNE ENTENTE

3400, ch. Sainte-Foy
418-653-5221 / 1 800-463-4390
www.chateaubonneentente.com

Chambre double 179-399. Piscine, golf, spa, centre de santé, salles de congrès, 3 restaurants : Monte Cristo, MC lounge, Napa Grill. Situé à 20 minutes de route du Vieux-Québec, le Château Bonne Entente est un hôtel cinq étoiles (le seul autre 5 étoiles de la ville étant le Château Frontenac). En raison de son éloignement du centre-ville, le rapport qualité prix est très bon. Un séjour dans le très zen Espace Terzo ou dans les magnifiques suites d'Urbania, avec un salon et un lit king, une baignoire thérapeutique, 1001 petites attentions dans la chambre, un cocktail dînatoire et des fraises au chocolat avec du champagne peut revenir à 295$ pour deux, hors saison. Bref, un luxe presque abordable ! En été, on profite d'une jolie piscine et en hiver d'un feu dans le salon de thé. La chef du restaurant Monte Cristo, Marie Chantal Lepage, a mis au point un souper très original. Un endroit unique dans lequel on apprécie le soin apporté au moindre détail.

Autour de Québec

HÔTEL DES PREMIÈRES NATIONS

5, Place de la Rencontre Ekionkiestha, Wendake
418-847-2222 / 1 866-551-9222
www.hôtelpremieresnations.ca

55 chambres sur 3 étages. Chambre confort à partir de 149$, suite junior à partir de 164$ et suite exécutive à partir de 174$. Divers forfaits disponibles. Restaurant et bar sur place. Un hôtel quatre étoiles, au concept vraiment original : les Premières Nations du Québec mais aussi d'autres régions d'Amérique du Nord et du Sud sont mises en valeur dans un cadre très contemporain. Tout ici fait référence à la culture des premières nations. L'architecture de l'hôtel représente la maison longue de l'époque. Les numéros de porte de chambres sont des pièces d'artisanat, faites dans la nation huronne wendat, dans laquelle se trouve l'hôtel. La décoration est composée de pièces originales. Des peaux de renard, castor, loup, chassés par des Amérindiens décorent l'accueil et les chambres. Une grande partie du personnel est d'origine amérindienne. Le restaurant La Traite est un must : une cuisine inspirée des diverses traditions amérindiennes de toute l'Amérique, arrangées avec beaucoup de talent et pour des prix très raisonnables. Toutes les chambres font face à la rivière Saint-Charles, certaines ont des balcons privés.

AUBERGE LA CAMARINE

10947, boul. Sainte-Anne, Beaupré
418-827-5703 / 1 800-567-3939
www.camarine.com

Chambre double 109-149 en été, 99$- 139$ en hiver. Multiples forfaits : à partir de 169$. 31 chambres au total. La Camarine, réputée pour sa fine cuisine du marché, son ambiance chaleureuse et romantique offre 31 chambres douillettes, dont certaines avec foyer. On profitera de la salle à manger avec foyer, d'un bistro tout en pierres, situé dans les fondations de l'Auberge datant du 18ème siècle, une terrasse surplombant le Saint- Laurent et 2 salles de réunion. Elle est située sur l'historique « Côte de Beaupré », à 5 minutes du Mont Sainte-Anne, à 25 minutes de Québec et face à l'île d'Orléans. Les petits animaux domestiques sont acceptés.

AUBERGE LA GOÉLICHE

22, chemin du Quai,
Sainte-Pétronille, Île d'Orléans
418-828-2248 / 1 888 511-2248 | www.goeliche.ca
Chambre double, par personne, à partir de 104$ en été, à partir de 64$ en hiver. Petit-déjeuner inclus. Wifi gratuit. Pour les amoureux du bucolique et de l'Île d'Orléans, cette auberge au charme enchanteur répond à toutes les attentes en possédant une très bonne table. L'auberge profite du charme propre à Sainte-Pétronille. Seize chambres douillettes, des chalets, une piscine extérieure et un service de massothérapie se réunissent pour vous plonger dans le plaisir le plus doux. Quant au restaurant, ce dernier possède des terrasses et une verrière qui vous permettront, tout en dégustant un excellent repas, d'admirer la vue sur le fleuve et le Vieux-Québec (possibilité de réserver une chambre avec le souper et petit-déjeuner inclus).

AUBERGE LE P'TIT BONHEUR

183 & 186 côte Lafleur,
Saint-Jean, Île d'Orléans
418-829-2588 | www.leptitbonheur.qc.ca
En chambre privée : 50$ pour 1 personne, 70$ pour 2 (24$ personnes additionnelles), 12$ pour les enfants. Dortoir : 23$ par personne, enfants de 6 à 12 ans 12$. Tente amérindienne (Wigwam) : 35$ (petit-déjeuner inclus). Camping : 16$. 4 chambres privées. Petit-déjeuner 5$. Le bonheur se tient ici, dans cette maison champêtre, tricentenaire, qui sent le pain chaud et la bonne humeur. Les poules picorent dans le jardin, pendant qu'on vous prépare un bon petit-déjeuner; ressourcement nécessaire avant de partir en balade à cheval en charrette. L'hiver, on s'adonne librement à la raquette, au ski de fond, au traîneau à chien et autres activités de plein air. La tente amérindienne (Wigwam) est moelleusement calfeutrée de fourrures. Il ne manque plus que le calumet de la paix.

MAISON DU VIGNOBLE

1071, ch. Royal, Saint-Pierre, Ile-d'Orléans
418-828-9562
www.isledebacchus.com
Chambre double 80-95. 4 chambres avec salle de bain privée, petit-déjeuner et apéro en fin de journée inclus. Forfaits et visite guidée disponibles. Au cœur de ce vignoble se trouve une gentille maison ancestrale qui accueille la lumière du jour et offre une vue spectaculaire de couchers de soleil sur le fleuve. Un gîte tendre et joliment entretenu par les propriétaires Lise Roy et Donald Bouchard qui se font un plaisir de nous présenter leur vin. Près du foyer sur la terrasse, ou de la cheminée dans la salle de séjour, on trouve un confort à l'image de nos hôtes très chaleureux.

LA MALOUINIERE

7168, ave. Royale, Château-Richer
418-824-5777
1 888-876-5795
www.lamalouiniere-quebec.com
Chambres de 120$ à 180$ la nuit pour 2 personnes, petit-déjeuner compris. Salles de bain privées, téléviseur avec câble, accès internet haute vitesse. Ordinateur avec internet dans le salon commun. Stationnement gratuit et grande piscine extérieure. À seulement quelques minutes du centre-ville de Québec, un domaine ancestral localisé dans un havre de paix. Après une agréable journée dans la capitale, le Domaine La Malouinière vous attend avec des chambres spacieuses décorées avec goût. Un pied dans cette maison et on a l'impression d'avoir fait un pas dans le passé. Vous dégusterez votre petit-déjeuner dans une superbe salle à manger où l'on sert également une table d'hôte et des soupers légers. Forfaits disponibles.

À table

Produits gourmands

BOULANGERIES PATISSERIES

LA BOITE À PAIN

289, rue Saint-Joseph Est | 418-647-3666
Ouvert lun-sam de 6h30 à 20h, dim de 6h30 à 17h30. Comptant et I seulement. Cette boulangerie artisanale du quartier Saint-Roch nous offre l'un des meilleurs pains en ville. La sélection est riche et variée pour le plus grand plaisir de nos papilles gustatives. Des baguettes blanches, belges, au levain en passant par les pains aromatisés et les fameux pains desserts, tout est délicieux. Un petit coin avec tables est spécialement prévu pour ceux qui veulent prendre un café dans les bonnes odeurs de pain fraîchement cuit. *Autre adresse : 396, 3e avenue.*

Quartier Saint-Roch

Boire un café ou un thé
Camellia Sinensis
Café Tam Tam

Manger Vite fait
Smoked meat Joe
De Blanchet

Savourer tranquillement
Le grain de riz
Yuzu
Café du clocher penché
L'Utopie

LE PETIT COCHON DINGUE

24, boul. Champlain
418-694-0303 | www.lepetitcochondingue.com
Ouvert tous les jours de 7h à 18h, jeu-ven jusqu'à 21h, de 7h à 22h en été. Service au comptoir. V, MC, I.
À l'image de son grand frère, le Cochon Dingue, cette boulangerie est remplie de desserts maisons, et bien sûr, de desserts servis au Cochon Dingue. En plus d'être une pâtisserie, le Petit Cochon Dingue est une boulangerie artisanale où vous trouverez une vaste sélection de pains, de baguettes et de viennoiseries. Quant au cadre, il permet d'observer les pâtissiers au travail. Votre choix fait, vous pourrez aller déguster la trouvaille en terrasse, à l'étage.

BOULANGERIE PÂTISSERIE LE CROQUEMBOUCHE

235, rue Saint-Joseph Est
418-523 9009 | www.lecroquembouche.com
Ouvert mar-dim de 7h à 18h30, dim de 8h à 17h. Fermé lun. Comptant et I seulement. Sandwichs, pains, viennoiseries, gâteaux (Paris-Brest, millefeuilles), biscuits, thés... que ces noms sont doux pour nos oreilles et alléchants pour nos papilles. Ce petit lieu est idéal pour marquer une pause à n'importe quel moment de la journée. On peut aussi y commander des gâteaux pour les anniversaires et les mariages. Les sorbets aux fruits faits sur place sont une bonne alternative aux viennoiseries par une chaude journée d'été. Cette boulangerie pâtisserie dispose aussi de quelques tables pour prolonger cette pause gourmande... Alors prenez place !

DE BLANCHET

435, rue Saint-Joseph Est
418-525-9779 | www.deblanchet.ca
Ouvert lun-mer de 7h à 17h30, jeu-ven de 7h à 21h, sam de 9h à 17h30, dim de 10h à 17h. V, MC, AE, I.
Cette chic pâtisserie-épicerie fine au style européen est une réalisation

du célèbre ouvrier de bouche au restaurant Saint-Amour, Roland-Alain Blanchet et de sa conjointe, Nathalie Déry. Les plaisirs gastronomiques ont ici leur vitrine. Le crémeux manjari (une orgie de chocolat) et Les macarons font saliver les passants. Les produits fins et recherchés aguichent les curieux : pâte de truffes, biscuits apéritifs, gelée d'orchidée à saveur de vanille, chutneys et confitures portant l'étiquette de la maison. Des fromages québécois, des charcuteries, des pains artisanaux et des eaux embouteillées de tous les coins du monde contribuent à l'originalité de cet endroit unique. Un service traiteur (avec boîtes à lunch) est disponible. Ne manquez pas la nouveauté estivale, le fameux macaron glacé.

PAILLARD

1097, rue Saint-Jean

418-692-1221 | www.paillard.ca

Ouvert tous les jours. En hiver de 7h30 à 19h, en été de 7h30 à 23h. V, MC, I. Si le palais était pourvu d'une mémoire, il serait hanté par le goût du croissant au beurre de Paillard. Une couverture croustillante et un cœur si tendre, un bon goût de beurre, c'est une merveille! Il ne doit cependant pas faire ombrage au rayon pâtisserie, à ses tartes au chocolat et autres religieuses confectionnées par un chef français formé dans les meilleures écoles. Les salades, les sandwichs et les boîtes repas sont, eux aussi, exquis. Niveau déco, on ne sait pas trop si on est à New York ou à Paris puisqu'à une touche de tradition viennent se mêler de grandes photos ultra contemporaines. Peu importe, Yves Simard, le très sympathique proprio, semble avoir trouvé la formule parfaite pour satisfaire sa clientèle. Service traiteur (dont boîtes repas) offert. Terrasse soir et week-end. Pizzas disponibles dès 16h, vins et bières.

PAINS ET PASSIONS

85, rue Saint-Vallier Est

418-525-7887 | www.painetpassion.com

Ouvert lun-mer de 9h à 19h, jeu-ven de 9h à 20h, sam de 9h à 18h, dim de 9h à 17h30. 35 places. V, MC, AE, I. Dans cette épicerie familiale méditerranéenne du quartier Saint-Roch, on trouve de tout en abondance. Des biscuits nous font de l'œil dès notre entrée dans cette caverne aux merveilles du palais. Puis, c'est au tour du fromage, du pain, des plats cuisinés, comme les feuilles de vignes ou les farcis. Et même lorsqu'on s'attable pour « casser la croûte » au fond de la boutique, nos yeux sont attirés de part et d'autre, vers les étagères remplies de bocaux d'aubergines, de bouteilles d'huile et de vinaigre, de graines de couscous… Vous trouverez ici de quoi faire de bons petits plats, ou tout simplement de quoi rehausser leur goût. Faites-vous donc plaisir et prenez l'habitude de vous régaler!

BAGUETTE ET CIE
217, rue Saint-Paul | 418-694-7246

Ouvert du lun-ven de 7h à 18h, sam-dim de 8h à 18h. Petits-déjeuners légers à partir de 2,50$, midi-express à 8,95$. Ayant pris la place de l'une des succursales de la Boulangerie Paul, Baguette et cie est une boulangerie-pâtisserie qui offre des produits de qualité délicieux. On y vend une grande variété de pains de la boulangerie La Boîte à pain, et l'on prépare des plats succulents comme le chili (que l'on prétend être le meilleur du monde) et la soupe au pois maison. Salades, soupes, sandwichs et plusieurs autres plats cuisinés sont également offerts. Une section de la boutique est réservée à quelques étagères où l'on présente des produits fins québécois, telles que des confitures biologiques et du café en vrac.

L'ARTISAN ET LA PORTEUSE DE PAIN
1070, av. Cartier | 418-523-7066
www.artdupain.com

Ouvert lun-sam de 7h à 18h, dim de 7h à 17h. Comptant seulement. Dans cette boulangerie artisanale de l'avenue Cartier, on retrouve des pains naturels, c'est-à-dire sans farines enrichies, sans sucre, sans gras et sans agent de conservation. Jusqu'à 35 variétés sont offertes aux clients : divers pains au levain, des baguettes, des pains aux olives, aux lardons, au fromage de chèvre et au gruyère sont étalés, pour ne nommer que ceux-là. Des viennoiseries remplissent aussi les présentoirs.

LE PAIN GRÜEL
375, rue Saint-Jean | 418-522-7246

Ouvert du mar-ven de 6h à 18h30, sam de 6h à 17h, fermé dim-lun. Le Pain Grüel est une boulangerie créative qui fabrique ses pains selon des procédés artisanaux. Spécialisés dans la fabrication de pains au levain fait de farines intégrales, les artisans de ce lieu délaissent le blé traditionnel et initient leur clientèle à toute une variété de farines qui font des produits finis divins! Pains de céréales, pains aux fruits, aux noix, au chocolat ou au fromage, on a l'embarras du choix. Vous êtes indécis ? Laissez votre nez vous guider, les odeurs sont enivrantes.

BOULANGERIE SAINT-HONORÉ SAVEURS / COMPTOIR EXPRESS PREMIÈRE MOISSON
840, Honoré Mercier | 418-522-1117
www.sainthonoresaveurs.com

Ouvert dim-jeu de 6h15 à 18h, ven-sam de 6h15. V, MC, l. 40 places. Le magnat de la boulangerie artisanale a maintenant sa petite sœur à Québec. La baguette attire sa part de clients, mais on trouve aussi d'autres pains plus originaux (une quarantaine au choix). Les croissants et pains au chocolat font le bonheur des lève-tôt. Des petits-déjeuners peuvent être consommés sur place. Le menu boîte à lunch propose des repas complets sur le pouce. Le restaurant prépare soupes, paninis et salades sur place. Au deuxième étage, la salle à manger a confortablement pignon sur rue; en été, profitez de la terrasse ensoleillée. À la pause café, consulter un magazine, une pâtisserie à la main, c'est la détente assurée!

BOUCHERIES CHARCUTERIES

BOUCHERIE W.E. BÉGIN

500, rue Saint-Jean

418-524-5271

Ouvert mar-mer de 9h à 18h, jeu-ven de 9h à 21h, sam de 9h à 17h30. Fermé dim-lun. V, I. On pourrait peut-être l'appeler LA boucherie de Québec. La viande est rangée en fonction de l'animal : porc, veau, poulet, bœuf… Une qualité irréprochable pour cette maison qui exerce depuis 1904. Si vous manquez d'inspiration, vous opterez pour un poulet rôti.

BOUCHERIE LABRIE

Halles du Petit-Quartier

1191, av. Cartier

418-523-2022

Ouvert lun-mer de 9h à 19h, jeu-ven de 9h à 21h, sam-dim de 9h à 18h. V, MC, I. De belles pièces de bœuf, parfaites pour se faire une fabuleuse bavette, des cailles bien en chair, côté charcuterie c'est aussi très tentant avec un choix de saucisses incroyable. Les prix sont honnêtes et le service professionnel… La cuisinière ou le cuisinier dispensent de très bons conseils. À nos fourneaux !

BOUTIQUE DE LA FERME EUMATIMI

241, rue Saint-Joseph est

418-524-4907 / 1 888-524-4907

Localisée dans le quartier Saint-Roch, les viandes de cette boucherie sont prisées par les plus grands chefs québécois. Le bœuf à l'honneur, c'est la seule viande que l'on retrouve dans la boutique. Ce n'est toutefois pas le choix qui manque ici. On y retrouve des coupes de viandes pour toutes les bourses et pour tous les événements. Coupées à la boutique même, la viande est d'une fraîcheur absolue.

Quartier Sillery

Boire un café ou un thé
Aux délices de Picardie

Manger Vite fait
Café Myrtina
Faks Café

Savourer tranquillement
Montego Resto-Club

BOUCHERIE QUATRE BOURGEOIS

3500, ch. des Quatre Bourgeois, Sainte-Foy

418-653-7687

Ouvert lun de 12h à 18h, mar-mer de 9h à 18h, jeu-ven de 9h à 21h, sam de 8h30 à 17h30, dim de 10h à 18h. V, MC, I. Bon endroit pour trouver des pâtés à la viande, au saumon ou au poulet, la boucherie du chemin des Quatre Bourgeois prépare aussi la fameuse tourtière du Lac-Saint-Jean selon la recette originale : du porc, du veau, du poulet, du bœuf et des pommes de terre. Du pâté chinois, des cretons et une sauce à spaghetti sont également conçus sur place. Du côté des viandes, agneau et autruche voisinent les classiques. Rosbif français, rôti de porc ou coq au porc sont pour leur part déjà cuits, ce qui est idéal pour faire des sandwichs.

CAFÉS / THÉS

CAFÉ KRIEGHOFF

1091, av. Cartier | 418-522-3711

Ouvert lun-mer de 7h à 22h, jeu-ven de 7h à 23h, sam de 8h à 23h, dim de 8h à 22h. Petit-déjeuner lun-ven de 7h à 11h15, sam-dim de 8h à 14h30. Petit déjeuner 5,50$-12,50$. Plats 9,95$-18,95$. TH 13,95-25. V, MC, I. Il y a des petits cafés que l'on apprécie autant l'hiver que l'été. Le Café Krieghoff en fait partie. Une institution bien implantée sur cette rue passante. On y achète du café maison, on y brunche, lunche, soupe. L'hiver, c'est l'appel du chocolat chaud ou d'un dessert maison qui a raison de nous ; l'été, c'est la salade sur la terrasse.

CAFÉ NAGUA

990, 1ère avenue

418-521-2250 | www.plannagua.qc.ca

Ouvert du lun-ven à partir de 11h, sam-dim à partir de 9h. Internet sans fil gratuit. Le café Nagua est une innovation du Plan Nagua, organisme à but non lucratif qui a pour mission d'accroître la compréhension des enjeux du développement durable et d'établir des relations Nord-Sud équitables. Le concept du café est d'offrir à sa clientèle des produits issus du commerce équitable, de l'économie sociale et locale et de l'agriculture biologique afin de la sensibiliser à une consommation responsable. Du déjeuner à tard dans la soirée, la cuisine vous offre des produits des petites entreprises environnantes telles que des confitures, des saucisses et de la bière de microbrasserie. Diverses activités sont organisées sur place ; ateliers de conversation, expositions, 5 à 7, soirées thématiques, théâtre d'intervention. Un coin boutique est aménagé pour la vente de produits équitables : cafés, thés, cosmétiques, chocolats, huile d'olive de la Palestine, sucre de canne et encore plus.

CAMELLIA SINENSIS

624, rue Saint-Joseph Est

418-525-0247 | www.camellia-sinensis.com

Ouvert lun-mer et sam de 10h à 18h, jeu-ven de 10h à 20h, dim de 10h à 17h. V, MC, I. Ah ! Le lent plaisir de déléter la divine feuille ! Le thé, art fort d'un millénaire d'histoire, est ici redécouvert. Plus de 180 thés

Vieux-Québec Haute Ville

Boire un café ou un thé

Paillard

Manger Vite fait

Les frères de la côte

Conti Caffe

Restaurant pub d'Orsay

Café de Paris

Omelette

Paillard

Kaméléon

Savourer tranquillement

La Crémaillère

Parmesan

Pain Béni

Portofino

Aux Anciens Canadiens

Gambrinus

Continental

Saint-Amour

Patriarche

frais saisonniers sélectionnés annuellement y sont conservés. En plus, de nouveaux arrivages varient au gré des saisons. Les thés viennent d'aussi loin que de l'Inde, du Japon, de la Chine et de Taiwan. Un choix de théières et de livres satisfait les esprits curieux. Un rituel de l'Extrême-Orient dont on souhaite s'imprégner lentement…

LES CAFÉS DU SOLEIL

143, rue Saint-Paul

418-692-1147

Hiver : lun-ven de 7h à 17h30, sam de 8h30 à 17h30, dim 10h à 17h30. Été : lun-mer de 7h à 19h, jeu-ven de 7h à 22h, sam-dim de 8h30 à 22h. V, MC, I. Ça sent bon, c'est chaud et délicieux, le café ou le thé se déclinent sous plusieurs parfums et saveurs. Nous vous conseillons cette boutique parce que les personnes qui vous accueillent chaleureusement s'y connaissent, parce que le cadre, tout petit, est chaleureux. Sur les étagères en bois, du thé, des cafetières Bodum et italiennes, des théières, des machines à espresso, des tasses. Un beau matin d'automne, avant de faire la tournée des antiquaires, prendre un café dans cette brûlerie, c'est un petit moment de bonheur. Un comptoir de viennoiseries et de sandwichs bien frais complète notre excursion dans la douceur. Différentes sortes de café équitable sont disponibles.

L'ABRAHAM MARTIN
595, rue Saint-Vallier Est | 418-647-9689

Ouvert lun-ven de 9h à 23h, sam-dim 9h-17h lors de spectacles. Plats 8,95 $-17,95 $. V, MC, AE, I. Quoi de mieux placé que ce café bistrot situé juste au-dessus de la Méduse, haut lieu de création artistique né de la coopération entre 10 organismes artistiques ? En montant ou en descendant la rue de la Chapelle on tombe dans ce petit café aux couleurs chatoyantes et à la terrasse fleurie. L'ambiance y est chouette et la musique très agréable lui confère beaucoup d'intimité. On y mange toutes sortes de plats, du sandwich à la brochette de viande, en passant par des pâtes ou des burgers. Vous ne le regretterez pas un passage au cœur même de l'espace culturel du quartier et vous pourrez vous tenir informé des expositions ou autres événements culturels destinés au large public.

SEBZ THÉ&LOUNGE
67, René-Levesque Est

418-523-0808 | www.sebz.ca

Ouvert du lun-mer de 9h à 18h, jeu-ven de 9h à 21h, sam-dim de 10h à 17h. Tout de cet endroit nous fait croire qu'on se retrouve dans un lounge ; musique électronique, décor urbain et épuré, grands fauteuils blancs, murs noirs et blancs, plancher rouge et comme breuvages … du thé ! Hey non, pas d'alcool ici, c'est plutôt une panoplie de thés qui est au rendez-vous. Thés vert, thés noirs, thés aromatisés, tisanes, il y en a pour tous les goûts. Pour les petites faims, on propose quelques petites bouchées. Les thés sont aussi en vente au poids et côté boutique on retrouve une belle collection d'accessoires pour le service du thé ; théières en argile, fonte, verre et céramique, tasses et des emballages cadeaux. Sebz offre des ateliers sur le thé qui vous permettront d'en connaître davantage sur cette boisson ancestrale. Ne manquez pas les mardis désintox, un 5 à 7 où l'on sert des cocktails sans alcool à base de thé.

GLACES

GLACIER ABERDEEN

90 A, rue Aberdeen | 418-648-6366
303, Seigneuriale (Beauport)
418-660-1950

Ouvert de mi-avril à la fin sept, tous les jours de 10h à 23h, jusqu'à minuit lorsqu'il fait beau. Glaces 1,95-6. Comptant seulement. On est tout d'abord attiré par l'énorme fraise bien pulpeuse et rouge qui orne l'enseigne du glacier. Et heureusement, car on passerait presque sans remarquer ce marchand de glaces. La spécialité de la maison : une glace molle avec un filet de sirop d'érable, venu tout droit de la Beauce, trempée dans un chocolat belge maison. La nouveauté : la célèbre crème glacée Bilboquet de Montréal est vendue ici. Possibilité de s'asseoir sur un banc en terrasse pour profiter de la dégustation.

TUTTO GELATO

716, rue Saint-Jean
418-522-0896 | www.tuttogelato.ca

Ouvert début avril à mi-octobre de 9h30 à 22h. Prolongation selon la température. Glaces 2,75$-4,50$. Comptant seulement. Ces glaces, confectionnées par un Italien fier de nous faire découvrir les méthodes de fabrication de son pays, excellentes et faites maison, se dégustent dans la boutique ou dans la rue. Leur onctuosité est vraiment unique. Des sorbets, des parfums très variés et délicieux, en bol ou en cornet. Petite sélection de glaces au lait de soja et sans sucre.

PAILLARD

1097, rue Saint-Jean
418-692-1221 | www.paillard.ca

Ouvert tous les jours. En hiver de 7h30 à 19h, en été de 7h30 à 23h. V, MC, I. Mini : 3$, petit : 3,50$, moyen : 4,25$, grand : 5$. Cette grande boulangerie propose une magnifique sélection de gelato (caramel, panacotta, érable,

etc.) et sorbets (bleuets, litchi, mandarine, etc.) fièrement fabriqués sur place. Terrasse soir et week-end.

CHOCOLATS ET CONFISERIES

ARNOLD CHOCOLATS GOURMANDS

1190-A, av. Cartier
418-522-6053 | www.arnoldchocolat.com

Ouvert lun-mer de 10h à 17h30, jeu-ven de 10h à 21h, sam de 10h à 17h30, dim de 11h à 17h30. Ouvert tous les jours de 10h à 23h en été (selon la température). V, MC, I. C'est tout petit chez Arnold, mais c'est bien assez grand pour accueillir des quantités de chocolats gourmands. Parmi les fourrés d'Arnold, on trouve 17 sortes différentes dont cerise chérie, ganache au lait, praliné noisette ou fondant framboise. Pour les bouchées doubles laissez-vous tenter par celle au nougat ou la menthe chocolatée. Fabriqués à Charlesbourg, ils se présentent sous la forme de petites bouchées allant de 89 ¢ à 1,78$ pour des bouchées doubles. *Autres adresses : 8500, boul. Henri-Bourassa, Charlesbourg, 418-626-0304 ; 3333, rue du Carrefour, Beauport, 418-661-7995.*

CHAMPAGNE LE MAITRE CONFISEUR

783, rue Saint-Joseph Est | 418-652-0708

Ouvert lun-ven de 8h à 21h, sam-dim de 10h à 18h. V, MC, I. Services cadeaux corporatifs, cours de fabrication de chocolat, dégustation pour groupe. À l'intérieur des galeries, se trouve une boutique de chocolat différente, authentique. Le chocolat est frais et chaque jour, M. Champagne vous suggère une nouveauté. Le jour de notre passage, nous avons goûté à la brochette de fraises au chocolat, un pur délice. Mis à part le chocolat, la spécialité est la pâte d'amande. Un goût exquis qui prend la forme de personnages célèbres : le Petit Prince, Winnie l'Ourson, etc.

Vieux-Québec Basse Ville

Boire un café ou un thé
Petit Cochon Dingue
Cafés du Soleil

Manger Vite fait
La Pizz
Marché du Vieux Port
Café du campanile

Savourer tranquillement
Le 48
Le Cochon Dingue
Le Laurie Rafael
L'Échaudé
Le Toast
Le Poisson d'Avril
Le Marie Clarisse

CONFISERIE C'EST SI BON
1111, rue Saint-Jean | 418-692-5022

Hiver : ouvert du lun-mer et sam-dim de 9h à 17h30, jeu-ven de 9h à 21h. Été : tous les jours de 9h à 21h. Prix au poids ou à l'unité. Une vraie caverne d'Ali baba pour les amateurs de bonbons. Un pied dans cette boutique et on retombe automatiquement en enfance. Des bonbons de toutes sortes excitent nos yeux et nos papilles avec leurs couleurs. Un comptoir à fudge fait saliver avec ses odeurs de chocolat et de sucre à la crème. Pour les fines bouches, une belle variété de produits fins locaux et importés. Belle sélection d'objets qui font d'excellent cadeaux ; vaisselles, linges pour la cuisine, objets décoratifs. Une belle boutique qui fait plaisir aux yeux… et au bedon! Adresse intéressante du même proprio : Les Pieds dans les plats, une boutique où l'on vend des articles de cuisine. *Autre adresse : 571, rue Saint-Jean 418-523-5833.*

EDDY LAURENT
1276, av. Maguire, Sillery
418-682-3005 | www.el-eddylaurent.ca

Ouvert lun-mer de 9h30 à 17h30, jeu-ven de 9h30 à 21h, sam-dim de 10h à 17h. V, MC, AE, I. Toute la délicatesse du chocolat présentée avec soin par ces maîtres chocolatiers belges. Pralinés ou truffés, de premier cru ou d'assemblage, plus de 35 sortes de chocolat nous conduiront à commettre un péché de gourmandise. L'accord se poursuit avec divers accessoires composant l'art de la table : couteaux Laguiole, collection Alessi, nappes Garnier Thiebaut, théières, tasses et accessoires accompagnant le thé des quatre coins du monde. Notons qu'El Eddy distribue les délicieux thés de Mariage Frères et Palais d'Été. Il y a aussi de jolies idées cadeaux pour les naissances.

CHOCO-MUSEE ERICO
634, rue Saint-Jean
418-524-2122 | www.chocomusee.com

Ouvert lun-mer et sam de 10h à 17h30, jeu-ven de 10h à 21h, dim de 11h à 17h30. Été, horaire prolongé. V, MC, AE, I. Un lieu de savoir et de gourmandise, hautement recommandé! Le petit musée, relatant l'histoire du chocolat et son processus de fabrication est conçu de façon très ludique. Devant les yeux des curieux, les artisans façonnent les précieuses gourmandises certifiées chocolat pur. La boutique aux chocolats originaux et délicieux, sous forme solide ou liquide, torturera ceux qui surveillent leur ligne. Heureusement, il reste la section avec des barres de chocolat contenant beaucoup de cacao et moins de sucre. Les brownies sont les meilleurs du Québec, du moins c'est ce que racontent les clients. Le gâteau au chocolat classique jouit du même prestige. En été, les glaces artisanales et les sorbets adoptent des saveurs aussi originales que l'hibiscus, le tofu glacé au chocolat noir ou la Chai Bombay au thé noir. Il est possible d'acheter des figurines moulées en chocolat et dignes d'être appelées œuvres d'art.

TRAITEURS
PLATS CUISINÉS

AUX DÉLICES DE PICARDIE

1292, av. Maguire, Sillery
418-687-9420 | www.picardiedelices.com
Ouvert lun de 8h30 à 17h30, mar-mer de 8h à 18h, jeu de 8h à 19h, ven de 8h à 21h, sam-dim de 8h à 17h. MC, V, I. Service de traiteur. Les gourmets seront heureux. Cette immense boutique est imbattable pour la variété et la qualité des produits proposés. Du pain frais tous les jours, des pâtisseries maison à foison si bien qu'il en devient difficile de faire un choix, de la charcuterie tellement appétissante que nous ne résistons pas, de la volaille élevée aux grains, et plus de 150 fromages….Ouf! À cela s'ajoute un service très convivial, avec des employés n'hésitant pas à vous conseiller pour préparer un superbe repas ou un 5 à 7 mémorable. Un coin bistro et une terrasse ont récemment été aménagé afin de pouvoir déguster les petits délices sur place. *Autre adresse : 1029, rue Cartier 418-522-8889*

BUFFET DU PASSANT

1698, côte de l'Église, Sillery
418-681-6583 | www.buffetdupassant.com
Ouvert tous les jours de 8h à 16h (par téléphone seulement). Service de livraison possible avec une facture de plus de 70$. V, MC, AE, I. Pour de jolies assiettes décorées de fleurs comestibles, de fruits et de légumes sculptés, on passe au buffet. Ce traiteur vous prépare des buffets délicats pour épater les amis à la maison lors d'un cocktail dînatoire ou tout simplement pour de grandes occasions en salle de réception ou au travail. Cela dit, de mignonnes boîtes à lunch peuvent aussi être livrées au bureau.

NOURCY

1622, chemin Saint-Louis, Sillery
418-653-4051
www.nourcy.com
Ouvert lun-mer de 10h à 18h, jeu-ven de 8h à 19h, sam-dim de 8h à 17h. V, MC, AE, I. Ah! Les finesses des desserts Nourcy! Depuis plus de 25 ans, la propriétaire Danielle Dussault travaille à faire découvrir aux gens de la région une saveur différente, exotique. Le goût et la première qualité se retrouvent au cœur des plats prêts-à-manger, des sandwichs sur le pouce et des fins produits qu'on y sert. Une centaine de fromages vous jaugent du comptoir. Une quarantaine de pains et de viennoiseries accroche le regard. Les plats tout préparés sont variés et exquis : sous-marin libanais, tourtes aux chanterelles, spinacopita, torta au feta, estouffade de bœuf. Des produits Montignac et sans sucre sont aussi au programme. *Autre adresse : Place Sainte-Foy 418-651-7021 ; 9173, Henri-Bourassa, Charlesbourg 418-628-8907.*

MORENA EPICERIE TRAITEUR

1038, av. Cartier
418-529-3668
www.morena-food.com
Ouvert lun-mer de 10h à 19h, jeu-ven de 10h à 20h, sam de 10h à 18h, dim de 11h à 17h. V, MC, I. Un traiteur italien à la chaleur de la Méditerranée, tenu par un Italien et une Québécoise. La large variété de pâtes fraîches, surgelées ou sèches démarque Morena des autres épiceries fines de la ville. Le choix de sauces maisons, des plus classiques aux plus originales parfait le tout. Les boîtes à lunch ont un grand succès, ainsi que la grande variété de plats pour emporter. Cette épicerie propose aussi du café Illy, qui est un mélange unique d'arabica. La qualité des sorbets et des huiles est aussi des plus intéressantes.

Cours de cuisine sur mesure

LES ARTISTES DE LA TABLE

105, rue Saint-Pierre | 418-694-1056 | www.lesartistesdelatable.com

Depuis longtemps vous rêvez d'apprendre à confectionner un plat sophistiqué, style cassoulet ou paella ? L'école de cuisine dans le Vieux Port va transformer ce souhait en réalité ! Réunis entre amis ou entre collègue, vous décidez à l'avance quelle recette vous souhaitez explorer. Les chefs font l'épicerie et préparent les ustensiles. Il ne vous reste plus qu'à apprendre en vous amusant dans une magnifique cuisine située dans un bâtiment patrimonial. L'atelier dure de 3 à 4 heures et coûte autour de 100 $ par personne, ingrédients inclus.

DEUX GOURMANDES UN FOURNEAU

1960, rue de Bergerville, Sillery
418-687-3389 | www.2gourmandes.ca

Ouvert lun de 10h à 17h, mar de 10h à 17h30, mer 10h à 18h30, jeu-ven de 10h à 19h, sam de 10h à 17h. Fermé dim. V, MC, AE, I. Traiteur. Des petits plats concoctés avec amour par deux mordues de cuisine : Monia Cortina, fille du propriétaire du restaurant Michelangelo et Marie-Josée Rousseau. Éloignées des sandwichs sans croûte, leurs créations s'inspirent de l'Italie, de la France et de l'Asie. Leurs créations sont savoureuses : agnoletti crème et champignons sauvages et paellas valenciennes. Et toute cette passion est contagieuse car les deux gourmandes viennent d'annexer une boutique traiteur à leur cuisine. On y retrouve, entre autres choses, les épices du chef Philippe de Vienne avec qui Monia a fait ses classes. Une adresse à conserver précieusement.

PAPILLES & POELON

190, Saint-Vallier Ouest
418-524-3594
www.papillesetpoelon.com

Ouvert du lun-ven de 8h à 20h, sam de 10h à 20, dim fermé. Mets préparés entre 6,95$ et 8,95$, boîtes à lunch (comprenant sandwich, salade, breuvage et/ou dessert) entre 10,61$ et 13,56$. Service de traiteur, mets pour emporter, livraison de boîtes à lunch. Petit nouveau dans le domaine du service traiteur à Québec, tout le travail en cuisine de Papilles et poêlons se fait par Véronique et Philippe. Des plats santé aux aliments frais. Petit repas sur le pouce ? Essayez-les sandwichs Papilles et poêlon. Fabriquées à tous les matins, elles vous surprendront par leur originalité dans la composition des ingrédients, leur fraîcheur et leur goût délicieux.. Le menu du jour consiste en deux choix de repas chauds et quatre sortes de sandwichs, choix de salades et potage du jour.

SAVEUR UNIQUE

1-91 Bd Bastien, Wendake
418 842-4562
www.saveurunique.com

Fondé par deux techniciennes en diététique passionnées de nutrition, ce traiteur vise avant tout la santé des enfants, et propose des repas équilibrés, pour les occasions (fêtes...) ou les repas quotidiens à l'école, à partir de 2,75 $ par jour pour un repas. Les collations sont aussi proposées. Une solution pratique et économique pour régler la question des lunchs. Saveur Unique propose aussi une vaste sélection de mets préparés pour les petits et les grands (3-5 $).

ÉPICERIES FINES

LE CANARD GOULU

1281, ave. Maguire | 418-687-5116
www.canardgoulu.com

Boutique : lun-mer de 9h30 à 17h30, jeu-ven de 9h30 à 21h, sam de 9h30 à 17h, dim de 10h à17h.
Cafétéria gastronomique : lundi-ven de 11h à 16h30.

Bienvenue au monde du foie gras ! Et pas n'importe lequel… bienvenue à l'un des meilleurs du Québec, le foie gras de la ferme de Saint-Apollinaire, le Canard Goulu. Dans cette boutique, on retrouve la gamme complète des produits de cette entreprise, ainsi que des produits d'épicerie fine comme des huiles, des vinaigres, des épices, des thés et des ustensiles en bois d'érable. Toutes de superbes idées cadeaux ! On y prépare même quelques plats de canard sur place pour emporter à la maison. Un cafétéria gastronomique a été aménagé au 2e étage où l'on peut venir déguster une carte qui met le canard à l'honneur ! Vous y retrouverez des plats comme le velouté de canard, le tartare de canard au Brandy et oignons frits, le suprême de canette rôti et laqué, les nachos au canard fumé et poivrons rôtis, le foie gras poêlé sur pain d'épice et nous en passons. Des soirées gastronomiques sont organisées au cours de l'année. En soirée, le restaurant est ouvert pour les groupes de 10 à 40 personnes sur réservation. Un endroit original pour recevoir ses invités sous forme de 5 à 7, de souper avec service ou de cocktail dînatoire.

DE BLANCHET

435, rue Saint-Joseph Est
418-525-7337 | www.deblanchet.ca

Ouvert lun-mer de 7h à 17h30, jeu-ven de 7h à 21h, sam de 9h à 17h30, dim de 10h à 17h. V, MC, AE, I.

Cette chic pâtisserie-épicerie fine au style européen est une réalisation du célèbre ouvrier de bouche au restaurant Saint-Amour, Roland-Alain Blanchet et de sa conjointe, Nathalie Déry. Les plaisirs gastronomiques ont ici leur vitrine. Le crémeux manjari (une orgie de chocolat) et les macarons font saliver les passants. Minutieusement posés sur des étagères qui s'élèvent jusqu'au plafond, les produits fins et recherchés aguichent les curieux : pâte de truffes, biscuits apéritifs, chutneys et confitures portant l'étiquette de la maison. Des fromages québécois, des charcuteries, des pains artisanaux et des eaux embouteillées de tous les coins du monde contribuent à l'originalité de cet endroit unique. On mangera sur place si on n'arrive pas à attendre de rentrer chez soi pour goûter à ces merveilles.

ÉPICERIE EUROPÉENNE

560, rue Saint-Jean | 418-529-4847
www.epicerie-europeenne.com

Ouvert lun-mer de 9h à 18h, jeu-ven de 9h à 21h, sam de 9h à 17h. Fermé dim. V, MC, I. Il suffit de pousser le loquet pour succomber au parfum européen. Sans contredit la note de tête est italienne. La plupart des produits fins porte l'étiquette toscane : confiserie, petits cakes, café en grains, huiles très fines, pesto, pâte d'olives… Les fromages et les charcuteries sont, à l'image de l'Europe, variés. Pour accompagner la chair fraîche, une sélection de couteaux Laguiole. La section de porcelaine est à découvrir. L'épicerie dispose d'un petit comptoir pour siroter son café Illy, Hausbrandt ou Lavazza.

J.-A. MOISAN

699, rue Saint-Jean
418-522-0685 | www.jamoisan.com

Ouvert tous les jours de 8h30 à 21h. V, MC, I. Les étagères de bois rustique de cette grande épicerie sont les mêmes que celles de 1837, date où M. Moisan a ouvert

Quartier St-Jean-Baptiste

Boire un café ou un thé
Sebz Thé & Lounge
Café Krieghoff

Manger Vite fait
Daruma
Aux délices de Picardie

Savourer tranquillement
Garam Massala
Graffiti
Momento
Café Sirocco

boutique. La plus vieille épicerie en Amérique du Nord, seule la devanture du magasin général a suivi la course du temps. Pas un grain de poussières sur les nombreuses conserves stratégiquement distribuées. Cela, sans compter les bouteilles et divers articles de collections exposés ici et là. Outres les multiples babioles, cadeaux, confiseries et produits fins importés, l'épicerie propose plusieurs produits frais. Fruits et légumes, fromages délicats, pains, sushis et plats préparés (pâtés québécois, mets asiatiques, salades). On piochera dans la large sélection de bières de micro brasserie pour les accompagner. Quelques tables sont disposées pour casser la croûte.

ÉPICERIES ETRANGÈRES

DÉLICATESSE TONKINOISE
732, rue Saint-Jean | 418-523-6211
Ouvert lun-ven de 10h30 à 20h, sam de 11h à 20h. Fermé dim. Prix compris entre 5-15. V, MC, I. Une invitation à faire de la cuisine orientale son propre festin. Tout le nécessaire se trouve sur tablette :

nouilles, sauces et assaisonnements adéquats. Services de thé, ensembles à saké, divers bols et baguettes chinoises accompagneront le repas. Aussi, quelques articles insolites dont le Man Bao aux pouvoirs miraculeux pour le couple! Les moins audacieux se contentent des plats à emporter : poulet à la thaïlandaise, au curry, tofu aux légumes etc. Il est possible de goûter sur place, grâce à la minuscule salle à manger. Les tables disposées dans la vitrine transforment les passants en clients. Nul ne résiste à la saveur tonkinoise.

MARCHÉS EXOTIQUES

LA FIESTA
101, rue Saint-Joseph Est | 418-522-4675
Ouvert lun-mer de 10h à 18h30, jeu-ven de 10h à 19h30, sam-dim de 10h. Comptant et I seulement. Apporter chez soi le parfum de l'Amérique du Sud est chose possible. Les arômes et des épices de ce lieu exotique mettront du piquant dans vos assiettes mexicaines, brésiliennes, créoles ou africaines. Des fruits et légumes frais colorent les tablettes. Des breuvages exotiques et rares rafraîchiront les curieux : jus de goyave et de mangue. Les farines, les fèves et autres légumineuses se vendent en vrac. Les boîtes de conserve forment un rang serré. Le choix de sauces salsa et de piments jalapeños promet des repas enflammés.

PÂTAÇI ET PÂTAÇA
Halles du Petit Quartier
1191, av. Cartier | 418-641-0791
Ouvert lun-mer de 9h à 19h, jeu-ven de 9h à 21h, sam-dim de 9h à 18h. Prix variant 5-30. V, MC, I. Une petite boutique qui décline les pâtes et leur environnement traditionnel. Pâtes fraîches « maison », huile d'olive, parmesan, pesto frais, sauces : carbonara, rosé, alfredo, bolognaise… On ne magasine pas ici, on sait

exactement ce qu'on veut : des pâtes, et tout pour aller avec.

PÂTES-À-TOUT – LA PAPILLOTTE

42, boul. René-Lévesque Ouest
418-529-8999 | www.pates-a-tout.com

Ouvert lun de 10h à 19h, mar-mer de 9h à 19h, jeu-ven de 9h à 21h (19h l'été), sam de 9h à 18h, dim de 10h à 18h. Entrée 3,75$-4,75$. Plats et accompagnements de pâtes 8,95$-10,95. V, MC, I. Cette épicerie est un peu difficile à trouver, mais une fois qu'on y est on s'en réjouit. Car pour ceux qui apprécient les bonnes saveurs, on déniche ici des terrines, du gésier de canard, des pâtes de toutes les couleurs et des confitures, biscuits et autres bonnes choses. Cette épicerie dispose aussi d'une cuisine – de là le nom « papillote » puisqu'il s'agit de plats cuisinés. Service de traiteur disponible. On trouve aussi du café issu du commerce équitable. Travaillant conjointement avec la Boucherie les Halles, on y retrouve également des viandes marinées, des saucisses artisanales et beaucoup plus, *Autre adresse : Halles de Sainte-Foy 418-651-8284*

ÉPICERIE BIO

ALIMENTS DE SANTÉ LAURIER

Place Laurier | 2700, boul. Laurier
418-651-3262 | www.alimentssante.com

Ouvert lun-mer de 10h à 17h30, jeu-ven de 10h à 21h, sam de 9h à 17h, dim de 10h à 17h. V, MC, AE, I. C'est vraiment un endroit étonnant. Tout d'abord avec ce décor bleu effet plastique et ce plafond greffé de tuyaux qui détonnent totalement avec le concept bien-être. Mais on est surtout frappé par l'organisation du magasin. On se croirait dans une ville à échelle humaine avec sa rue principale, et à sa perpendiculaire les rues de l'alimentation, des suppléments alimentaires, de l'aromathérapie… Il révèle aussi

d'autres ressources puisqu'il abrite un salon de coiffure, d'esthétique et de massothérapie, une section musique du monde et livres zen, idées cadeaux et accessoires, comme les oreillers ou bandes énergies. Et ce toujours dans cette même perspective de recherche du bien-être, de communion avec la nature. Des consultations privées en nutrition sont également proposées.

CRAC - ALIMENTS SAINS ET LA CAROTTE JOYEUSE

690, rue Saint-Jean | 418-647-6881
www.lecrac.com

Du lun-sam de 10h à 21h, dim de 11h à 19h. Salle à manger : fermeture à 19h du dim-ven et 18h le sam. Internet sans fil gratuit. Ancienne coopérative fondé en 1974, on trouve de tout dans cette épicerie. Spécialisé dans les produits naturels et biologiques, le CRAC est un réel paradis pour tous ceux qui aiment bien manger. Fruits et légumes biologiques, produits d'épicerie fine, suppléments alimentaires, cosmétiques naturels, produits en vrac, fromages, olives, viandes bios, outils de cuisine de grande qualité et… un super comptoir de mets cuisinés. Une salle à manger au décor zen a été aménagé pour les clients qui ont envie de déguster les plats sur place. Pour ce qui est du personnel, on a affaire à des passionnés qui se font un plaisir de conseiller la clientèle. La devise du CRAC Bien manger tout en mangeant bien !

MARCHÉS

MARCHÉ DU VIEUX PORT DE QUÉBEC

160, quai Saint-André
418-692-2517 | www.marchevieuxport.com

Ouvert jeu-dim de 9h30 à 17h en hiver, et tous les jours de 9h à 17h (18h les jeu-ven) en été, et même plus tard selon l'achalandage. Un marché très agréable ouvert toute l'année, et qui évolue au fil des saisons. L'été on y retrouve une multitude de fleurs côtoyant des fruits et des légumes qui abondent sur les étals. À Noël, de très nombreux producteurs locaux se donnent rendez-vous pour présenter leur spécialité : foie gras, gibiers, etc. Parmi les producteurs présents quasiment tout au long de l'année, on retrouve, des poissonneries, un comptoir de pâtes fraîches, une fromagerie regroupant une sélection de 150 fromages, en majorité québécois, une pâtisserie fine, chocolaterie, des producteurs de vins, des fermiers travaillant la canneberge, ou encore les produits de l'érable, un stand de hot-dogs avec une variété de plus de 70 saucisses, mais également des produits tel les alcools à base de pomme, les savons au lait de chèvre, les produits pour le corps à base d'huile d'émeu, etc. Également, un restaurant, une terrasse, un café, des toilettes publiques sont autant de petites haltes pour profiter pleinement de ce « party » d'épicerie. Pour les plus sportifs, Cyclo services, propose la location et la réparation de bicyclette histoire de pouvoir longer le port sur deux roues

LES HALLES DU PETIT CARTIER

1191, ave. Cartier | 418-688-1635

Ouvert tous les jours, heures variant selon les commerces. L'endroit idéal pour s'approvisionner de toutes sortes de bonnes choses pour concocter un bon repas à la maison. Que vous ayez envie de manger du poisson frais, une belle pièce de viande ou des pâtes fraîches, tout est à votre disposition dans ce petit centre commercial de la rue Cartier. On retrouve une poissonnerie, une boucherie, une boutique de pâtes fraîches, une fromagerie-épicerie fine, un marchand de fruits et légumes, une pâtisserie, une boulangerie, une

brûlerie, des services de santé et même une petite foire alimentaire question de prendre une petite pause entre deux achats. Un petit marché intérieur comme on les aime.

SE SUCRER LE BEC

LA PETITE CABANE À SUCRE DE QUÉBEC

94, rue du Petit Champlain

418-692-5875 | www.petitecabaneasucre.com

Ouvert tous les jours de 9h30 à 17h30 en hiver. Fermeture plus tardive aux environs de 22h l'été. Cette boutique aux allures de cabane à sucre vend les produits de son érablière située dans les Bois-Francs. Sirop d'érable, beurre d'érable et bleuet ou fraises ou canneberge et tous les produits de l'érable y sont en vente (gelées, caramels, pépites, sirop, bonbons...). L'hiver, tire d'érable à déguster devant la boutique en plein quartier Champlain et l'été, on se régale d'une bonne glace molle à la vanille recouverte de coulis ou de sucre à l'érable. Compter de 2,50 $ à 4,50 $ la glace.

Restaurants

BRUNCH

LE CAFÉ DU MONDE

84, rue Dalhousie | 418-692-4455

www.lecafedumonde.com

Brunch sam-dim à partir de 9h30. Repas de 7,50 $ à 16,50 $. V, MC, AE, I. Bruncher au Café du monde, c'est déguster de bons plats ensoleillés tout en admirant la vue magnifique du Saint-Laurent qu'on aperçoit de la terrasse ou de l'intérieur au travers les grandes fenêtres du restaurant. Une belle carte qui présente les classiques du petit-déjeuner mais aussi des innovations de la maison comme les œufs brouillés Périgord qui sont garnis de chiffonnade de canard confit et de confiture de raisins au Porto ou bien les crêpes Délice de l'île d'Orléans qui sont garnies de pommes sautées avec une sauce à l'érable et fromage cheddar. De quoi bien partir sa journée !

LE PETIT COIN LATIN
8 1/2, rue Sainte-Ursule | 418-692-2022
Ouvert tous les jours de 7h30 à 23h30. TH midi 9-13, TH soir 17-23. Brunch 7,50$-9,50$. V, MC, I. | L'attrait principal de ce coin de paradis réside dans ses petits déjeuners, originaux, surprenants, copieux, succulents et dans le calme de sa terrasse. Les petits déjeuners sont... parfaits ! Menus simples midi et soir mais pas chers. La longue carte permet de faire le tour de mets québécois, notamment avec la tourtière au caribou. En hiver, les raclettes seront appréciées.

CROISIÈRES AML LOUIS JOLLIET
Quai Chouinard
418-692-1159 / 1 800-563-4643
www.croisieresaml.com
Brunch-croisière sam-dim de mai à oct. Embarquement : 10h30, départ : 11h30, durée : 1h30. Adultes 45$, Étudiants et aînés 42$, enfants 24$, famille 115$ Un brunch très original puisque le buffet est servi à bord du navire le Louis Jolliet voguant au large du Château Frontenac, du cap Diamant et de l'Île d'Orléans. Sur la terrasse extérieure, en plus de la vue on profite des commentaires d'un guide costumé sur le fleuve et son histoire. Si à la descente de votre croisière l'appel du large se fait trop fort, embarquez gratuitement sur la croisière guidée suivante (L'excursion maritime, départ à 14h).

L'ACCENT
881, rue Saint-Jean | 418-521-4044
Hiver : ouvert tous les jours de 7h à 22h. Été : de 7h à minuit tous les jours, voir plus tard selon achalandage.

Carte petits-déjeuners 5,95$-14,75$. V, MC, AE, I. L'Accent a repris les succursales et la carte de l'Oeuforie, célèbre pour ses brunchs. Cet endroit est tout indiqué pour se remettre d'aplomb et s'enfiler un petit-déjeuner à toute heure du jour. Étudiants et gens d'affaires se prélassent devant des assiettes dignes des rois. Les possibilités sont multiples et il faut compter un certain temps pour faire son choix. Tant le classique œuf bénédictin que les spectaculaires assiettes montées font le renom de ce lieu.

LE CAFÉ DE LA TERRASSE
1, rue des Carrières | 418-691-3763
www.fairmont.com/fr/frontenac
Ouvert lun-sam de 7h à 11h, de 12h à 14h et de 17h30 à 22h ; dim de 7h à 11h30, de 12h30 à 14h et de 17h30 à 22h. Petit-déjeuner 25,50$, déjeuner buffet 29,95$, TH Soir à partir de 39$, ven buffet mer et terroir 67$, buffet sam 51,95$. V, MC, AE, I. Situé dans l'hôtel du Château Frontenac, le Café de la Terrasse propose une cuisine de grande qualité dans un décor enchanteur. Vue magique sur le Saint-Laurent, musique douce, ambiance romantique, tout est réuni pour vous faire passer un moment inoubliable. Le chef exécutif, Jean Soulard, propose une carte de mets raffinés aux inspirations québécoises et selon les arrivages du marché. La carte des vins est l'une des plus longues du Québec. Le petit-déjeuner offre un buffet gargantuesque, une bonne alternative pour profiter de tout ce luxe à un prix raisonnable.

VITE FAIT

AROME ET TARTINE
395, boul. Charest Est
418-523-5686 | www.aromeettartine.com
Ouvert lun-ven de 6h30 à 19h, sam-dim de 7h à 17h. Tartine 6,95$-9,95$. V, MC, I. Traiteur, boîtes à lunch, commandes disponibles sur Internet. Un petit café-resto bien pratique pour ceux

Arôme et Tartine
RESTAURANT - TRAITEUR

395 Charest Est, Québec
www.aromeettartine.com
418.523.5686

Boîte à lunch
Repas à emporter
Réception privée

qui travaillent dans les bureaux de Saint-Roch et qui veulent manger sainement sans se ruiner. La spécialité, vous l'aurez deviné, c'est la tartine. Comprendre : une tranche de pain de campagne garnie d'une combinaison d'ingrédients qui dépasse les bornes de l'imagination. La coriandre de la tartine de poulet thaï est venue doucement chatouiller nos papilles. Le déjeuner est lui aussi très inspirant : la tartine au beurre de pomme et au vieux cheddar a retenu toute notre attention. La musique du monde, qui se fait parfois jazzy et la gentillesse du personnel font de ce petit endroit un lieu fort sympathique. *Autre adresse : 365, rue Saint-Vallier Est 418-704-3300. Ouvert du lun-ven de 7h à 21h, sam-dim été seulement de 10h à 22h.*

BOUCHE BÉE
383, rue Saint-Paul 418-692-4680
Ouvert lun-ven de 9h à 14h. De juin à septembre : ouvert lun-mar de 9h à 14h, mer-dim de 9h à 22h. TH 9,50$-14,95$. V, MC, AE, I. TH midi à partir de 10,50$, soir à partir de 15,95$. Boîte à lunch disponible. Service traiteur. Si vous avez envie de manger un bon petit plat familial et santé, c'est au restaurant Bouche Bée qu'il faut aller. L'accueil y est très sympathique, tout comme les assiettes : pâtes, pizzas, quiches, salades-repas, tourtières, pâtés et plats mijotés font parties des 18 tables d'hôte. On peut manger sur le pouce, mais il est très

agréable, en été, de boire un apéro et de se ravitailler sur la terrasse ensoleillée. En hiver, le restaurant est fermé les fins de semaine, mais les groupes sont accueillis avec plaisir, sur réservation, bien sûr.

CAFÉ DU CAMPANILE
Musée de la civilisation | 85, rue Dalhousie
418-692-5552 | www.mcq.org
Ouvert mar-ven de 10h à 17h, été : tous les jours de 9h30 à 18h. Menu 10$, plats 7,85$. V, MC, I. Le Café du Campanile est un endroit agréable pour boire un café entre deux expositions au Musée. On peut aussi profiter du menu santé du jour (chaud ou froid), sandwichs, quiches, pizzas. On peut venir en famille, en couple ou entre amis pour boire un verre dans le coin lounge ou profiter de l'ambiance calme et paisible avec une magnifique vue sur le fleuve. Les beaux jours, la terrasse extérieure peut accueillir jusqu'à 40 personnes.

DARUMA
805, ave. Cartier
418-529-6666 | www.daruma.ca
Apporter votre vin. Ouvert du dim-mer de 11h à 21h, jeu-sam de 11h à 22h (fermeture plus tardive l'été). Menu du soir à 15$. Portant la bannière de cafétéria asiatique, ce sont des tables longues et un service rapide qui vous attendent au Daruma. Contrairement à ce que l'on peut s'attendre d'une

cafétéria, le service est sympathique, l'espace est limité, le décor est mignon et les aliments sont savoureux. Une cuisine à aire ouverte nous permet d'observer le chef à l'œuvre, Des robinets d'eau chaude sont disponibles au bout des tables afin de remplir soi-même sa théière. Des plats copieux provenant des quatre coins de l'Asie sont au menu ; poulet arachides-épinards, pad thaï aux crevettes, bœuf sésame piquant aux asperges, poulet général tao, curry de poulet vert au coco, laksa crevettes et chili et nous en passons… Tous les plats sont disponibles pour les végétariens. Rapide, bon et pas cher, le Daruma vous offre des spéciaux alléchants tout au long de la semaine. Service de livraison et commande pour emporter.

LA CUISINE
205, Saint-Vallier Est | 418-523-3387

Ouvert dim-jeu de 11h à 1h, ven de 11 à 3h, sam de 14h à 3h. TH 14,50$. Ce petit resto de quartier, fréquenté par une population de trentenaires, branchés ou pas, offre une cuisine « comme chez môman », mais avec toujours une petite touche d'originalité. Bœuf au bock, croque au brie, salade feta framboise, pizza aux poires et au fromage… La carte se renouvelle constamment et comprend toujours des classiques de la cuisine québécoise. Côté déco, imaginez une grande cuisine familiale, fraîchement repeinte en vert et aménagée avec des meubles de récupération. Des tables massives en formica, un vieux juke box, des chaises repeintes de toutes les couleurs et de grandes étagères remplies d'objets chinés. L'ambiance est joyeuse et la musique, plutôt électro, de qualité. Ajoutez à cela que le service est gentil tout plein, que la bière est de micro brasserie et que les plats ne coûtent que 8,75 $.

PAILLARD
1097, rue Saint-Jean
418-692-1221 | www.paillard.ca

Ouvert tous les jours. En hiver de 7h30 à 19h, en été de 7h30 à 23h. V, MC, I. Pour le dîner et le souper on court vers cette grande boulangerie, très tendance, pour se faire servir de bons sandwichs (5,99 $ à 8,99 $) ou une salade consistante (4,29 $ à 9,99 $). On finira par une petite glace, maison bien sûr ! Terrasse soir et week-end. Pizzas disponibles dès 16h, vins et bières.

CAFÉ BABYLONE
181, rue St-Vallier Est | 418-523-0700

Ouvert mar-sam de 9h à 22h, dim de 9h à 20h. Dim fermé. Spécial midi 10,95$- 12,95$. I et comptant seulement. Au milieu de l'effervescence du quartier Saint Roch, le Café Babylone ressemble à un havre de paix : on peut lire tranquillement un livre de leur grande bibliothèque ou surfer sur le web grâce à l'accès Internet. Bien sûr, des sandwichs, salades ou paninis sont au menu mais vous pourrez aussi savourer une cuisine végétarienne et internationale. De septembre à juin, une superbe programmation où vous pourrez venir rencontrer des artistes locaux certains soirs.

BUFFET DE L'ANTIQUAIRE
95, rue Saint-Paul | 418-692-2661

Ouvert tous les jours de 6h à 22h30. En été, la fermeture peut être plus tardive. TH midi 8,95$-17,95$, TH soir 8,95$- 14,95$. V, MC, I. Un resto comme on n'en fait plus. Repère des résidents du quartier, il fait partie intégrante du décor de la rue des antiquaires. On y sert une cuisine québécoise familiale : fèves au lard, confitures maison et plats traditionnels. L'ambiance y est très décontractée, le service amical et la décoration mêle allègrement les photos familiales et les œuvres des peintres de la région. Par rapport aux restos branchés des environs, les

Une bouteille de vin, en soirée ?

Les SAQ Express restent ouvertes jusqu'à 22h. Dans le centre-ville, on en trouve une au 707, boul. Charest Ouest.

tabourets de bar aux couleurs pastel détonnent. Dans les environs du Vieux-Québec, c'est sans doute une des meilleures adresses pour combler une grosse faim avec un petit budget.

BRYND SMOKED MEAT
369, rue Saint-Paul
418-692-4693 | www.brynd.com
Ouvert du dim-mer de 11h à 22h, jeu-sam de 11h à 23h.
Les amateurs du Brynd Smoked Meat seront contents d'apprendre qu'une deuxième succursale a ouvert ses portes dans le Vieux-Port sur la rue Saint-Paul. Sous le même bannière que le Cochon Dingue, le Paris Grill, le Café du Monde et le Lapin Sauté, le restaurant Brynd se spécialise dans la spécialité montréalaise qu'est le Smoked meat tout en offrant un service courtois, sympathique et des plats délicieux et abordables. Service traiteur disponible. *Autre adresse : 1360, rue Maguire 418-527-3844.*

CAFE TAM TAM
421, boul. Langelier
418-523-4810 | www.tamtamcafe.blogspot.com
Ouvert lun-ven de 10h-14h (dîner table d'hôte à partir de 11h30) et du mer-ven à partir de 17h pour les soupers Fermé sam-dim. TH 9,75 $-10,75 $. | Dans ce café-école du centre communautaire résidentiel Jacques Cartier, des jeunes sont formés au service en salle et à la cuisine. D'après notre expérience, on leur mettrait une très bonne note. On vient boire un café, goûter au menu du jour ou encore à des plats simples comme des sandwichs et des bagels, accompagnés de bières de la

microbrasserie la Barberie. Les murs orangés, les nombreuses plantes vertes, l'application des serveurs confèrent au café une ambiance chaleureuse et sympathique. Tam Tam, c'est en plus un lieu de diffusion artistique, comme en témoignent la rotation fréquente des toiles aux murs, les concerts, les conférences. L'accès Internet wifi y est gratuit.

COSMOS CAFÉ
575, Grande-Allée Est
418-640-0606 | www.lecosmos.com
Ouvert lun-ven de 7h à minuit, sam-dim 8h à 1h. Carte 12 $-20 $. V, MC, AE, I. Le Cosmos, c'est bon, pas cher et décontracté avec une décoration pour le moins originale. On adore les chaises toutes rondes, ressemblant à un cocon. L'aquarium sous nos pieds est résolument design. Le personnel nous sert des énormes salades vraiment délicieuses, des grillades, des burgers, des pizzas etc. Des plats simples pour combler une fringale rugissante ou tout simplement pour faire une pause accompagnée d'une bière. À noter une carte de petits-déjeuners variée. *Autre adresse : 2813, boul. Laurier, Ste-Foy 418-652-2001. Ce « deuxième » Cosmos vous réserve un accueil chaleureux dans un cadre des plus recherchés.*

L'OMELETTE
66, rue Saint-Louis | 418-694-9626
Ouvert tous les jours de 7h à 23h. Menu spécial du terroir québécois 19,95 $. Plats 8,95 $-15,95 $. V, MC, AE, I. Idéal pour une petite halte en descendant la rue Saint-Louis. On y sert des repas légers tout au long de la

journée. Au programme, crêpes bretonnes, soupes, quiches et sandwichs, ainsi qu'une variété d'omelettes, de pizzas et de pâtes. Avec un bon café, on s'y attable avec plaisir, avant de continuer la balade.

SMOKED MEAT JOE
275, rue Saint-Vallier Est | 418-523-4545
Ouvert lun-mer de 11h à 21h, jeu-ven de 11h à 22h, sam de 12h à 22h. Fermé dim. Plats 8-15. V, MC, I. Situé dans la basse ville, ce petit restaurant nous attire par son enseigne. Une fois à l'intérieur nous sommes surpris par la qualité du décor de ce Smoked meat, les murs de brique et les tables en bois clair créant une ambiance jeune et joyeuse. Les sandwichs sont délicieux, et les portions gargantuesques. Certains soirs, en hiver, on profitera d'un concert sur grand écran, au coin du feu ; l'été, on appréciera la douceur de la terrasse.

LE SULTAN
467, rue Saint-Jean | 418-525-9449
Ouvert lun-jeu de 11h30 à 23h, ven de 12h à minuit, sam-dim de 12h à 23h. Ferme plus tard l'été selon l'achalandage. Menu du jour 6,99$- 8,99$. À emporter. Comptant seulement. Nos yeux sont d'emblée attirés par les narguilés et les théières qui trônent dans la vitrine. En entrant, tout respire le Maghreb et le Proche-Orient. Le jaune-orange des murs évoque le soleil de ces pays légendaires, le petit salon caché à l'arrière avec ses poufs marocains, ses tables et ses miroirs nous appellent. Sans parler de la cuisine qui met l'eau à la bouche : tous les mets prennent leur source dans le pourtour méditerranéen. Monde arabe, monde chaleureux : ce lieu n'y fait pas défaut.

CHEZ VICTOR
145, rue Saint-Jean | 418-529-7702
Ouvert dim-mer de 11h30 à 21h0, jeu-sam de 11h30 à 22h Hamburgers 10,75$, salades 5,25$- 12,95$,

sandwichs 8,25$-11,95$. Spécial du midi 9,25$-11,75$. V, MC, I. 80 places. Ils sont certes réputés pour leurs hamburgers et leurs frites mai n'hésitez pas à laisser de la place pour le dessert car leurs gâteaux sont divins (et faits maison). Le cadre est superbe : avec ses murs de pierres brunes, ses miroirs, sa musique zen, son ambiance tamisée, plein à craquer… victime de sa célébrité ? Il y a même des journaux, des magazines et des BDs à disposition des clients. D'ailleurs, ce sont de habitués, et sinon ils le deviendront vite. *Autre adresse : 2778, ch. Sainte- Foy, Sainte-Foy. 418-651-8187, 2360, ch. Sainte-Foy, Sainte-Foy 418-353-0905. Ouverture prochaine sur Laurier.*

SILLERY

CAFÉ MYRTINA
1363, av. Maguire, Sillery | 418-688-2062
Ouvert lun-mar de 11h à 19h, mer-ven de 11h à 21h, sam de 9h à 21h, dim de 9h à 17h. TH midi 9,95$-13,95$. Plats 5,95$-14,95$. V, MC, AE, I. Un petit café pour se faire plaisir dès le matin. Des petits-déjeuners savoureux y sont servis avec des viennoiseries (croissants aux amandes, chaussons aux pommes, chocolatines), des omelettes (suisse ou espagnole) ou des crêpes à petits prix. Pour le midi, les spéciaux du jour prennent les saveurs du pourtour méditerranéen : du shish taouk en passant par le couscous, les pitas ou les salades grecques. À l'image du menu, le décor de ce charmant café est coloré dans les tons orangés et bleus. Service dynamique et convivial.

RESTAURANTS VÉGÉTARIENS

LE COMMENSAL
860, rue Saint-Jean
418-647-3733 | www.commensal.com
Ouvert dim-mer de 11h à 21h, jeu-sam de 11h à 22h. Buffet chaud ou froid : 1,90$/100 g, buffet desserts :

2$/100 g, soupe : 4,50$. Apportez votre vin. Plats pour emporter. V, MC, AE, I. Calmer une faim de loup ou un appétit d'oiseau sans remord et sans gaspillage, voilà ce que ce restaurant végétarien suggère avec son buffet au poids. Plus de quarante mets froids et chauds sans OGM et sans huiles hydrogénées sont disposés sous les yeux des clients. Les plats sont préparés avec saveur : gratin de légumes dans une béchamel au lait de soya, tourtière de seitan, chili aux légumes et soya haché, fournée de tomates à la provençale. Et dire qu'il reste encore un peu de place pour le dessert sans sucre raffiné! Un buffet qui se visite les yeux fermés!

RESTAURANT ZEN
966, boul. René-Lévesque Ouest
418-687-8936

Ouvert lun-sam de 11h30 à 14h30 et 17h30-21h30, pause du thé de14h30-17h30 (thé et certains hors d'œuvres disponibles), dim de 17h30 à 21h3oh. Menu midi 11,50$, TH soir 17,99$- 27,99. V, MC, I. Idéal pour les végétariens fatigués de refuser d'accompagner leurs amis aux restos de sushi. Une adresse à retenir. Délicieuse cuisine asiatique centrée sur le sushi qui a l'honneur d'être végétarien et même végétalien sur demande! Ambiance feutrée, dans un décor à l'ancienne convenant à toutes les occasions, repas d'affaires, fête, rencontre intime. Cérémonie du thé disponible sur réservation à 20h du lun-ven.

BISTROS

AU BONNET D'ÂNE
298, rue Saint-Jean | 418-647-3031

Ouvert dim-mer de 8h à 22h, jeu-sam de 8h à 23h. Terrasse. Menu midi 11,95$-14,95$. TH soir 23,95$-26,95$. Carte entrées 3,75$- 9,95$ et plats de 8,95$-20,95$. V, MC, I. Ce bistro de quartier a pris place dans un ancien magasin général. Tous les matériaux ainsi que les objets de déco sont d'époque. Le menu nous permet de faire quelques révisions de nos connaissances : pour parfaire sa géographie, des burgers et des frites du monde, pour l'écolo des salades repas et pour le latin des pâtes. Un resto bistro pour tous les âges et toutes les époques, à découvrir! *Deuxième adresse : 859, rue Myrand, Sainte Foy. 418-681-2666.*

CAFÉ DE LA PAIX
44, rue des Jardins
418-692-1430
www.cafedelapaix.restoquebec.com

Ouvert lun-sam de 11h30 à 23h, dim de 17h à 23h. Menu du Jour 9-22. TH soir 25$- 35$. V, AE, MC, I. Salons privés. Il paraît tout petit et pourtant la capacité de ce bistro où le gibier est à l'honneur est de 180 places. Une belle spécialité de fruits de mer, relevés avec talent, dont la bouillabaisse de fruits de mer, ou le saumon au vinaigre de framboise. Des repas d'affaires à un très bon rapport qualité/prix ou des tables d'hôtes plus exceptionnelles pour grandes occasions, pâtisseries maison, toutes les excuses sont bonnes pour profiter de l'ambiance chaleureuse de ce café.

CAFÉ DE PARIS
66, rue Saint-Louis
418-694-9626

Ouvert tous les jours de 11h à 23h. TH midi 10,95$-15,95$, TH soir 19,95$- 34,95$. V, MC, AE, I. Chansonnier à l'année, 200 places, repas de groupes, salons privés et salle de réception. Réservation recommandée. Cet établissement très fréquenté en tout temps offre, comme son nom l'indique, une cuisine d'inspiration française et italienne avec des spécialités locales et des fruits de mer : bœuf Wellington, moules au champagne sur demande. Des desserts maison complètent parfaitement le repas. Tout cela est préparé avec soin et servi par un personnel bienveillant.

CAFÉ DU CLOCHER PENCHÉ

203, rue Saint-Joseph Est | 418-640-0597

Ouvert mar-ven de 11h30 à 14h et de 17h à 22h, sam de 9h à 14h et de 17h à 22h. Dim 9h à 14h. Fer dim sôir et lun. Brunch 16$, TH midi à partir de 16$, soir 19-26 le plat. V, MC, AE, I. Est-il le restaurant avec le meilleur rapport qualité prix de la ville ? C'est l'avis de beaucoup ! Le restaurant, dans le quartier Saint-Roch, bénéficie du superbe espace d'une ancienne banque. Les toilettes sont d'ailleurs à l'emplacement du coffre-fort. Boiseries et vue sur le clocher penché de l'église à côté, tout est parfait pour prendre un excellent brunch. Le chef est un amoureux des produits du terroir et il transforme rapidement tout client en disciple.…

Jarret d'agneau, pavé de saumon mariné, rouleau de brick à la feta. Une cuisine de bistro moderne et une carte des vins riche et de culture biologique ; au clocher penché, on ne peut pas se tromper ! Ne manquez pas les petits-déjeuners, ils ont la réputation d'être parmi les meilleurs en ville.

LE CAFÉ DU MONDE

84, rue Dalhousie

418-692-4455 | www.lecafedumonde.com

Ouvert lun-ven de 11h30 à 23h, sam-dim et fériés de 9h30 à 23h. Brunch sam-dim. Menu midi 12,50$-16,50$. Plats 17$- 30$.TH : Table d'hôte variant autour de 30$. V, MC, AE, I. Un beau menu qui se renouvelle constamment à l'image de la vue magnifique du Saint-Laurent qu'on aperçoit de la terrasse en bordure du fleuve. Les plats, tout en étant proches de la formule bistro, sont relevés de trouvailles succulentes agrémentées d'une carte des vins très honorable : confit de canard, ris de veau, boudin noir, saucisse de Toulouse. Le cadre est, à l'image de la cuisine, raffiné et convivial.

CHEZ TEMPOREL

25, rue Couillard | 418-694-1813

Ouvert tous les jours de 7h à minuit. Wifi. Carte 2-10, TH 8,95$ (pas été). V, I. Rue calme, coin tranquille, où même quand on vient pour la première fois, on se sent chez soi. À s'y méprendre, la clientèle semble être constituée d'habitués et pourtant il y a des touristes, échoués là on ne sait comment. On est attirés par ce bistro de bois intemporel (si, si), où l'on peut méditer, bouquiner, observer notre petit monde. Et on savoure la carte composée de salades, soupes, sandwichs, quiches et ses breuvages :

chocolat ou café à l'ancienne, chocolat à la guimauve...

LE COCHON DINGUE

46, boul. René-Lévesque Ouest
418-692-2013 | www.cochondingue.com

Ouvert tous les jours de 8h à 23h (ven-sam à minuit l'été). Brunch 4,50$-14,75$. Entrées 3,95$-7,25$, plats 12,95$-24,95$. TH 24,95$-29,95$. Terrasse verrière. Une formule bistro gagnante et assez dingue, il faut le dire. Le décor est toujours très soigné, convivialité et bonne franquette s'y lisent. Au programme, une cuisine variée qui part du brunch au hamburger Angus en passant par le pavé de saumon au miel du Musée de l'abeille. Les côtes levées sont renommées pour leur qualité. Les desserts sont carrément cochons, sucrés à souhait. On en redemande! *Autres adresses : 46, boul. Champlain, 418-692 2013 ; 1326, av. Maguire, 418-684-2013 ; 1550, boul. Lebourgneuf, 418-628-1313.*

GRAFFITI

1191, av. Cartier | 418-529-4949

Ouvert lun au ven de 11h30 à 14h30 ; du lun au jeu de 17h à 23h, ven et sam 17h30 à 23h30. Fermé sam midi. Dim : de 9h30 à 15h et de 17h à 23h. TH midi 12,95$-22,75$, TH soir 28,75$-42,25$. V, MC, AE, I. 100 places. Salons privés, verrière. Plus franco-italien et inventif que le Graffiti, on meurt! La critique est unanime et nos petites papilles le confirment, choisissez les yeux fermés, c'est excellent à tous les coups : en entrée, les raviolis de homard au beurre d'estragon et en plat l'escalope de veau graffiti (sauce crème aux champignons et cheveux d'ange au pesto). Établi depuis 1984, le Graffiti offre depuis plus de 25 ans une cuisine de marché originale et en constante évolution, accompagnée de l'une des meilleures caves de la région. La décoration assez branchée et chaleureuse nous invite régulièrement à pousser les portes d'une des très bonnes tables de la ville

CONTI CAFFE

32, rue Saint-Louis
418-692-4191 | www.conticaffe.com

Ouvert tous les jours de 11h30 à 23h. TH midi : 10-17, TH soir : 21-33. V, MC, AE, I. Bienvenu au petit frère du Continental, une des bonnes tables du Vieux- Québec! Les habitants du quartier et les voyageurs apprécient cette adresse, résolument branchée et urbaine, à deux pas du Château Frontenac. La touche italienne commence dans le nom de l'établissement et continue sur la carte, rédigée en italien. Pas de souci, elle est évidemment traduite en français! Le Conti revisite les grands classiques : farfalle, tagliatelle, linguine arrosés de sauces goûteuses. Pour un repas plus sophistiqué, on opte pour le veau, le filet de saumon ou le filet mignon. Le plat d'antipasti accompagnera parfaitement un bon verre de vin lors d'un 5 à 7.

KAMÉLÉON

27, rue Sainte-Angèle | 418-692-3835
www.lekameleonrestosympathique.com

Ouvert tous les jours de 11h à 23h, déjeuners sur réservation seulement. Menu midi de 7,95$ à 26,95$. Plats 7,95$ à 69,95$. TH 4 services de 11,95$ à 26,95$, 7 services de 25,95 à 75,95$. TH pour deux disponible. Moules et frites à volonté. Ayant ouvert récemment, le Kaméléon a pris la place du Café d'Eupore. Un seul mot vient à l'esprit en entrant dans ce resto; sympathique. Les tables recouvertes de nappes vertes lime et noires et les chaises colorées semblent nous inviter à nous asseoir. Le personnel souriant offre un service chaleureux et amical. Et le menu ? Des centaines de possibilités qui sauront plaire à tous. Tel un caméléon, le chef s'est adapté aux diverses cuisines et à tout coup il nous offre des plats succulents. Une cuisine fusion santé, des aliments de qualité majoritairement biologiques avec des inspirations de cuisine moléculaire. Une formule gagnante ! Qu'on opte pour les moules à volonté, les salades, les plats de viandes, ou de volailles, les pâtes, les pizzas ou les fruits de mer, la présentation des plats est sublime et le goût divin. Pour le dessert, des petites bouchées sucrées plongées dans l'azote liquide. En bouche, un froid intense qui crée l'effet du dragon, un petit nuage de vapeur qui sort par le nez. Impressionnant et drôle à la fois !

Des menus spéciaux sont concoctés pour les gens ayant certaines allergies. Ici, on sent qu'il y a un réel souci de rendre le client heureux et de lui offrir une expérience gastronomique hors du commun. Une belle découverte à qui on souhaite beaucoup de succès.

LE LAPIN SAUTÉ

52, rue du Petit Champlain
418-692-5325 | www.lapinsaute.com

Ouvert lun-jeu de 11h à 22h, ven de 11h à 23h, sam de 9h à 23h, dim de 9h à 22h. Petit-déjeuner en fin de semaine et jours fériés de 9h à 14h. TH midi 9,95$-14,95$. Petite TH qui comprend entrée ou dessert, plat de résistance et breuvage chaud ajoutez 9,50 à votre plat principal, Grande TH qui comprend entrée, plat de résistance, dessert et breuvage chaud, ajoutez 15,00$ Menu enfant. V, MC, AE, I. On sautille de plaisir pour ce resto champêtre dont la décoration campagnarde fait chaud au cœur. Des plats généreux et réconfortants animent nos assiettes : jarret d'agneau, côte de porc fumée à l'érable, des plats mijotés comme ceux que maman nous concocterait avec amour. Avec un nom comme ça, le chef ne pourrait passer à côté de la cuisson du lapin, à toutes les sauces, même à l'érable. Ce resto, c'est de la douceur chaleureuse pour l'hiver et la fraîcheur des prés pour l'été. Amoureux du bucolique, c'est votre lieu de rendez-vous.

OH PINO !
1019, av. Cartier
418-525-3535 | www.ohpino.com

Ouvert lun-ven de 11h30 à 23h, sam-dim de 9h30 à 23h. Menu du jour 13-18. TH allégée : plat + 6$ comprenant potage ou salade, plat et un breuvage chaud ; TH complète : plat + 13$ comprenant entrée, plat, dessert et un breuvage chaud (plats 15-25). Menu enfants. Salons privés pour réunions et occasions spéciales. V, MC, AE, I. 80 places d'intérieur, 60 places en terrasse. Comment ne pas s'émerveiller devant cette table qui renouvelle le terroir français ? Un rapide coup d'œil à la carte permet de survoler les différentes tables de France : tartare, moules, foie de veau, coq au vin. Afin d'accompagner ce plaisir festif, la carte des vins porte un toast tout particulier au pinot, agrémentant la saveur de plusieurs plats. Les crus proposés sont indiqués sur tous les murs, on ne sait plus où donner de la tête. Pour les réunions de famille et autres événements particuliers, une salle privée et vitrée est mise à votre disposition. La jolie terrasse, fraîchement rénovée, est très agréable.

AU PAIN BENI
24, rue Sainte-Anne | 418-694-9485
www.aubergeplacedarmes.com

De mai à oct ouvert tous les jours de 11h30 à 22h30, nov-avr le midi du lun au ven et le soir du mar-sam. TH du midi 11,95$ à 20,95$, le soir on rajoute 8,95$ ou 18,95$ au plat pour obtenir la table d'hôte. Ce n'est pas souvent que les 5 suggestions de plats inscrits sur la table d'hôte du midi nous inspirent et nous intriguent autant. Escalope de foie gras à la muscade et érable, morue noire sautée, risotto aux gésiers de canard confits sont au menu. La taille de la portion est idéale, la présentation soignée et le service fort sympathique. À la carte, l'imagination du chef est évidente. Un exemple : le phyllo de boudin noir à l'anis étoilé accompagné d'endives braisées au sirop d'érable promet une alliance de saveurs et de sucré salé des plus intéressantes. Suivant la saison on choisira la terrasse avec vue sur le Château Frontenac ou le salon intérieur baigné de lumière naturelle.

RESTAURANT LE RÉTRO
1129, rue Saint-Jean | 418-694-9218

Ouvert lun-ven 11h-23h, sam-dim 16h-23h. Toutes C.C. et Interac. Terrasse 15 places en été. Au cœur du Vieux-Québec, le restaurant Le Rétro propose depuis 2 décennies une cuisine d'inspiration française et italienne de qualité à des prix abordables. Un cadre simple et chaleureux dans lequel vous pourrez savourer des plats simples et goûteux : cuisses de canard confites, entrecôte moutarde, bavette de veau, ou encore poissons et fruits de mer. Les habitués sont nombreux, et l'ambiance

est décontractée. Un bon choix pour éviter les attrape-touristes !

RESTAURANT PUB D'ORSAY

65, rue de Buade | 418-694-1582
www.restaurantpubdorsay.com

Ouvert tous les jours de 11h30 à 3h. 110 places, forfaits pour les groupes. Carte 9,95$-25,50$. TH 26,50$- 35,95$. Réservation conseillée. Ce bistro aux allures de pub anglais est parfait pour une pause-café et drôlement bien situé en plein Vieux- Québec. Construit sur deux étages et muni de 3 bars (un dans chaque salle), il propose un bon rapport qualité prix. De plus, la carte répond à toutes les attentes : salades, pâtes, grillades, moules, poissons. Le service est impeccable et toute l'équipe est aux petits soins… Que demander de plus ?

RESTO BISTRO SOUS LE FORT

48, rue Sous-le-Fort | 418-694-0852

Ouvert tous les jours de 11h à 22h. TH midi 11,95$-15,95$. Carte 15,95$- 24,95$. TH soir plat + 13$. V, MC, AE, I. Ce petit bistro de quartier apporte bien des surprises. La première est la chaleur du service et du décor. Ensuite, l'histoire fascinante de cette maison construite en 1682 qui a abrité des personnages célèbres et des commerces différents. Quant à la cuisine, tout en simplicité, elle reste sans chichi mais bonne et conviviale. Les spécialités : saucisse de caribou et médaillon de cerf rouge.

LES BOSSUS

620, rue Saint-Joseph Est | 418-522-5501

Ouvert lun-ven de 11h à 22h, sam-dim de 9h à 22h. Plats 9.95$-22,95$. V, MC, AE, I. Le restaurant les Bossus, dans le quartier Saint-Roch, a tout d'un bistro français. À la carte : escargots au Pernod, salade de foies de volaille aux framboises, filet mignon, boudin noir aux poires… L'accueil des garçons de café est très professionnel.

Le bar moderne qui fait toute la longueur du restaurant et le sol en céramique noir et blanc nous donnent vraiment l'impression de manger dans une brasserie parisienne. Le brunch du week-end propose omelettes diverses et viennoiseries françaises.

SILLERY

FAKS CAFÉ

1308, av. Maguire, Sillery
418-686-0808 | www.fakscafe.com

Ouvert lun-mar de 11h à 21h, mer-jeu de 11h à 22h, ven de 11h à 22h30, sam de 12h à 22h, dim de 12h à 21h. Plats 7,95$-12,95$. V, MC, AE, I. Que vous soyez pressé ou simple flâneur, ce bistro sympathique est l'endroit pour être vu. La terrasse branchée accueille nombre d'amateurs de 5 à 7. Les grillades, pâtes, pizzas à pâte fine, les burgers et les salades sont servis de manière efficace et dynamique. Le cuistot met une énergie toute particulière dans la préparation des pizzas et du spaghetti, très populaire auprès de la clientèle. Au comptoir ou confortablement installé sur les banquettes cosy, c'est la dolce vita !

SAINTE-FOY

LE PARIS GRILL

3121, boul. Hochelaga, Sainte-Foy
418-658-4415
www.parisgrill.com

TH midi 12,50-19, le soir on rajoute 9,50$ ou 14,95$ au plat pour obtenir la table d'hôte, plats (12,95$-24,95$),. V, MC, I. Un restaurant aux allures françaises, à l'ambiance très familiale, situé à Sainte Foy, près de l'hôtel Clarion. Dans un décor similaire à celui des brasseries parisiennes, on déguste des côtes levées délicieuses ou un steak accompagné d'un choix de 5 sauces. Les plus curieux goûteront aux tartes « flambées » caractéristiques de la gastronomie alsacienne.

Les saucisses de Toulouse et le boudin noir confirment que les plats de bistro parisien inspirent beaucoup le chef!

BARS À VIN

VERAVIN
233, rue Saint-Paul
418-692-4648
www.leveravin.com

Ouvert tous les jours de 7h à 22h (jusqu'à minuit en été). Fermé lun-mar en été, dim-lun en hiver. TH midi 14,95 $, TH soir 3 services de 25 $ à 38 $. Dégustations de vins avec amuses-bouche à partir de 35 $. V, MC, I. Avec plus de 120 appellations que vous ne trouverez pas à la SAQ, cet établissement est, comme son nom l'indique, spécialisé dans la dégustation de vin. Principalement servis au verre, les vins proposés viennent des quatre coins du monde. Pour le menu, laissez-vous tenter par la carte inspirée des bistros français : nous avons particulièrement aimé les raviolis au foie gras et le burger parmentier. La décoration est intimiste et les fauteuils en cuir d'oublier le temps qui passe. La terrasse, en été, est très sympathique.

LE MOINE ECHANSON
585, rue Saint-Jean | 418-524-7832

Ouvert mar-dim de 17h à minuit pour dégustations de fromages, charcuteries et de vins, de 18h à 22h pour l'ensemble du menu (23h du jeu-dim). Plats 8 $-18 $. *V, MC, I.* Envie d'un bon verre de vin accompagné d'une assiette de fromage ? C'est au Moine Échanson qu'il faut aller. Ce petit restaurant de quartier ne cesse de faire parler de lui et ça se comprend : accueil chaleureux et sympathique, cuisine du marché et 5 à 7 conviviaux… À la carte une belle sélection d'assiettes pour grignoter fromages et charcuterie. Bien sûr, on trouve aussi des plats typiques français comme des salades de gésiers, du canard confit ou encore un mijoté d'agneau. La carte des vins est bien garnie, proposant des dégustations au verre, à la bouteille et au poids. Cette « boîte à vin » est une adresse à retenir pour les apéros entre amis.

CRÊPERIES

AU PETIT COIN BRETON
1029, rue Saint-Jean
418-694-0758

Ouvert dim-mer de 8h à 22h30, jeu de 8h à 23h30, ven-sam de 8h à 23h. TH midi et soir 12 $-18,50 $. V, MC, AE, I. Dans un décor assez traditionnel, les serveuses en costumes bretons vous accueillent pour manger… des crêpes! Vous avez le choix : crêpes bretonnes au froment ou au sarrasin, crêpes sucrées comme la traditionnelle Suzette ou la crêpe avec de la crème glacée, le tout accompagné selon vos goûts : jambon, fromage, œufs etc. Donc si vous avez envie d'une crêpe, vous avez l'embarras du choix. *Autre adresse : 2600, boul. Laurier, Sainte-Foy, 418-653-6051.*

BILLIG

526, rue Saint-Jean

418-524-8341

Ouvert mar-sam de 11h à 15h et de 17h à 21h, fermé dim-lun. Menu midi à partir de 10$, TH à partir de 11$. Pour certains, ce petit bistro de la rue Saint-Jean servirait les meilleures crêpes en ville. Dans la pure tradition bretonne, le Billig offre des crêpes de sarrasin et de froment. Une carte qui fait voyager en Bretagne avec des crêpes portant des noms comme la Roscoff (fromage suisse, jambon et asperges) et la cancalaise (pétoncles poêlée). Musique bretonne, bolée de cidre et soupes réconfortantes sont également de la partie. Simple, savoureux, peu coûteux, le Billig est un lieu sympathique, où l'on mange bien.

CAFÉ BISTRO DU CAP

67, rue Sault-au-Matelot

418-692-1326

Ouvert mar-dim de 11h30 à 14h30 et 17h30 à 21h30. Fermé lun. Crêpes salées 7,50$- 14,50$, crêpes sucrées 6$-10,50$. Menu à la carte soir entrées de 6$ à 14,50$, plats 18$ à 20$ V, MC, AE, I. Un décor de bois clair, un mur de pierres, des tableaux de voiliers ou de coquillages… Il ne manque plus que l'air marin pour parfaire ce lieu qui sent déjà si bon les vacances. Ici on vient et on revient. Si ce n'est pas pour les copieuses et délicieuses crêpes, ni pour ce parfum américano-anglais qui flotte dans l'air, c'est au moins pour l'ambiance. Pour entendre un client complimenter le chef sur ses « crevettes » et pour en voir d'autres zyeuter avec envie les plats des voisins en se demandant bien s'il n'y a pas un moyen de tout essayer. Bref, on espère que vous apprécierez autant que nous.

LE PETIT CHÂTEAU

5, rue Saint-Louis

418-694-1616 | www.petitchateau.ca

Ouvert dim-jeu de 7h30 à 22h, ven-sam de 7h30 à 23h (jusqu'à 23h tous les soirs en été). TH midi et soir 21,95$- 31,95$. Carte 6,95-38. V, MC, I. Chansonniers, variété de 60 crêpes. Sucrées ou salées, des crêpes sont toujours les bienvenues à n'importe quel moment de la journée dans ce petit local accolé au Château Frontenac. Attablé autour de mignonnes petites tables, vous pourrez prendre une pause bien méritée, surtout après avoir marché toute la journée dans le Vieux-Québec. Notre suggestion, vers 16h, la crêpe au chocolat, un délice.

PATES ET PIZZAS

CASA CALZONE

637, rue Grande Allée Est

418-522-3000 | www.casacalzone.com

Ouvert mer-sam de 11h30 à 14h et de 17h30 à 22h. Été : ouvert tous les jours de 11h30 à 23h. TH midi 13,95$-16,95$, TH soir à partir de 17,95$. V, MC, AE, I. Retrouvez un petit coin d'Italie sur la Grande Allée grâce à la Casa Calzone. Four à pizza, nappes à carreaux rouges, bouteilles transformées en chandeliers, la déco est typiquement italienne, tout comme le menu. Bien entendu, la spécialité maison est la Calzone, mais vous pourrez aussi goûter une des pizzas aux nombreux ingrédients, des pâtes ou encore quelques antipastos accompagnés d'une bonne bouteille de chianti. Une bonne adresse à retenir pour un dîner romantique italien ou pour une bonne soirée entre amis.

PORTOFINO

54, rue Couillard

418-692-8888 / 1-866-692-8882

www.portofino.qc.ca

Ouvert tous les jours de 11h à 23h30 TH midi 11,95$-15,95$. TH soir 23,95$ à 36,95$. Carte

14,95$-35,95$. V, MC, AE, I. Un petit coin d'Italie où l'on vient butiner les saveurs festives de la cuisine de la mama. Les couleurs chaleureuses nappent les tables et les costumes des serveurs. On se presse devant le four de bois traditionnel pour y voir dorer ces pizzas préparées à l'européenne. La pâte est fine et l'assaisonnement a le ton juste. Le choix des pâtes est impressionnant et incite à l'apprentissage de l'italien. Mais on peut s'en tenir aux poissons et aux homards en saison. Les soirs, le festin s'accompagne des airs latino cuisinés par des musiciens qui enivrent l'endroit. Le service suit le rythme endiablé. Un bastion de fraîcheur italienne en pleine Nouvelle-France.

LA PIAZZETTA

707, rue Saint Jean
418-529-7489
www.lapiazzetta.ca

Ouvert lun-mer de 11h à 22h, jeu-ven de 11h à 23h, sam de 11h30 à 23h, dim de 11h30 à 22h. Pizza de 6,95$ à 29,50$. V, MC, AE, I. Possibilité de combiner une demie pizza avec une salade. La finesse des pizzas fait la réputation de cette chaîne à travers le Québec. Dans un décor épuré, on vous sert des pizzas toutes fraîches, avec de bonnes combinaisons d'ingrédients. Pour varier les plaisirs, on optera pour un plat de pâtes ou un roulé bien garni. *Autres adresses : 1191,*

av. Cartier, 418-649-8896 ; 63, rue Saint-Paul, 418-692-2962 ; 357, rue Saint-Joseph, 418-523-7171.

LA PIZZ

Place Royale 418-692-3003
299, rue St-Paul 418-692-5005
www.la-pizz.com

Du 15 oct au 15 juin Place Royale : ouvert lun-mer de 9h30 à 15h, jeu-ven de 9h30 à 21h, sam de 17h à 21h. Fermé dim. Du 15 juin au 15 oct : ouvert tous les jours de 11h à minuit. Pizza de 8-16 selon la taille et les ingrédients, salades 8-9. Pour 3$ de plus, salade ou soupe avec dessert et café. V, MC, I. Le secret de ces petits restos c'est la confection de la pâte à pizza, fine et croustillante ! Un régal. En plus, la pizza est garnie et cuite sous vos yeux. Ici, tous les ingrédients sont choisis minutieusement ; légumes achetés au Marché du Vieux Port, merguez fabriqués artisanalement, fromages français d'appellation contrôlée…Le propriétaire, un Français, a expérimenté cette recette gagnante à Lille avant de s'installer à Québec. Le tiramisu en dessert est l'un des meilleurs de la ville. Le restaurant de la rue Saint-Paul est surtout fréquenté par les employés des bureaux environnants, qui reviennent souvent, avec raison. Celui de la Place Royale, installé dans une ancienne pharmacie, a une terrasse idyllique où il fait bon de s'y prélasser avec un bon verre de vin. *Autre adresse : 5986, rue St-Laurent, Lévis, 418-835-9009.*

LES FRÈRES DE LA CÔTE
1190, rue Saint-Jean | 418-692-5445

Ouvert lun-ven de 11h30 à 22h, sam-dim de 10h30 à 22h (jusqu'à 22h30 tous les soirs en été). Menu midi 9,95$-19,95$, TH soir 21,95$-23,50$. V, MC, AE, I. Chapeau de paille, pizzas, grillades et bonne humeur résument l'atmosphère des Frères de la côte. Une décoration agrémentée d'instruments de musique et de couleurs ensoleillées fait régner une ambiance de vacances. Des bons plats simples et copieux : grillades, osso bucco. Le lundi, c'est la journée du tartare de bœuf, le mardi, celle du jarret d'agneau, le mercredi celle de la bouillabaisse et le vendredi celle du ris de veau. Le tout accompagné de bières importées et de musique du monde ce qui fait le bonheur des habitués.

MILANO
194, rue Crémazie Ouest | 418-529-2919

Ouvert du lun-jeu de 11h à 1h, sam-dim de 11h à minuit (plus tard en été) Un petit restaurant sans prétention qui fabrique ses pizzas depuis plus de 40 ans. Hors des sentiers battus, le Milano est seulement à quelques pas de l'action de la rue Cartier. Repères des gens du quartier, la réputation de la cuisine n'est plus à faire. Une jolie terrasse ensoleillée sur une rue tranquille. À l'intérieur, un décor feutré et une ambiance dynamique et chaleureuse. Une carte variée propose pizzas, pâtes, sous-marins et salades. Un petit bijou de restaurant.

TRATTORIA SANT'ANGELO
10, rue du Cul-de-sac | 418-692-4862

Ouvert tous les jours de 11h30 à 14h 17h à 22h en hiver (jusqu'à 23h ven-sam), tous les jours de 11h à 23h en été.. TH midi : 10-17, TH soir : 19-30. V, MC, AE, I. Pizzas cuites au feu de bois et chants de l'Italie sous le ciel merveilleux du quartier Petit Champlain, il n'y a aucun paradoxe ici, que du bonheur. Le menu est certes classique mais excellent : une escalope parmigiana, des pizzas. Et puis

on a adoré manger sur la terrasse. Le service est dynamique, enjoué surtout lorsque Giuseppe et son accordéoniste chantent les vendredis et samedis soirs en hiver et du mardi au samedi en été. Pittoresque à souhait !

INSOLITE

CROISIÈRES AML LOUIS JOLLIET
quai Chouinard
418-692-1159 / 1 800-563-4643
www.croisieresaml.com

Souper-croisière 5 services ou buffet, tous les soirs de mai à octobre, plusieurs thématiques durant l'été comme Feux d'artifice Loto-Québec (avec supplément). Embarquement : 18h, départ : 19h, durée : 4h. Les prix varient selon le repas choisi. Quoi de plus romantique qu'un souper sur l'eau, au cours duquel passent les lumières de la Capitale ? Pour commencer la soirée, nous vous suggérons de siroter un cocktail sur le pont, en voyant la ville s'éloigner. On passe ensuite à table pour goûter à une cuisine fine : filet de saumon de l'Atlantique, homard au beurre à l'ail, filet mignon de bœuf, suprême de volaille, gratin de fruits de mer... Des musiciens installés sur les ponts rythment la soirée. Vous finirez la soirée en dansant sous les étoiles.

LE PARLEMENTAIRE
Hôtel du Parlement
1045, rue des Parlementaires | 418-643-6640
www.assnat.qc.ca/FRA/accueil/leparlementaire
Dans l'édifice de l'Assemblée Nationale. Entrée porte n° 3. Ouvert lun-ven de 8h à 14h30. TH midi 14-22. Petit déjeuner 6-13. Réservation à l'avance obligatoire. V, MC, AE. Pour le plaisir de manger aux mêmes tables que les hommes politiques, dans un décor raffiné de style Beaux- Arts. Les serveurs ne colportent pas de ragots, mais on a parfois droit à des anecdotes. Mets régionaux du Québec. Spécialités de bœuf, de

porc et de caribou. On peut également y déguster saumon, rosette de truite, crustacés et coquillages. Le tout pour un prix tout à fait abordable. Un petit déjeuner est servi de 8h à 11h.

DE LA TERRE ET DE LA MER

GRILLADES DE LA TERRE

L'ENTRECOTE SAINT-JEAN
1080, rue Saint-Jean | 418-694-0234
www.entrecotesaintjean.com
De sept à avr, ouvert lun de 11h30 à 22h, mar-mer de 11h30 à 22h30, jeu-ven de 11h30 à 23h00 , sam de 17h à 23h, dim de 17h à 22h. De mai à août lun-sam de 11h30-23h, dim 17h-23h. TH de 24,50$ à 30,50$ selon le poids de l'entrecôte. V, MC, AE, I. Pour déguster une belle entrecôte dans un décor bistro, grandes glaces à l'appui, rendez-vous à l'Entrecôte. Le menu est on ne peut plus simple, entrecôte et pommes allumettes à la française avec salade aux noix et toujours cette sauce secrète qui fait le succès de la maison. Pour partir en pleine gloire, les profiteroles au chocolat sont un dessert de choix. Pour tout dire, on en redemande.

CHARBON STEAKHOUSE
450, Gare-du-Palais
418-522-0133 | www.charbonsteakhouse.com
Ouvert lun-mer de 11h30 à 22h30, jeu-ven de 11h30 à 23h, sam de 17h à 23h, dim de 17h à 22h30. TH 35-59.

Stationnement gratuit. Une atmosphère qui frise le lounge, version steakhouse raffinée. Les viandes sont attendries selon un procédé naturel et grillées sur charbon d'érable s'il vous plaît! Steak coupe New-York, steak de côtes, steak Boston, T-Bone, côte de bœuf et steak de côte vieilli à sec, en résumé des grillades vraiment bonnes. L'environnement de la Gare du Palais a un « je ne sais quoi » de bucolique qui participe à la séduction. Plan futé : le boucher propose des pièces de viande à emporter et à se griller sur le barbecue, entre amis !

DE LA MER

GAMBRINUS
15, rue du Fort 418-692-5144
www.gambrinus.restoquebec.com
Ouvert lun-ven de 11h30 à 14h30 et de 17h à 22h30, sam-dim de 11h30 à 14h30 (été seulement) et de 17h à 23h. TH midi 11,95$-17,95$. TH soir 28$-39,50$. V, MC, AE, I. 82 places. Musiciens le soir de fin de semaine.
Entre mer et terre, le Gambrinus offre une vue imprenable sur le Château Frontenac, un cadre raffiné et une cuisine d'inspiration italienne et provençale. Les fruits de mer sont la spécialité de la maison avec une bisque de homard et l'assiette de fruits de mer. Mais quelques viandes sont à la carte comme le caribou ou le filet mignon.

LE MARIE CLARISSE
12, rue du Petit Champlain
418-692-0857

Ouvert tous les jours de 11h30 à 14h30 et de 18h à 22h, hiver 18h-22h. . TH soir : 43-52 menu gastronomique : 65$. V, MC, AE, I. Nous sommes en amour! Seulement 12 tables et un des meilleurs restaurants de fruits de mer et de poisson de la vieille capitale se concentrant sur une belle cuisine de marché et des arrivages réguliers. Les poissons sont cuisinés avec talent et créativité. La carte change chaque semaine; lors de notre visite l'entrée d'esturgeon et maquereau fumés aux trois caviars fut extraordinaire, tout comme le tartare d'espadon. Les poissons sont relevés de sauces incroyables et de décorations vraiment recherchées. Les murs de cette bâtisse de plus de 300 ans à l'atmosphère intimiste participent aux charmes de ce restaurant tout comme le service vraiment adorable.

POISSON D'AVRIL
115, quai Saint-André
418- 692-1010
www.poissondavril.net

Ouvert tous les jours dès 17h. TH 29-80. Moules à volonté : 24$. V, MC, AE, I. 70 places. Installé dans le Vieux-Port, ce resto ne se moque pas de vous. Le propriétaire a tout du loup de mer, gentil comme tout. Et la chef est d'une créativité intarissable. En ce qui concerne le cadre, du bois, des briques, des poissons, on se croirait dans la cale d'un navire. La cuisine nous emmène vers des havres culinaires : bouillabaisses, homard, moules à volonté, langoustines, calmars frits, grillades de poisson entier ou entrecôtes de bœuf et tournedos de canard. La sélection de pâtes permet à la carte de répondre à tous les désirs. Assis à la terrasse, le vent dans les mâts des bateaux de la marina, on prend une bouillabaisse.

Pour les plus audacieux, l'assiette du commodore restera dans les annales : au programme, homard, crabe des neiges, moules, crevettes, pétoncles sans oublier le poisson du jour ! Le resto de la mer à un prix terre-à-terre. Belle carte de vins.

RIVIERA CAFÉ-TERRASSE

155, rue Abraham-Martin
418-694-4449
www.riviera-quebec.com

Ouvert tous les jours de juin à septembre du lun-ven de 11h-22h, sam-dim de 8h-22h (jusqu'à 23h en juillet et août tous les jours). Réservation pour groupes possible en hiver. TH midi 13,50$-18,50$, TH soir 20,50-35. Petit-déjeuner de 8h à 11h lun-ven, sam-dim 8h-14h. 125 places sur la terrasse et 70 à l'intérieur. V, MC, AE, I.
Situé près du bassin Louise et des silos de la Bunge, la terrasse offre une très belle vue sur la vieille ville. Niveau gastronomie, ce café-terrasse navigue entre un menu de casse-croûte de qualité et des plats plus sophistiqués : salades, grillades de viandes et de poissons et… sandwichs gourmet au homard ! Laissez-vous tenter par la poutine aux crevettes. La vue sur la ville est à couper le souffle, sans parler de l'ambiance sympa imprégnée du clapotis des vagues de la marina où est juché ce bistro. À la barre de cette initiative, le capitaine Bernier du célèbre restaurant Le Poisson d'Avril. Dans un décor portuaire illuminé par des lanternes, agrémenté de nappes en tissu bleu nautique et de couverts où trône le homard, on ne s'y trompe pas, la soirée coule doucement, chaudement.

CUISINE DU MONDE

AFRIQUE

AUX DEUX VIOLONS

310 René-Levesque Ouest
418-523-1111

Apportez votre vin. Ouvert lun-ven de 11h à 14h30, lun au sam de 17h à 22h, dim de 17h à 21h30. Menu du jour et table d'hôte disponible, 105 places.
Manger dans ce resto, c'est se transporter en Afrique du Nord pour le temps d'un repas. Un décor arborant des objets de pays lointains et ensoleillés, une musique rythmée et des plats de spécialités magrébines comme la tajine à l'agneau, le couscous, la pastilla au poulet et amandes sont tous des éléments qui rendent l'expérience agréable. Le restaurant offre également un salon fermé pour les petits groupes, ainsi qu'une terrasse pour les jours ensoleillés. Spectacles de danse du ventre certains soirs.

LE PALMIER

122, rue Crémazie Ouest
418-704-1010

I et comptant seulement. 28 places Lun-ven de 11h à 14h30, de 17h à 22h. Sam de 17 à 22h, dim fermé.
Du même proprio que les 2 violons, décor simple, service chaleureux et cuisine méditerranéenne résument bien le restaurant le Palmier. Shish Taouk, shawarma, couscous, tajines tunisiennes, pitas garnis de légumes et de nombreuses autres spécialités libanaises peuvent être consommés sur place ou à emporter. Pour les gourmands, appréciez quelques baklavas pour le dessert, accompagnés d'un thé à la menthe : un vrai délice…

LA CALEBASSE
220, rue St-Vallier Ouest | 418-523-2959

Menu du midi à partir de 9,95$, TH 16,95$.
Calebasse… fruit tropical dans la famille des cucurbitacées, que l'on retrouve beaucoup dans certains pays d'Afrique. Comestible, on l'utilise aussi comme objet décoratif en le faisant sécher. C'est donc ça que l'on observe un peu partout sur les murs de ce restaurant à la cuisine africaine et antillaise. Ici, l'exotisme est au rendez-vous ; service chaleureux et sympathique, des plats comme le griot, le kédjénou et le mafé et des jus aux propriétés multiples. D'ailleurs, ne manquez pas le nectar de gingembre qui est d'une fraîcheur absolue et qui serait aussi un excellent aphrodisiaque. De l'entrée au dessert, les plats ne cesserons de vous surprendre par la combinaison des ingrédients que l'on y retrouve ; de la soupe à la banane plantain au tapioca au lait de coco en passant par les grillades de poissons. Musique, tam tam et contes certains soirs. Mets pour emporter et service traiteur disponible.

LE CARTHAGE
399, rue Saint-Jean | 418-529-0576

Ouvert mar-ven de 11h à 14h et de 17h à 23h, sam-lun de 17h à 22h. TH midi 6,99$- 13,99$, TH soir ven-sam 21,99$-26,99$, dim-jeu : 29,95$ pour 2 pers. V, MC, AE, I. Un décor vraiment réussi avec ses tons de turquoise, ses cages à oiseau et ses miroirs colorés. Les spécialités de la cuisine tunisienne se déclinent sous vos yeux émerveillés, vous ne la confondrez plus avec ses voisines marocaines et algériennes. Tajine de poulet aux olives, couscous royal, chorba ; en entrée, escargots au Pernod ou feuilles de vigne sont autant d'invitation aux charmes de l'Orient et à sa langueur. Un coin recouvert de tapis, coussins et tables basses est offert à ceux qui veulent

manger dans le souci de la tradition. *Autre adresse : Pâtisserie Carthage Express, 20, côte du Palais 418-692-1001.*

UN THÉ AU SAHARA
7, rue Sainte-Ursule | 418-692-5315

Ouvert tous les soirs de 17h à 23h et ven midi de 11h30 à 14h30. Tajine et couscous 15-22. V, MC, I. On ressort de ce petit restaurant avec une grande envie d'apprendre à jouer avec les épices avec un tel sens des proportions ! Le chef est vraiment passé maître dans cet art. Que ce soit pour le couscous ou pour les tajines (comme le tajine kefta, aux boulettes de veau, une spécialité maison), un savant mélange d'épices, nous transporte en moins de deux dans un souk marocain. Bref, on a beaucoup aimé. L'ambiance est agréable : petite salle, nappes aux rayures rouges et blanches, musique traditionnelle. Un seul bémol : le service peut être assez lent.

WARDA
299, rue Saint-Joseph est | 418-614-4822

Apporter votre vin Ouvert lun-ven de 11h à 14h et de 17h à 22h, sam-dim de 17h à 22h. Menu du jour à partir de 9,95$, TH de 20$ à 30$. Menu midi express et mets pour emporter disponible. Un des derniers nés dans le quartier St-Roch, ce restaurant attire la clientèle avec son décor méditerranéen. Nappes bleues, murs décorés d'arabesques de toutes sortes, lustres, cages d'oiseaux et tableaux évoquant des scènes de la vie quotidienne arabe donnent un ton exotique. Warda signifie rose en arabe et telle une rose la cuisine de ce resto est parfumée. Une cuisine, où les épices sont à l'honneur et leur utilisation, un art ! Des plats typiques comme la pastilla au poulet et amandes, les couscous et les tajines sont des exemples de ce qu'on retrouve sur la carte. Pour bien terminer l'expérience, un succulent thé à la menthe traditionnel. Terrasse et salle pour les groupes.

SILLERY

LE RAMEAU D'OLIVIER
1282, av. Maguire, Sillery
418-687-9725 | www.rameaudolivier.qc.ca

Ouvert du mar-ven de 11h30 à 14h et de 18h à 21h (jusqu'à 22h jeu-ven), sam de 18h à 22h, dim de 18h à 21h. Lun fermé. TH midi 10$- 20$, TH 20-35. V, MC, AE, I. Alger la Blanche et ses mets savoureux et parfumés aux épices envoûtantes apparaît. Le cadre fourmille d'objets : tableaux, théière, assiettes, tous aussi dépaysant les uns que les autres. Le service extrêmement chaleureux accompagne les plats d'un sourire contagieux : chorba (la soupe aux légumes avec de la menthe et de la coriandre), boureks au thon (feuilletés), couscous royal et tajines qui marient une viande délicate et des fruits secs (pruneaux, amandes, abricots). Le thé et les loukoums achèvent ce tendre moment de douceur sucrée-salée.

AMÉRIQUES

AMÉRIQUE LATINE

LA SALSA
1063, 3ᵉ Avenue | 418-522-0032

Ouvert mar-sam de 11h30 à 22h. Menu spéciaux 9,50-11. Plats individuels entre 2$- 5$. Repas complet entre 10$ et 14$. Comptant et I seulement. La cuisine étant excellente, l'accueil chaleureux et charmant, le bouche à oreille a fait le reste. Un beau succès pour ce restaurant de Limoilou dont la terrasse jouxte celle du Bal du Lézard. Du coup, l'été, on effectue le trajet entre le bar et la Salsa. Au programme, des mets du Salvador et du Mexique, des enchiladas, bien entendu, mais aussi des pupusas (pâte de maïs fourrée au porc), et l'enfrijolada (pâté de fèves, viandes et fromage). La Salsa propose des bières et du vin, mais on vous conseille de

la Tequila ou une Margarita pour accompagner votre repas. Le bonheur, sous le soleil exactement !

SOL LATINO
184, rue Saint-Vallier Ouest | 418-649-9333

Ouvert lun-mer de 11h30 à 14h30 et de 16h30 à 21h30, jeu-ven de 11h30 à 14h30 et de 16h30 à 21h, sam-dim de 16h30-21h. Soirée combo 10,50$-17,50$. Menu midi 5,99$. Carte 10,50$- 20$. Comptant seulement. 20 places environ. Il faut un petit peu le chercher, comme toutes perles rares. Mais une fois qu'on est sur le sol latino, on y reste ! Le menu aux couleurs du Mexique est assez simple : enchiladas, tacos, fajitas etc. C'est bon, très bon. Tout de couleur vêtu, le restaurant propose des soirées espagnoles endiablées... au cours desquelles vous pourrez parfaire vos connaissances de la langue de Cervantes.

RESTAURANT CARAMBA
1155, rue de la Chevrotière | 418-523-9191

Ouvert lun-ven de 11h45 à 14h30 et de 18h à 22h, sam-dim de 18h à 22h. Midi à la carte, plats 10-17. TH soir 15-30. V, MC, AE, I. Le Caramba, comme son nom l'indique, est un de ces restaurants qui vous plonge immédiatement dans la culture mexicaine et latine. Bien sûr les cocktails typiques et bières locales sont de la partie : mojito, daiquiri, pina colada, magarita ou encore Corona, Sol... Pour le repas, le menu est varié, proposant les classiques comme fajitas, enchiladas et tacos, ou des plats plus originaux comme le poisson rôti aux piments séchés. Une adresse sympathique pour passer un agréable moment entre amis.

QUÉBEC

AUX ANCIENS CANADIENS
34, rue Saint-Louis
418-692-1627 | www.auxancienscanadiens.qc.ca
Ouvert tous les jours de 12h à 21h. Menu midi

19,95$. TH soir 44,50$-66,50$. V, MC, AE, I.
Cette jolie maison toute rouge et blanche, appelée la Maison Jacquet, semble sortie tout droit du XVIIᵉ siècle ou d'un conte de Grimm. Le nom du restaurant vient du titre d'un roman du célèbre auteur Philippe Aubert qui habita dans cette maison. C'est un excellent restaurant de spécialités régionales où vous pourrez goûter aux plats traditionnels québécois que l'on trouve rarement ailleurs : soupe aux pois, marmite de fèves au lard, magret de canard au sirop d'érable, tourtière du lac Saint-Jean, bourguignon de caribou, tarte au sirop d'érable et au fudge. LA spécialité du chef : les trois mignons, un assortiment de wapiti, bison et cerf grillés nappés de sauce cognac et poivre rose. Agréable décor de style Nouvelle-France, avec assiettes anciennes, estampes, dans une ambiance intime. Service impeccable en costume d'époque. Bon plan : le menu du midi à 19,95$, incluant un verre de vin, est particulièrement intéressant.

LES VOÛTES DU CAVOUR
38, rue Saint-Pierre | 418-694-1294

Réservation par téléphone entre 8h30- 17h. Ouvert seulement aux groupes et sur réservation quatre jours à l'avance pour pouvoir y déjeuner ou dîner. Salons privés et salles de réception. 550 places. Service de traiteur. Prix pour tours organisés. Dans le cœur historique de la ville, non loin de la Place Royale, quatre superbes salles voûtées peuvent accueillir des groupes, des réceptions ou encore un dîner en amoureux. Du homard, des escalopes de saumon, des assiettes de fruits de mer mais aussi des menus typiquement québécois sont proposés. L'été, le restaurant ouvre sa terrasse et offre un buffet italien (du 1ᵉʳ juillet au 31 août, de 11h30 à 15h30 et de 16h30 à 22h).

SAINTE –FOY

LA TANIÈRE
2115, rang Saint-Ange, Sainte-Foy
418-872-4386 | www.restaurantlataniere.com

Ouvert mer-dim à partir de 18h. TH 24 services 150$, TH 14 services 95$, TH 8 services 65$, TH. V, MC, AE, I. Salons privés. Oui, c'est une grande table, car elle marie avec succès la gastronomie au gibier et ce, toute l'année. Le dépaysement est parfait puisque trophées de chasse animent cette tanière, nichée entre Québec et Sainte-Foy. Au menu, un choix de cinq menus allant de 5 à 24 services ! Les différents plats de chaque service sont très variés et combinent parfaitement toutes sortes de viande. Parmi les assiettes proposées dans tous ces menus : oursin au safran, joue de veau, sanglier.

ASIE

LE GRAIN DE RIZ
410, rue Saint-Anselme | 418-525-2227

Comptoir pour emporter : mar de 10h à 18, mer-sam à partir de 10h. Salle à manger : mer-sam à partir de 17h30. Fermé dim-lun. Service traiteur. TH soir 20-35. Plats 11-16. Comptant et I seulement. Il est préférable de réserver à l'avance. Un service de traiteur, une jolie boutique, des cours de cuisine, un bon restaurant, dans un seul et même lieu! Les plats asiatiques du traiteur sont simples et bons. Pour le restaurant, on vous conseille la salle du fond, décorée avec goût et sobriété. Le midi, la table d'hôte du midi est vraiment bon marché au vu de sa qualité. Le soir, la créativité mise au service de la cuisine asiatique débouche sur les plats aussi originaux que le magret de canard au tamarin sur quinoa rouge au gingembre ou encore le pavé de saumon en croûte de coriandre et ses quatre saisons : ponsu, wasabi, galanga et curry vert. Voici une bonne idée des plats réputés de ce restaurant qu'on conseille vivement.

INDE

GARAM MASSALA

1114, av. Cartier | 418-522-4979

Ouvert lun-sam de 12h à 14h30 et de 17h à 22h, jeu-sam de 12h à 14h30 et de 17h à 23h, dim de 17h à 22h. L'été ouvert tous les soirs jusqu'à 23h. Menu midi 6-12. TH soir 16,95$-20,95$. Plats 11,95$-20,95$. Plats à emporter. La descente qui nous mène à ce restaurant, situé au sous-sol, est sans équivoque. Un bar à l'entrée, des tables disposées tout autour, de la musique indienne, le décor est jeté. Nous sommes en Inde…Toute l'Inde car le menu reflète la richesse de cette gastronomie. Les plats préparés au tandoor ont mariné dans un mélange de yaourt épicé pendant 24 heures, ce qui leur confère une tendreté délicate. Quant au biryanis, ces plats à base de riz frits et de viande, le cari s'y marient à merveille avec les viandes ou les légumes. Vous pourrez y goûter un poulet au beurre, des bhaji à l'oignon et un excellent cari de poulet Tikka Massala.

CHINE

ELYSÉE MANDARIN

65, rue d'Auteuil | 418-692-0909

Ouvert lun-jeu de 11h30 à 14h et de 18h à 22h30, ven de 11h30 à 14h et de 18h à 23h30, sam de 18h à 23h30, dim de 17h30 à 22h30. TH midi 12,50$-14,95$. Menu gastronomique soir 25,80$. Menu végétarien : plats 12-14. V, MC, AE, I. Petite perle dans la gastronomie chinoise, ce restaurant l'est à coup sûr : les plats sont copieux, originaux et délicieux. Et le cadre nous invite au voyage. Petite musique douce, statuettes chinoises, jardin intérieur avec un bruit d'eau qui coule et qui apaise. On craint presque l'arrivée du sifu et de ses élèves de kung fu qui viendrait chambouler le calme et la quiétude de ce lieu. Beau voyage dans le Szechuan. Et pour les néophytes, il faut savoir que cette province est réputée pour sa cuisine exquise et épicée. Vous n'êtes pas encore convaincu ! Venez le vérifier par vous-mêmes. Vous serez vous aussi sous le charme.

JAPON

KIMONO SUSHI BAR

1034, av. Cartier

418-648-8821 | www.kimonosushibar.com

Ouvert lun-ven de 11h30 à 14h30 et de 17h à 22h30, sam-de 17h à 23h, dim 17 à 22h. Entre 25-30. V, MC, AE, I. Situé sur l'avenue Cartier, ce restaurant très soigné, au décor zen de fleurs d'orchidée et de bambou, nous offre une belle variété de sushi, sashimi et maki. Les mélanges sont harmonieux, le tempura du Kimono très différent de celui des concurrents fait du Maki Surprise le roi de la carte ! Les rouleaux sont consistants, les sashimis une pure réussite. Quant aux conseils, toute la carte est délicieuse. Le service est personnalisé et très professionnel.

SHOGUN

98, rue Saint-Vallier Ouest

418-524-3274

Apporter votre vin. Ouvert lun-jeu 11h à 14h 17h à 22h, ven-sam fermé midi 17h à 23, dim 17h à 22h. De la même famille qui nous a apporté le Thang Long, restaurant vietnamien de la côte d'Abraham, on vous présente le sushi bar du Shogun. Décidemment, toute ce que cette famille entreprend est un succès ! Se faisant assez discret de l'extérieur, le Shogun demeure encore un secret bien gardé de Québec, Connu principalement par les amateurs de sushis, le restaurant ne tarde pas à se remplir en soirée. Une cuisine innovatrice et succulente attend le client. Les sushis sont préparés au bar et consistent en des créations qui sont montées de façon originale. Le poisson est frais et les bouchées fondent dans la bouche.

YUZU SUSHI BAR

438, rue du Parvis

418-521-7253 | www.yuzu.ca

Ouvert lun-mer de 11h30 à 14h30 et de 17h à 22h, jeu-ven de 11h30 à 14h30 et de 17h à 23h, sam de 17h à 23h, dim 17h30 à 22h. TH midi 12,95$-20,95$, TH soir 37$. Menu 5 services 69$-130$. Carte 4$-34$. V, MC, AE, I. Service traiteur, plats à emporter. Situé au coin de Charest, ce restaurant de fine cuisine japonaise offre un éventail de sushi d'une grande originalité. Le mélange des saveurs rehaussent le goût du poisson qui fond dans la bouche. Les sashimis sont d'une fraîcheur inouïe. Vous dégustez le tout dans une ambiance zen et relaxante. Le décor est très soigné. On aime les couleurs ocre et le confort des chaises. Le service bien que sympathique, est un peu long. On termine le repas par une facture légèrement salée, mais le bonheur n'a pas de prix !

VIETNAM

THANG LONG

869, côte d'Abraham | 418-524-0572

Ouvert lun-ven de 11h à 14h et de 17h à 23h, sam-dim de 16h30 à 23h. Menu midi 9,25$-9,95$. TH soir 17,95$-23,95$. V, MC, I. Ce resto vietnamien peut sembler un peu perdu dans le quartier Saint-Jean-Baptiste. Pourtant dès que vous aurez goûté aux rouleaux impériaux, vous n'en démordrez plus, c'est LE restaurant vietnamien de Québec. Parce que Thang Long est petit et possède l'atmosphère conviviale et animée du Vietnam, parce que les soupes sont bonnes et que tout est parfaitement frit, il respire l'authentique. Vous aurez l'impression de rendre visite aux hôtes les plus attentionnés qui soient.

(418) 692-2216
73, rue Sainte-Anne,
Québec (Québec)
www.cremaillere.qc.ca

EUROPE

BELGIQUE

AUBERGE DOUCEURS BELGES

4335, rue Michelet, Les Saules
418-871-1126 / 1 800-363-7480
www.douceursbelges.ca

Ouvert lun-ven de 11h à 22h, sam de 17h-22h. Fermé dim. TH soir pour 2, alcool compris : 75 $-95 $. V, MC, I.
Une jolie maison, située à 10 min en voiture du centre de Québec, comprenant une auberge où il fait bon s'arrêter. Spécialistes des moules et des bières belges, les propriétaires vous accueillent eux-mêmes et vous font découvrir de merveilleuses bières importées de Belgique, mais aussi leurs différentes variétés de moules (dont on vous apprendra les secrets, ainsi que l'art et la manière de les déguster) plus délicieuses les unes que les autres. On finit sur une touche sucrée avec le dessert maison et le bonheur est complet. Une adresse pleine de charme et un accueil des plus agréables. Au final, une escale que l'on vous recommande chaleureusement.

MÔSS BISTRO BELGE

255, rue Saint-Paul | 418-692-0233

L'été : ouvert de 11h30 à 23h. Horaire variable le reste de l'année. Menu midi 13,95 $-17,95 $. TH soir 28,95 $-35,95 $. V, MC, AE, I. En bistro belge qui se respecte, le mollusque orangé est la star! Bien que copieux et parfaitement préparés, les 15 plats de moules se font parfois voler la vedette par les autres mets de la table d'hôte. Pourtant, les moules aux deux moutardes servies avec l'une des bières belges en fût sont un véritable délice. Les plus gourmands opteront pour les moules à volonté. Le tout avec vue sur le port et la Gare du Palais, on ne demande pas mieux.

FRANCE

LA CRÉMAILLÈRE

73, rue Sainte-Anne
418-692-2216 | www.cremaillere.qc.ca

Ouvert tous les jours de 11h30 à 14h et de 17h à 22h. Fermé les midis d'été lun-mar. Fermé le midi sam et dim. Fermé dim de nov. à fin avril. Menu midi 14 $-21 $. TH soir 38 $-47 $. Menu gastronomique le soir. Menu de groupe. 4 salons privés. V, MC, AE, I. Service de valet. Dans un cadre soigné, orné d'assiettes superbes, une cuisine toujours irréprochable se développe sous vos yeux. Les mets sont d'inspiration italienne et française mais avec une préférence nette pour la première. Au menu donc, pâtes aux porcini, côte de veau aux fines herbes et vin blanc, mais aussi cerf rouge du Québec, ris de veau, dodine de volaille de grain farcie et poisson frais selon arrivage. La cave à vins procurera, sans l'ombre d'un doute, la bouteille pour le mariage idéal.

AUBERGE LE LOUIS-HÉBERT

668, Grande Allée Est

418-525-7812

www.louishebert.com

Ouvert tous les jours de 7h à 23h. Menu midi 12,50 $-18 $. Plusieurs TH soir de 24 $ à 49 $. Plats 30 $-36 $. V, MC, AE, I. Le Louis-Hébert permet de cumuler deux superbes expériences. La première est d'ordre gastronomique. L'auberge se taille une superbe réputation de très bonne table en servant une fine cuisine française où gibier et fruits de mer sont à l'honneur. Le tout est accompagné d'un cadre superbe, celui d'une maison de près de trois siècles au charme incontestable. À noter : une cave à vin exceptionnelle de près de 700 bouteilles. Quant à la seconde expérience, elle concerne l'auberge elle-même qui propose neuf chambres charmantes au décor enchanteur et douillet *(voir article dans la section Hébergement).*

MISTRAL GAGNANT

160, rue Saint-Paul

418-692-4260 | www.mistralgagnant.ca

Été : Ouvert du lun-sam de 11h30 à 14h et de 17h30 à 21h. Hiver du mar-sam de 11h30 à 14h et de 17h30 à 21h. Fermé dim-lun (ouvert lun en été). Fermé tout le mois de janvier. Menu midi 10,95 $-15,25 $. TH du soir 23,95 $-36,50 $. V, MC, AE, I. Les cigales chantent, on entend l'accent du midi de la France et des odeurs merveilleuses nous enveloppent. Les murs jaunes, les tables aux motifs provençaux, des cigales sur les murs trônent dans ce restaurant aux spécialités méditerranéennes et du Sud-Ouest. Le chef met toute sa bonne humeur, sa franchise dans ses plats : feuilleté d'escargots au pastis, linguine aux fruits de mer, bouillabaisse à la provençale, ris de veau aux champignons, magret de canard à l'orange et des côtelettes d'agneau aux thym et au romarin. Les desserts sont de la même veine, franchement bons. Que dire du service et de l'accueil ? Les employés sont tellement gentils et prévenants que l'on dirait que le pôle de la chaleur humaine s'est installé au Mistral Gagnant.

SAINTE –FOY

LA FENOUILLÈRE

3100, ch. Saint-Louis, Sainte-Foy

418-653-3886

www.fenouilliere.com

Ouvert tous les jours de 7h à 11h, de 11h30 à 14h et de 17h30 à 22h. TH midi à partir de 16 $. TH soir plat (27,50 $- 37 $) + 18,50 $. V, MC, AE, I. Douceur et saveur, beauté et bonne chère parsemée de parfums et d'épices se mêlent à la Fenouillère. Chaque plat est présenté avec merveille et relevé d'aromates sublimant la moindre bouchée. On ferme les yeux, on déguste le mignon de porcelet rosé au porto et au fromage Migneron fondant. Le saumon frais de l'Atlantique au fumet de moules et à la ciboulette, ou le médaillons de cerf au vin rouge, gelée d'airelles et lardons rissolés créent des mariages multicolores et doux pour les papilles. Quant aux desserts, croquant aux bleuets, noisettes et caramel, gratin de fruits à l'orange ne sont que de délicieuses exemples. On s'en souvient longtemps… La maison fait aussi un bel effort de créativité en changeant les menus toutes les huit semaines, ceci afin de faire tester à ses clients une multitude d'autres saveurs.

SUISSE

LA GROLLA
815, côte d'Abraham
418-529-8107
www.restaurantlagrolla.com
Ouvert tous les jours de 17h à 22h (jusqu'à minuit l'été). TH 30-35. V, MC, AE, I. La grolla, qui donne son nom à ce resto, est un récipient en bois sculpté dans lequel on boit le café de l'amitié. En effet, il est muni de plusieurs becs qui permettent à quelques convives de boire dans le même bol et de créer ainsi une ambiance plus cordiale. C'est ce genre d'atmosphère amicale que l'on retrouve, un accueil chaleureux et des efforts constants pour que les « invités » passent une soirée agréable. En plus de prendre une leçon de géographie sur les lieux de provenance des fromages suisses, on peut y déguster une pierrade ou de délicieuses crêpes. La fondue reste, avec la raclette, la spécialité de l'établissement.

ITALIE

AU PARMESAN
38, rue Saint-Louis | 418-692-0341
www.restoquebec.com/parmesan
Ouvert tous les jours de 12h à minuit. Menu du midi 8-15, TH soir 17-59. Service de valet de stationnement gratuit. V, MC, AE, I. 140 places. Chansonnier ou accordéoniste tous les soirs. Il n'est pas commun, ce restaurant italien, sans nul doute le plus connu de Québec. Mariant les spécialités italiennes et françaises, le Parmesan met un point d'honneur à préparer avec amour et générosité ses spécialités : saumon fumé, jambon de parme préparé sur place (Della Casa), pâtes maison, veau et fruits de mer. Les propriétaires valent le détour tout comme la décoration pittoresque à souhait, qui vous invite à faire le tour du monde. L'endroit idéal pour retrouver la douceur de vivre en couple et entre amis.

**AVEC Roberto et Sergio
à l'accordéon, tous les soirs c'est** LA
DOLCE
VITA

LE RASSEMBLEMENT DES FANS DE FORMULE 1
CÉLÉBRANT LE 7ᵉ CHAMPIONNAT
DE SCHUMI AU SALON
GILLES VILLENEUVE.

RISTORANTE MOMENTO

1144, av. Cartier
418-647-1313
www.bistromomento.com

Ouvert lun-ven de 11h30 à 14h, dim-mer de 17h à 22h, jeu-sam de 17h à 23h, Plats 11-24. TH soir 20-36 V, MC, AE. I. Un « momento » dans ce restaurant aux spécialités italiennes se savoure. Les assiettes s'habillent d'osso-buco de veau, de linguine, de saumon, de veau ou de pizzas délicieuses. Le service est aux petits oignons et que ce soit pour passer une soirée en amoureux, prendre un bon repas après un spectacle ou un dîner d'affaire… dans un cadre sobre mais de bon goût. On ne passe que des bons moments au Momento. *Autre adresse : 2480, chemin Ste-Foy, Sainte-Foy 418-652-2480.*

LE RIVOLI

601, Grande Allée Est
418-529-3071
www.lerivoli.com

Ouvert lun-ven de 11h30 à 14h30 et de 17h30 à 22h (jusqu'à 23h jeu-ven), sam-dim de 17h30 à 22h30. Fermé dim en basse saison. Salon privé. V, MC, AE, I. Au cœur de l'activité de la Grande Allée, ce restaurant aux allures de bistro, séduira les amoureux de la cuisine italienne et méditerranéenne. Fraîchement rénové, la décoration vous plonge dans une ambiance romantique et raffinée : fauteuil en cuir, murs en brique. La terrasse, en été, est très agréable. La carte propose une délicieuse cuisine de marché ainsi qu'une belle carte des vins.

SAINTE –FOY

MICHELANGELO

3111, ch. Saint-Louis, Sainte-Foy
418-651-6262
www.restomichelangelo.com

Ouvert lun-ven de 11h30 à 14h30 et de 17h30 à 22h30, sam de 17h30 à 23h30. Fermé dim. TH midi 20,25$-28,25$, TH soir 29-75$-41,75$. V, MC, AE, I. Où Michel-Ange aurait certainement été honoré que l'on donne son nom à un restaurant de cette qualité. Ni collant, ni dédaigneux, ni familier, mais au contraire très discret, prévenant et professionnel, le bataillon de serveurs et le maître d'hôtel sont tout simplement parfaits ! On a rarement vu autant de classe à un tel prix. Mais qu'on ne se trompe pas, il ne s'agit pas de la classe au rabais. C'est la vraie de vraie à tous les égards, et cet établissement mérite bien des éloges pour son service, son décor et, bien sûr, sa cuisine. Le pain servi à l'aide de fourchette et cuillère donne le ton pour la suite. La viande est d'une tendreté incroyable, le poisson apprêté de belle façon, et le dessert couronne le tout majestueusement.

MEDITERANEENNE

CAFE SIROCCO

64, boul. René-Lévesque Ouest
418 529-6868
www.cafesirocco.com

Ouvert du lun-ven de 11h30 à 14h et de 16h à 23h (lun 22h), sam de 16h30 à 23h, dim de 9h à 14h et de 16h à 22h. TH midi 9,95$-15,95$. TH soir 22-28. Carte 12-25. V, MC, AE, I. Belle carte des vins et grande variété de bières dont la bière maison Sirocco. Dans un décor de villa du Sud, le Sirocco nous suggère des mets d'inspiration méditerranéenne : grillades, tapas, tartare. La carte est riche et les plats plus appétissants les uns que les autres. Les saveurs sont à l'honneur dans ce lieu à l'ambiance estivale et le décor nous donne l'agréable impression de déjeuner à ciel ouvert. On aime le design du bar et l'amabilité du personnel. Un restaurant qui mérite votre visite au plus vite ! À ne pas manquer les 4 à 7 martini et tapas.

MULTIETHNIQUE

L'AVIATIC CLUB

450, de la Gare-du-Palais

418-522-3555

www.aviatic-club.com

Ouvert lun-mar de 11h30 à 21h00, mer-ven de 11h30 à 22h, sam de 17h à 22h, dim de 17h à 21h. À la carte seulement, plats 8-25. V, MC, AE, I. Grande sélection de vin au verre différente chaque semaine. Situé au sein même de la Gare du Palais, beau et tout en couleur, l'Aviatic Club est un des restos branchés de Québec, dans le bon sens du terme. Dans les assiettes, les cuisines du monde se croisent avec réussite : sushi, thaï, cajun, grillades, tex-mex. On l'apprécie particulièrement l'été, pour sa terrasse et cette impression de vacances caractéristique de ce coin de la ville. Belle carte des vins.

LE 47ᵉ PARALLÈLE

333, rue Saint-Amable

418-692-4747

www.le47.com

Ouvert lun-ven de 11h30 à 14h et 17h à 21h30, sam-dim de 17h à 22h. Menu midi 14-21. TH soir 26,95$-45,95$, menu gastronomique, 6 services : 60$. V, MC, AE, I. Stationnement intérieur gratuit. Menu groupe et service traiteur. On y perdrait le nord tellement les cuisines abordées dans ce restaurant sont nombreuses ! Des menus variés permettent, tout au long de l'année, de faire des découvertes culinaires, Océanie, Afrique du Nord, Moyen- Orient et Extrême-Orient… Chaque mois, le chef crée un menu dont l'inspiration varie selon un endroit du monde. Des plats originaux et délicats se dégustent dans un décor multiethnique : plats aux saveurs du monde, tartares de poissons ou de viandes sont proposés en tout temps, ainsi qu'une assiette de fromages québécois.

café sirocco

64, boul. René-Lévesque Ouest
Québec • 418.529.6868

www.cafesirocco.com

VERSA

432, rue du Parvis

418-523-9995 | www.versarestaurant.com

Ouvert lun-ven de 11h à 3h, sam-dim de 17h à 3h. V, MC, AE, I. TH midi 3 services de 9,95$ à 19,95$, TH soir 4 services 24,95$ à 32,95$. On vient surtout au Versa pour ses 5 à 7, son ambiance new-yorkaise et… son bar à huîtres ! La dernière nouveauté de l'endroit est de mijoter des « prêt-à-cuire », c'est-à-dire de délicieux petits plats que vous n'avez plus qu'à faire réchauffer à la maison : saumon Indochine, confit de canard, poulet « silicon valley »… Sur place, vous ne saurez que choisir parmi les pièces de résistance qui sont plus alléchantes les unes que les autres. Le Versa est un endroit très sympa et branché pour de bons moments d'affaire ou entre amis. Attention les filles… tous les jeudis de 5 à 8 on coupe la facture en deux juste pour vous.

VOO DOO GRILL

575, Grande Allée Est
418-647-2000 | www.voodoogrill.com

Ouvert lun-ven de 11h à 23h, sam-dim de 17h à 23h. Plats de 9$ à 22$. V, MC, AE, I. 130 places à l'intérieur, 200 en terrasse, ouverte jusqu'à fin oct. Une adresse hautement branchée au cœur du complexe du Maurice, lieu de sortie nocturne incontournable. Les propriétaires du Voo Doo collectionnent l'art africain et en font profiter les clients de leur restaurant : des grandes statues en bois, paisibles, nous protègent pendant le repas. Leur passion pour l'Afrique ne s'arrêtant pas à son art, ils font venir des percussionnistes, tous les soirs, rythmant notre repas. Niveau cuisine, les saveurs du monde combinées à la qualité des produits locaux en étonneront plus d'un. Parmi leurs spécialités, relevons la cuisson idéale du filet mignon, tendre à souhait. Les desserts méritent que l'on commette un péché de gourmandise ! La longue carte des vins du monde entier couronne cette expérience gastronomique multiculturelle.

48

48, rue Saint-Paul
418-694-4448 | www.le48.ca

Ouvert tous les jours de 7h à 23h, terrasse dim-mar de 7h à minuit, mer-sam de 7h à 1h. Les Menu du midi 10,95$-15,95$. Menu soir 7,95$- 22,95$. V, MC, AE, I. On reste encore étonné par l'excellence du rapport qualité prix de ce restaurant branché situé dans le Vieux Port. On y déguste des grands classiques et des plats 'fusion' des plus originaux. Explorez le très populaire saumon de Madagascar ou bien le tartare de bœuf Angus à la thaï. La terrasse est idéale pour la dégustation d'un assortiment de tapas piochées parmi les « tentations du 48 », allant de la crevette géante dans sa tempura à la bière rousse en passant par le satay de bœuf aux deux sésames et kikomen. A l'intérieur du restaurant, le décor acrobatique met en scène des voiles colorées sur fond de murs noirs, des miroirs aux moulures nouées d'arabesques, et des cubes comme sièges où se poser. Une musique lounge parfume l'atmosphère pendant que les assiettes sont élaborées avec grâce devant le public.

SILLERY

LE MONTEGO RESTO CLUB

1460, av. Maguire, Sillery | 418-688-7991

Ouvert lun-ven de 11h30 à 14h30 et de 17h à 23h, sam de 17h à 23h, dim brunch de 9h30 à 14h et de 17h à 23h. Menu midi 12,95$-26,95$. TH soir 28,95$-38,95$. V, MC, AE, I. Un joyeux mélange de cuisines du monde où la Californie, l'Asie et l'Italie se côtoient sans fausse note. Chips de lotus, langoustines et pétoncles au jus et nüoc nam, tartares et carpaccio de thon sont préparés avec originalité et servis avec un enthousiasme

contagieux. La décoration est dans le même style, ensoleillée!

SAINTE –FOY

LE BISTANGO
1200, av. Germain-des-Prés, Sainte-Foy
418-658-8780 | www.lebistango.com
Ouvert lun-ven de 7h à 23h, sam de 8h à 11h et de 17h à 23h, dim de 8h à 14h et de 17h à 22h30. Menu midi 14-17. TH soir 29-40. V, MC, AE, I. Brunch fin de semaine 12,00$-15,00$. Le Bistango allie les plats traditionnels du bistro avec des pointes d'exotisme. Il jouit d'une bonne réputation dans la ville, car c'est un endroit à l'ambiance décontractée où l'on n'est jamais déçu par les plats proposés. Résultat : un bon jarret d'agneau confit avec son jus parfumé aux épices marocaines ou un steak de thon à l'huile de noix! Le tout accompagné d'une bonne sélection de vin au verre et servi dans un cadre remarquable. La carte des brunchs de la fin de semaine est toute aussi alléchante.

Grandes tables

L'ASTRAL
1225, Cours du Général-de-Montcalm
(Loews Le Concorde)
418-647-2222 | www.lastral.ca
Ouvert tous les jours de 12h à 15h et de 18h à 22h45. Petit déjeuner lun-sam de 6h30 à 10h30, brunch dim de 10h à 15h. TH midi 14-22. TH soir ajouter 12$ au plat (21-45). V, MC, AE, I. Une salle, 225 places. Stationnement gratuit pendant 2h30. Menus spéciaux pour les fêtes. Magique! On en sort tout retourné de bonheur par la vue de Québec. Seul restaurant panoramique tournant de Québec, l'Astral, la nuit ou le jour, c'est toujours impressionnant. Le tour culinaire est tout aussi imposant. La carte des vins répond à n'importe quel plat méticuleusement préparé par le chef, Jean-Claude Crouzet : gibier ou bouillabaisse maison. Un buffet est

offert le midi et le soir plusieurs jours par semaine (il est d'ailleurs préférable de téléphoner avant pour en connaître les jours); mais c'est à la carte que vous trouverez de quoi vous régaler les yeux et les papilles. Un excellent rapport qualité prix pour ce lieu unique, qui se maintient d'année en année et se montre à la hauteur des récompenses qu'il a reçues.

LE CONTINENTAL
26, rue Saint-Louis | 418-694-9995
www.restaurantlecontinental.com
Ouvert lun-ven de 12h à 15h et de 18h à 23h, sam-dim de 18h à 23h. Menu midi 13-22, TH soir 46$. V, MC, AE, I. 140 places. L'indétrônable Continental persiste et signe. Des plats impeccables, savoureux à souhait, dans un cadre luxueux, des grands classiques toujours parfaitement présentés et servis. Si la carte demeure rassurante et classique, le Continental ne se repose pas sur sa réputation de très grande table. Le souci de la qualité, le désir de satisfaire, le professionnalisme se ressentent à chaque bouchée. La spécialité : mets flambés au guéridon, une expérience à ne pas rater!

L'ÉCHAUDÉ
73, rue du Sault-au-Matelot
418-692-1299 | www.echaude.com
Ouvert tous les jours à partir de 11h30 pour le lunch et 17h30 pour le souper, brunch sam-dim à partir de 10h30. TH midi 16-27, TH 30$ à 50$. Brunch 9$-20$. V, MC, AE, I. Si la petite rue du Sault-au-Matelot vous avait séduit, l'Échaudé amplifiera votre affection. Le sens de l'hospitalité dirige l'établissement qui joue de plus en plus dans la cour des grands grâce à une cuisine élaborée et savoureuse et une carte des vins dictés par l'amour. Le menu met à l'honneur des produits de qualité, délicatement choisis et choyés par les accompagnements : nage de poissons et mollusques au court-bouillon de homard, râble de lapin farci, médaillon de bœuf de l'Île du Prince Édouard, magret de canard aux figues, risotto Carnaroli au chorizo grillé. Autant de plats apprêtés de façon subtile et servis avec une gentillesse et un professionnalisme remarquables.

LE SAINT-AMOUR
48, rue Sainte-Ursule
418-694-0667 | www.saint-amour.com
Ouvert lun-ven de 12h à 14h15, tous les soirs de 18h à 22h30. Menu midi 14,75-26. TH soir 59$. Menu découverte 110$. V, MC, AE, I. Menu pour enfants, salon pour groupes, service de traiteur. 3 salles, 125 places. Service de voiturier. Jardin intérieur ouvert à l'année. Superbe cave. Ce qui frappe d'emblée, c'est la fraîcheur qui émane de la décoration. Pour ce qui est de la cuisine, on peut se fier à la réputation du Saint-Amour. Gagnante de nombreux prix, on y retrouve une gastronomie

comparable aux grandes tables d'Europe, mais pour bien moins cher. Jean-Luc Boulay, originaire de la Sarthe (France), exécute une cuisine différente, raffinée qui suit le rythme des saisons : homard cuisiné en deux temps sur un écrasé d'artichaut à la truffe et son jus de la presse émulsionné au foie gras, crevette géante rôtie au piment d'Espelette et réduction canneberge et orange sanguine sur un râpé de fenouil croquant à l'oignon doux, … Les noms sont aussi beaux que les mets sont savoureux. Il faut noter que les vins sélectionnés s'apprêtent parfaitement à la qualité de cette grande table. L'extase se poursuit avec les desserts, maison, il va sans dire. Petit fait intéressant : C'est au Saint-Amour que Monsieur Paul McCartney est venu manger lors des festivités du 400ᵉ de la ville en 2008.

LE PATRIARCHE

17, rue Saint-Stanislas
418-692-5488 | www.lepatriarche.com

Juillet-août Ouvert tous les jours de 17h30 à 22h, sept-juin du mer-dim de 17h30 à 22h. Service du midi à l'année du mer-ven de 11h30 à 14h. TH midi 16,50$, TH soir 5 services 45$ à 70$, 95$ incluant le vin, plats 24-49. V, MC, AE, I. Tout en entrant dans la catégorie des grandes tables, le Patriarche reste humble, doux et rassurant comme sa cuisine, qui apprête les poissons et les gibiers de façon honorable. Les produits du terroir sont mis à l'honneur, notamment les gibiers : faisan, bison, sanglier et caribou sont à la carte. Les différentes saveurs se mélangent avec grâce comme dans le filet de veau rôti, ris au gingembre et jus à la moutarde violette. Le cadre met l'accent sur le rustique : pierres, bois, lumières tamisées... Aussi doux et judicieux que le conseil d'un patriarche.

L'INITIALE

54, rue Saint-Pierre
418-694-1818 | www.restaurantinitiale.com

Ouvert le midi du mar-ven à partir de 11h30, le soir du mar-sam à partir de 18h. Fermé dim-lun à l'exception pour les groupes de 20 personnes et plus. TH midi : 17-25 ou menu gourmand 49$, TH soir 65-75$$ ou menu dégustation gourmande 119$.V, MC, AE, I. 50 places. L'Initiale est un restaurant contemporain et épuré aux couleurs de terre envoûtantes, où le chef, Yvan Lebrun nous fait redécouvrir les saveurs du terroir au fil des saisons. L'impressionnante carte des vins, avec un choix de plus de 400 bouteilles, vient parfaire ce voyage gastronomique. Le service est impeccable. Une des grandes tables de Québec.

LAURIE RAPHAËL

117, rue Dalhousie
418-692-4555 | www.laurieraphael.com

Ouvert mar-ven de 11h30 à 14h et de 17h30 à 22h du mar-sam, Ouvert les dimanches à partir de juillet pour l'été. Menu midi 16-23. Menu gastronomique 94$. Menu Chef improvisé par nul autre que le chef 25$ le midi, 60$ le soir, plats carte 14-49. V, MC, AE, I. Salons privés. Stationnement disponible. Délicate et parfumée, soucieuse et raffinée, la table du Laurie Raphaël marie savamment les produits du terroir avec une pincée d'exotisme, des sauces qui, loin de dénaturer les éléments, les subliment. Une grande table qui excelle par sa créativité sans cesse renouvelée selon l'arrivage, avec Daniel Vézina aux commandes : cerf de Boileau au cassis et canneberges et ses racines d'hiver ; pétoncles de Nouvelle Écosse à l'orange sanguine, huile de homard et gingembre sauvage. Le tout dans un cadre enchanteur… que demander de plus ?

PANACHE

10, rue Saint-Antoine
418-692-2211 / 1 888-692-2211
www.restaurantpanache.com

Ouvert lun-ven de 6h30 à 10h30, sam-dim de 7h à 11h, du mer-ven de 12h à 14h, tous les soirs de 18h-22h. Petit-déjeuner 9-17. TH midi 18-23. Soir TH gastronomique comprenant le vin : 169$. Entrées 7$-29$, plats 34$-49$. V, MC, AE, I. Une cuisine qui puise ses inspirations des recettes de maman pour les réinventer et leur donner une note contemporaine. Derrière cette machination se cache le célèbre chef François Blais et ses acolytes qui tantôt traquent les fruits sauvages, tantôt les truffes. Ainsi, le canard sur broche provient de Saint-Apollinaire pour se retrouver frotté à la fleur d'ail et au vin. Le homard des Iles de la Madeleine est décortiqué puis poché au thym citronné, accompagné d'une bisque corsée et d'une salade de salicorne. Le Québec en saveurs et réinventé nous est servi dans un décor qui sautille entre le passé et le présent. La salle à manger ouvre un grand espace aux murs de pierres anciens, soutenu par des poutres en bois massif et équarries de façon rustique. Un terreau fertile et invitant.

TOAST !

17, rue du Sault-au-Matelot
418-692-1334 | www.restauranttoast.com

Ouvert 18h à 22h30 . TH soir 65$- 75$.Salon privé. Un restaurant, niché en plein cœur du vieux port. Un décor beau et moderne dans une alcôve de briques centenaires, et une gastronomie recherchée qui vous est présentée par des restaurateurs expérimentés, dont le chef Christian Lemelin qui n'en est pas à son galop d'essai. Il n'en fallait pas plus pour qu'on vous invite à porter un toast avec nous à la santé de cette nouvelle étape du Vieux-Québec !

L'UTOPIE

226 1/2, rue Saint-Joseph Est
418-523-7878 | www.restaurant-utopie.com

Le soir du mar-dim à partir de 18h et le midi jeu-ven à partir de 11h30. Fermé lun. TH midi 22$. 3 menus : à la carte (entrées 8-18, plats 26-33, desserts 7-13), à la Bouteille (6 services) 55$ + choix de vin, et le Dégustation (9 services) 90$ ou 150$ avec vin. Service traiteur. V, MC, AE, I. La table, nouvelle expérience artistique ! C'est à dérégler nos sens que nous invitent ces chefs penseurs de la cuisine. Le décor poétique joue avec les matières naturelles. Le bois et le verre se côtoient ; des troncs d'arbre se dressent près d'un imposant cellier de 2000 bouteilles. La recherche se poursuit autour des menus Dégustation, Bouteille ou à la carte. La carte propose des plats avant-gardistes toujours en accord parfait avec l'alcool grâce au savoir des serveurs sommeliers. Un resto à découvrir et à redécouvrir.

Sortir

Théâtre

THÉÂTRE DE LA BORDÉE

315, rue Saint Joseph Est

418-694-9721 | www.bordee.qc.ca

Stationnements payants à proximité. Location de salles, scène principale 350 places et salle Jean-Jacqui Boutet 60 places. Fondé en 1976, ce théâtre est un lieu privilégié pour les spectacles par la qualité de son acoustique et par la convivialité de sa configuration. Quant à la programmation, elle privilégie le corpus québécois et mondial par des pièces riches en émotions et en rires.

GRAND THÉÂTRE DE QUÉBEC

269, boul. René-Lévesque Est

418-643-8131 / 1 877 643-8131

www.grandtheatre.qc.ca

Visites commentées sur réservation, 418-646-6154. Location de salle, Louis-Fréchette : 1873 places, Octave Crémazie : 506 places. Deux salles, Louis-Fréchette et Octave Crémazie accueillent des spectacles de haute qualité et variés : danse, théâtre, musique, opéra, variétés. Une immense fresque murale de l'artiste Jordi Bonet accueille le public dans le plus vieux théâtre de la ville.

SPECTACLES

LE CAPITOLE

972, rue Saint-Jean

418-694-4444 / 1-800-261-9903

www.lecapitole.com

1262 places. Une salle de spectacle qui a du cachet. Créée en 1903, puis abandonnée en 1982 et restaurée en 1992, l'architecture du Capitole est remarquable. En plein cœur de la ville, des concerts, des spectacles, des pièces de théâtre, mais aussi des événements (le festival du Grand Rire) et des conférences y sont organisés. Le Capitole reçoit des spectacles tel Les Misérables, Elvis Story, ou des artistes comme Natacha Saint-Pier, Daniel Bélanger et beaucoup d'autres.

LA CASERNE DALHOUSIE

103, rue Dalhousie

418-692-5323 | www.exmachina.qc.ca

235 à 300 places. Ce centre de création et de production, sous l'égide du magnat de la scène connu internationalement Robert Lepage, accueille des prestations de partout à travers le monde. Sa compagnie Ex Machina y tient ses activités : répétitions de spectacles pour la scène, ateliers de construction de décors et studios de tournage. Des pièces de théâtre, des concerts de musique et des productions cinématographiques sont diffusées dans la grande salle de la Caserne. Toutes sortes de réalisations d'organismes privés s'y tiennent en dehors des spectacles. Celle qu'on appelle la « Boîte noire » est, par son architecture avant-gardiste, un joyau qui place la Ville de Québec sur l'échiquier international.

COLISÉE PEPSI

250, boul. Wilfrid-Hamel

418-691-7110 | www.expocite.com

Des matchs de hockey avec toute l'ambiance voulue dans une salle immense, il faut le dire ! Côté spectacles et concerts, des grosses pointures y font leur show.

LE THÉÂTRE DU PETIT CHAMPLAIN

78, rue Petit Champlain

418-692-2631 | www.theatrepetitchamplain.com

230 places debout. Le théâtre du Petit Champlain ou Maison de la Chanson est peut-être une petite salle, mais elle est vraiment mignonne. À l'entrée, un bar crée un espace agréable et clair, en harmonie avec l'ambiance du quartier. La programmation met

LE CLAP

Magazine publié 7 fois par année, tiré à 100 000 exemplaires. Le Magazine Le Clap, véritable institution pour les cinéphiles de Québec, est distribué gratuitement dans plus de 500 points de dépôt dans l'agglomération urbaine de Québec. Il décrit bien les nouveaux films à l'affiche et donne le programme des cinémas.

l'accent sur la chanson francophone avec des artistes connus ou en voie de le devenir. De la danse, de l'humour prennent aussi place au théâtre.

L'ORCHESTRE SYMPHONIQUE DE QUÉBEC

401, Grande Allée Est

418-643-8486 / 1-877-643-8486 | www.osq.qc.ca
Tout en étant fidèle à la tradition, l'OSQ n'oublie pas de promouvoir le classique et de le réinventer. Yoav Talmi étant aux commandes, la programmation est toujours interprétée avec virtuosité. Cette institution, tout en proposant les pièces connues, n'en oublie pas pour autant son devoir d'éveil et de diffusion. Elle le prouve en dépoussiérant les classiques et en programmant un répertoire plus abordable pour les non initiés. L'OSQ lance régulièrement des initiatives pour intéresser et éveiller petits et grands : les concerts famille Industrielle Alliance, les Matinées symphoniques et Coup de foudre Hydro-Québec.

Danse

LA ROTONDE – CENTRE CHORÉGRAPHIQUE CONTEMPORAIN DE QUÉBEC

Salle Multi de Méduse
591, rue Saint-Vallier Est 418-643-8131
Salle Dina-Bélanger
2047, chemin Saint-Louis (Ste-Foy) Grand studio de la Rotonde : 336, rue du Roi,

bureau 200 418-649-5013
billetterie : 418-643-8131 / 1 877 643-8131
www.larotonde.qc.ca
Selon la salle, adultes : 17-25, jeune public 14$, étudiants, aînés 16$-20$. Spécial matinée 8,50$-12$ pour tous. Abonnements disponibles. Salle Multi : 140 places. Studio d'Essai de Méduse : environ 60 places.
Avec ses spectacles tout en énergie et aux émotions explosives, il est impossible de rester indifférents. Ces productions de danse contemporaine sont d'origine locale, nationale et internationale. En toute intimité, ce centre s'avance vers le public en proposant des rencontres avec les artistes après les spectacles. De plus, la Rotonde propose des animations et des pièces pour adolescents, allant jusqu'à se déplacer dans les écoles. Une équipée tout en mouvement.

Bars et discothèques

BARS

LE BOUDOIR

441, rue du Parvis
418-524-2777 | www.boudoirlounge.com
Ouvert du lun-ven de midi à 3h, sam-dim de 16h-3h. Terrasse. V, MC, AE, I. Venus philosopher ou parler d'affaires, les professionnels et les artistes qui fréquentent ce « boudoir « y apprécient principalement l'ambiance altérée et le design recherché où fusionnent l'orient

et l'occident. Cet endroit immense composé de 3 bars et d'autant de salles diffuse de la musique lounge-fusion, de la musique latine ou des band live. Les martinis et les cocktails contribuent au renom de l'endroit. Menu midi la semaine et à la carte en soirée. Au sous-sol, vous pouvez boire une bière au tout nouveau game-bar. Ici différents jeux et activités interactives sont de la partie : écrans plats, plusieurs consoles de jeux, billard, tables de Baby Foot… Une bonne idée pour les longues après-midis et soirées d'hiver. Quant à la discothèque, la piste de danse vibre toujours littéralement sous vos pieds. Le DJ n'a pas froid aux yeux sous l'éclairage dernier cri. Le nouveau nec plus extra en ville !

BAR PUB LE TURF

1179, av. Cartier | 418-522-9955

Ouvert lun-ven de 11h30 à 3h, sam-dim de 15h à 3h. V, MC, AE, I. Sur deux étages, vous trouverez de l'ambiance, de la vraie. Le Turf est à la fois un restaurant et un bar. Une faune bigarrée s'y donne rendez-vous, que ce soit pour le petit-déjeuner, pour un 5 à 7 ou pour danser. Idéal pour les rencontres, le Turf se transforme en discothèque avec un DJ au premier étage. Profitez des woks à 10 $ le lundi, et sur les burgers le mardi.

PUB L'ECHOUERIE

380, rue Dorchester Sud
418-523-0318 | www.echouerie.com

Menu du jour incluant soupe, plat, café à 11,95 $. Wifi gratuit. Tout le quartier s'y donne rendez vous et les contacts se nouent rapidement. L'été, une grande terrasse ombragée permet de prendre le frais en fin de journée. Les groupes peuvent louer la salle de spectacle, qui accueille jusqu'à 100 personnes. L'Échouerie vous réservera un accueil chaleureux dans un quartier en plein

essor. Des soirées Karaoké sont organisées les vendredis soirs.

BAR SAINT-ANGÈLE

26, rue Sainte-Angèle | 418-692-2171

Ouvert tous les jours de 20h à 3h. Comptant seulement. 40 places. Traditionnellement fréquenté par une clientèle jeune, ce bar attire aussi les plus de 25 ans. À notre avis, le cadre participe à cet engouement. Des lampes créent une lumière tamisée, la boiserie, les vitraux antiques, les pierres et les fauteuils aux tons pourpres instaurent une ambiance intime. La maison est spécialisée dans les cocktails, les bières importées et les micro-brasseries. On termine ici la soirée tout en douceur.

LE CERCLE

228, Saint-Joseph Est
418-948-8648 | www.le-cercle.ca

Ouvert du lun-ven de 11h30 à 3h, sam-dim de 9h à 3h. Cuisine ouverte jusqu'à 1h, Brunchs du weekend dès 9h. Tenant lieu de l'ancienne galerie Rouge, Le Cercle est à la fois un bar à vin, un resto, une galerie d'art et une salle de spectacle. Ce lieu branché est le choix idéal pour prendre l'apéro, un repas léger ou pour finir la soirée entre amis. Partageant sa cuisine avec le restaurant l'Utopie, on vous offre des tapas de tous genres tellement bons que vous risquez d'oublier de souper. Les prix sont abordables et l'ambiance est superbe. Côté musique, vous y ferez de belles découvertes. Pour la programmation, consultez le site web.

SOCIÉTÉ CIGARE

575, Grande Allée Est
418-647-2000 | www.societecigare.com

Ouvert tous les jours de 13h à 3h. V, AE, MC, I. On entre ici dans un salon moderne et confortable tout de cuir vêtu, où on vous invite à découvrir les plus de 200 variétés de cigares répertoriées.

Des dégustations style 5 à 7 y sont organisées régulièrement autour de grands écrans de TV 16/9. Pour amateurs ou novices, car les conseils sont prodigués avec moult explications. L'ambiance musicale est en adéquation parfaite avec le thème principal, jazz and blues.

L'ONCLE ANTOINE
29, rue Saint Pierre | 418-694-9176
Ouvert tous les jours de 11h à 3h. Été : ouverture à 10h.
À la tombée du jour, l'Oncle Antoine accueille surtout une clientèle d'habitués constituée des jeunes qui travaillent dans les restaurants du Petit Champlain et des alentours. Pendant l'après-midi ce sont surtout les touristes qui viennent profiter de la terrasse de ce quartier très prisé. L'intérieur du bar, deux grandes voûtes circulaires, vaut le détour à lui seul ; on peut facilement deviner qu'à l'époque, l'endroit servait aux chevaux. En hiver, le contraste de la chaleur du grand feu de cheminée avec le vent froid donne à ce petit bar une ambiance marine qu'on aime beaucoup. Pour accompagner la quarantaine de sortes de bières disponibles, hot-dogs, nachos et autres repas légers sont servis jusqu'au début de la soirée.

BARS CULTURELS OU À SPECTACLES

BAR LE CHANTAUTEUIL
1001, rue Saint-Jean
418-692-2030
Ouvert tous les jours de 10h à 3h. Grande terrasse à l'arrière. Cette ancienne boîte à chansons créée en 1968 par Gilles Vigneault a vu bien des artistes déambuler : Félix Leclerc, Claude Gauthier, Dorothy Berryman et même Bob Dylan, qui y a tourné un film avec Joni Mitchell. Sans doute est-ce pour cette raison que plusieurs écrivains, journalistes, peintres,

comédiens et autres protagonistes de la scène culturelle viennent encore y papoter. En heureuse compagnie ou un livre à la main, ce lieu mythique sait toujours autant réconforter.

LE BAL DU LÉZARD

1049, 3ᵉ Avenue Limoilou

418-529-3829 | www.lebaldulezard.com

Ouvert tous les jours de 14h à 3h. V, MC, I. Honneur aux petits reptiles qui dansent sur les murs de ce bar de quartier. On va au bal pour son ambiance décontractée, pour le sourire contagieux, pour les 5 à 7 et les hot-dogs européens, les œuvres exposées, les lancements et toute la scène artistique locale qui y brille. Tout le quartier Limoilou se retrouve ici. Les lundis soirs, les jams sont surprenants. On adore la terrasse d'où l'on interpelle des amis pour les inviter à boire un rhum ou une bière importée. La Barberie y propose trois bières en exclusivité. Spéciaux tous les jours de la semaine.

LE FOU-BAR

525, rue Saint-Jean

418-522-1987 | www.foubar.ca

Ouvert tous les jours de 15h à 3h. L'été, du lun-ven de 14h30 3h et sam-dim de 12h à 3h. Un simple coup d'œil aux toiles qu'expose ce bar fou donne le ton. Ce bar de quartier accueille les artistes et une clientèle locale originale, créative et dynamique. Les occasions de tisser des amitiés ne manquent pas : expositions, mardis jazz, nombreux concerts. Le sourire et l'ambiance sont garantis grâce à sa propriétaire Lili, un phénomène connu de tous les habitués !

LE JULES ET JIM

1060, av. Cartier | 418-524-9570

Ouvert tous les jours de 15h à 3h. V, MC, I. « Elle avait des bagues à chaque doigt, des tas de bracelet autour du poignet ». Ce bar adorable oscille entre une ambiance Saint-Germain-des-Prés du temps de Juliette Gréco et une ambiance ciné du temps de Jeanne Moreau. Chansons francophones ou vieux classiques de jazz pour jaser et refaire le monde autour d'un whisky ou d'un scotch, les spécialités de la maison, dans un décor idéal pour les cinéphiles.

LARGO RESTO-CLUB

643, rue Saint-Joseph Est

418-529-3111 / 1-888-529-3111

www.largorestoclub.com

Ouvert tous les jours de 12h à 1h. TH le soir 38-43. V, MC, AE, I. Le Largo Resto-Club séduira à coup sûr les amateurs d'art et de musique ! Ambiance intimiste, cuisine exquise, club de jazz et galerie d'art ; le tout dans une ambiance chic et raffinée. Le menu propose des mets aux allures méditerranéennes qui donnent l'eau à la bouche : escalope de veau aux morilles, tartare de filet mignon, calmar grillé… Une fois rassasié, vous pourrez profiter du concert de la soirée en buvant un verre et en admirant les œuvres d'art exposées du moment.

L'OSTRADAMUS

29, rue Couillard | 418-694-9560

Ouvert tous les jours de 16h30 à 3h. Spéciaux sur la bière. On s'y retrouve pour un café en après-midi, une partie de billard ou pour un spectacle. Ouvert depuis 1973, l'Ostradamus accueille des artistes de

Le Pape Georges

Notre sélection intéressante de vins au verre et notre variété de fromages du terroir québécois apportent à notre vocation un caractère unique. Des artistes musiciens de tous genres accompagneront vos soirées pour une atmosphère chaleureuse et décontractée. Détendez-vous entre nos murs papaux et laissez vos ennuis se consumer à la lueur des chandelles.

Nous vous offrons : des dégustations de fromages du terroir | des charcuteries savoureuses | des sandwiches sur pain baguette | des gaufres farcies | café et dessert | et, bien sûr, des bons vins, des cocktails et de la bière.

418.692.1320 | 8, rue Cul-de-Sac, Québec

partout. Ses soirées électro-lounge, swing, jazz et des jams sessions sont très prisées d'une clientèle jeune et bohème. Sans prétention, les jeudis improvisation rassemblent principalement des étudiants qui viennent se donner en spectacle au deuxième étage. Il n'en coûte rien et l'interactivité des comédiens avec les clients met la table pour une soirée chaleureuse ou les bières de microbrasserie s'enchaînent, tout comme les éclats de rire. Dire que Robert Charlebois, René Lévesque et Paul Piché venaient jadis s'y attabler !

LE PAPE GEORGES
8 ¼, rue du Cul-de-sac
418-692-1320 | www.papegeorges.com
Ouvert : lundi-mercredi de 16h à 3h (ouverture à 12h en été), jeudi-dimanche de 12h à 3h. Verre de vin de 6$ à 9$, bouteille de 32$ à 50$. Assiette de fromages à partir de 7$. Chansonniers et spectacles de blues/ jazz vendredi-dimanche (et mercredi-jeudi en été). Dans cette cave aux solides murs de briques, les spectacles de jazz et de chansonniers font vibrer sans retenue la clientèle confortablement assise devant le foyer. La charmante sélection de vins, les bières de microbrasseries, les bonnes dégustations de fromages et charcuteries servies sont en accord avec la riche tradition de cette maison historique construite en 1790. Même si cet établissement

semble vieux comme le pape, ce nom lui a été donné par le propriétaire qui a ouvert ce bistro en 1984, un dénommé Georges, grand amateur du vin Châteauneuf-du-Pape. D'autres mets délicieux sont servis au bistro, tels que des sandwichs, hot dog européen et casseroles du jour.

LE SACRILÈGE
447, rue Saint-Jean
418-649-1985 | www.lesacrilege.net
Tous les jours de 12h à 3h. V, MC, AE, I. Spectacles de musique et émissions de radio enregistrées en direct. Il ne faut pas passer outre. Ce bar du quartier Saint-Jean-Baptiste réserve toute une surprise à celui qui s'aventure dans son antre. La verrière et la charmante terrasse aménagée dans la cour intérieure en inspirent plus d'un par jours de beaux temps. Les arbres matures, le vieux mur en pierre… Une impression de vacances y plane lorsque le vent glisse sur les feuilles. Huit variétés de bières pression coulent à flot, sans compter les 10 marques de scotch. Ça serait presque un sacrilège de ne pas y faire un tour.

LE SCANNER BISTRO MULTIMÉDIA
291, rue Saint-Vallier Est
418-523-1916 | www.scannerbistro.com
Ouvert lun-ven de 11h30 à 3h, sam-dim de 15h à 3h. Terrasse. Comptant seulement. Ce bar alternatif

est idéal pour prendre une pause et lire ses messages sur le net (accès gratuit). Entre deux bières, il est incontournable de jouer au billard. Le cadre, quant à lui, est très joli, un peu sombre l'hiver, mais ça permet de faire des rencontres. Des projections sur l'écran mural, des jeux vidéos, des baby-foot, des billards et la musique ajoutent encore à l'ambiance. À l'occasion, l'endroit s'anime pour la présentation de spectacles. Des expositions ont lieu régulièrement.

SONAR
1147, av. Cartier | 418-640-7333
Hiver : dim-mer 17h-23h, jeu-sam 17h-3h, été : dim-mer 11h30-23h, jeu-sam 11h30-3h, V, MC, I. Le bar à tapas Sonar, situé sur la dynamique avenue Cartier, attire une clientèle branchée. Ambiance lounge en journée, musique house en soirée ; le Sonar est un bar où l'on aime se retrouver pour un 5 à 7 qui finira souvent tard dans la soirée ! Une trentaine de tapas sont à la carte allant des crevettes marinées à l'ail au citron, aux moules farcies en passant par le traditionnel pain à l'ail. Pour boire avec cela, plusieurs vins espagnols sont conseillés. Après avoir goûté à ces mets hispaniques, laisser vous entraîner par cette ambiance de fête et n'hésitez pas à prolonger la soirée sur les rythmes électroniques des DJ.

TEMPS PARTIEL
698, rue d'Aiguillon
418-522-1001 | www.letempspartiel.com
Ouvert tous les jours de 16h à 3h. V, MC, I. Internet gratuit, billard, piste de danse et spectacles. Pendant plusieurs années, la Fourmi Atomik était l'institution de la contreculture de Québec. Mais en 2001, l'édifice du bar, qui fût construit par les Jésuites il y a 200 ans, s'est affaissé. Les membres de la coopérative ont alors décidé d'ouvrir le Temps Partiel, qui comme son nom l'indique, ne devait être qu'une

transition. Mais 7 ans plus tard, le Temps Partiel est toujours là ! La formule est restée la même excepté le fait que la programmation a élargi son créneau : la musique varie au goût du jour. Les DJs passent du jazz au rock garage. Les promotions quotidiennes sur la bière permettent tous les excès. On y présente des vidéos plutôt rares, parfois même assez lugubres (gothiques).

LES YEUX BLEUS
1117 1/2, rue Saint-Jean
418-694-9118 | www.barlesyeuxbleus.com
Ouvert lun-dim de 20h à 3h. I et comptant seulement. Ce qu'on aime avant tout, c'est le logo, que l'on trouve très drôle. En plus, l'ambiance du lieu lui est tout à fait assortie, et c'est une clientèle bien dans sa peau qui hante l'endroit. Des artistes aussi québécois que chaleureux se produisent pour le plus grand plaisir des amateurs.

BROUE ET MICRO-BRASSERIE

L'INOX
655, Grande Allée Est
418-692-2877 | www.inox.qc.ca
Ouvert tous les jours de 12h à 3h. V, MC et comptant seulement. Anciennement situé dans le Vieux-Québec, l'Inox a déménagé sur la Grande Allée. C'est non seulement un bar agréable avec sa terrasse accueillante, mais c'est en plus une micro-brasserie qui permet au commun des buveurs de bières d'en connaître un peu plus sur cette divine boisson. Les productions brassées en petites quantités sont vraiment excellentes et le cadre comme le service donnent envie de revenir. Des sélections de fromages artisanaux du Québec agrémenteront les dégustations de bières. Les hot-dogs européens font aussi bon ménage. Notre suggestion : saucisse forte hongroise, moutarde douce.

LA BARBERIE

310, rue Saint-Roch

418-522-4373 | www.labarberie.com

Ouvert tous les jours de 12h à 1h. I et comptant seulement. Terrasse. Sélection de bières brassées sur place. Des bières uniques à déguster dans un bar aux allures vikings. Plus de 130 recettes de bières ont été élaborées dans cette brasserie de Québec. Des 5 à 7 de dégustation, des partys de bureau ou autres évènements peuvent être organisés. On vous suggère fortement le carrousel de bières hautement ludique et qui vous fera découvrir les spécialités maisons. Dès qu'il fait beau, profitez de la terrasse, très ensoleillée. On notera que la Barberie est également une coopérative qui s'engage au niveau communautaire. Preuve en est, la bière Brasse-Camarade, dont un certain pourcentage des ventes est versé aux fond du FEECQ (Fond d'Emprunt Économique Communautaire de Québec), venant en aide au financement de projets viables dans la communauté.

PUBS

MO

810, boul. Charest Est | 418-266-0221

Ouvert du dim-mar 11h30 à minuit, mer-sam de 11h30 à 1h. Le courant passe facilement entre les citadins branchés de cette taverne urbaine. La bière coule à flots grâce aux pompes à bières judicieusement dressées sur certaines tables. Il n'est pas étonnant que l'adresse soit connue des professionnels en quête d'un 5 à 7 réussi. Au menu, des tapas copieuses qui sont plus que de simples amuse gueules. L'été, la terrasse permet de se faire voir sur le boulevard Charest. Trop cool, le béton, le métal de la décoration en harmonie avec l'autoroute. Il paraît que Robert Lepage et sa clique connaissent l'adresse.

PUB IRLANDAIS ST-PATRICK

1200, rue Saint-Jean

418-694-0618

Ouvert tous les jours de 11h30 à 3h. Terrasse. V, MC, AE, I. Cet agréable pub irlandais rassemble un grand nombre de boissons importées d'un peu partout, et notamment d'Irlande. Des promotions régulières surgissent pour faire découvrir l'une ou l'autre des bières. Sa particularité : l'entrée rue Couillard permet d'accéder aux autres salles du pub, construites dans d'anciennes voûtes datant de 1749. Un cadre étonnant et à découvrir absolument ! En été, la terrasse donnant sur la rue Saint-Jean est très agréable.

PUB SAINT-ALEXANDRE

1087, rue Saint-Jean
418-694-0015
www.pubstalexandre.com

Ouvert tous les jours de 11h à 3h. V, MC, AE, I. TH du midi de 11,95$ à 14,95$. Cet immense pub avec son bar tout en longueur est impressionnant de par l'incroyable variété de bières (plus de 250 sortes) et de scotchs (35) qu'il propose. L'Irlande est au rendez-vous, mais également l'Allemagne, la Belgique et l'Angleterre. La vingtaine de bières pression est servie en respectant toute la tradition. La choucroute qu'on y sert est présentée avec autant de finesse puisqu'elle est macérée sur place. La table est bonne : grillades, saucisses, burgers, pizzas… Sans oublier l'ambiance avec des groupes invités plusieurs fois par mois les fins de semaine.

LES SALONS D'EDGARD

263, rue de Saint-Vallier Est | 418-523-7811

Ouvert mer-dim de 16h30 à 2h. Fermé de mi-juin à la fête du Travail. V, MC, I. Une belle place à l'ambiance jazzy et feutrée où se réunissent des gens de tous les styles et de tous les âges. On se croirait presque dans le décor d'une pièce de théâtre avec les grands rideaux et la lumière tamisée. On s'assoit autour d'une table illuminée par une chandelle pour un 5 à 7. Pour cette occasion on conseille le porto-fromage ou le porto-chocolat. On vient aussi pour jouer au billard, dans la grande pièce du fond avec ses 5 tables.

DISCOTHÈQUE DANCING

PALACE CABARET

955, boul. Pierre-Bertrand, Vanier
418-688-0380 | www.palacecabaret.com

Ouvert dim-mer de 9h à 1h, jeu-sam de 9h à 3h. V, MC, AE, I. Une des plus grandes pistes de danse de la capitale. L'éclairage suit la fine pointe de la technologie. Le DJ vous bombarde de 10 000 watts de son, question de nous faire frémir jusque dans la moelle. Il est facile de croire au rêve dans ce décor de chute d'eau, de fontaine, de lumières imitant le faste des grands casinos de Las Vegas. Sans compter les machines à loterie et les tables de billard. Le palace Cabaret est aussi un complexe multiservices en journée.

CROISIÈRES AML LOUIS JOLLIET

Quai Chouinard
418-692-1159 / 1 800-563-4643
www.croisieresaml.com

Embarquement 23h30, jeudi et vendredi. Départ : minuit, durée : 2h. Renseignez- vous sur les tarifs en vigueur. L'unique discothèque flottante à Québec! L'été, dansez à la belle étoile : rencontres, ambiance, musique et danse à ciel ouvert sont au rendez-vous !

LE DAGOBERT
600, Grande Allée Est
418-522-0393
www.dagobert.ca

Ouvert tous les jours de 21h30 à 3h. V, MC, AE, I. Entrée : 3-5. Le « Dag », comme disent les habitués, est le lieu de rencontre des oiseaux de nuits prêts à se trémousser toute la nuit au son de la musique. Et quelle musique ! Les DJs maison alternent et vous servent une musique à grand renfort de technologie (écrans, lumières et sons sophistiqués). De la mezzanine, il faut voir ce spectacle, et les filles ! Une façon comme une autre de dénicher le bon parti… Tous les horaires des spectacles sont disponibles sur le site Internet.

MAURICE
575, Grande Allée Est
418-647-2000
www.mauricenightclub.com

Ouvert dim-mar de 20h à 3h, mer de 20h à 3h, jeu 23h-3h, ven de 20h30 à 3h, sam de 22h à 3h. Entrée dim, lun, mar gratuit, mer-jeu 4$, ven-sam 5$. V, MC, AE, I. Cette maison étrange, reconnaissable entre toutes, réunit sous le même toit quatre bars sur trois niveaux avec des ambiances différentes et un restaurant exotique, le Voo Doo Grill. Côté ambiance, la programmation musicale alterne dance, latino, R&B et jazz. L'intérieur est beau et bien travaillé. L'ambiance y est. Une clientèle élégante s'y donne rendez-vous. Dépaysement garanti dans ce haut lieu des nuits de Québec. Quant à l'origine du nom de ce complexe de la nuit, il faut savoir que l'édifice a accueilli le siège social du parti de l'Union nationale de Maurice Duplessis… Voilà pour la petite histoire. Pour ce qui est de l'actualité, le mercredi soir et le vendredi soir, vous pourrez enflammer la piste de danse sur des airs latino.

LE CHARLOTTE ULTRA LOUNGE
575, Grande Allée Est
418-647-2000
www.mauricenightclub.com/iiix/charlotte

Ouvert dim-mar de 21h à 3h, mer-sam de 20h à 3h. Entrée dim, lun, mar gratuit, mer-jeu 4$, ven-sam 5$. V, MC, AE, I. Un bar à digestifs à l'ambiance principalement lounge, situé à l'étage supérieur du Maurice. Les soirées rétro ne laisse personne indifférent.

AFTERHOUR

TERMINAL NIGHT-CLUB
700, av. Nérée-Tremblay, Sainte-Foy
418-683-4864 | www.terminalnightclub.com

Ouvert jeu-sam de 2h à 8h. Pour vivre des nuits sans fins, il n'y a rien de tel que de se dépenser dans un after hour. Justement, ce « terminal » dit être le plus gros du genre à Québec avec ses deux salles de musique électronique et ses trois « chill rooms ». La mezzanine permet d'observer ce beau spectacle… On croit « raver » ! Gay –friendly

TAVERNE 321
889, côte Sainte-Geneviève | 418-524-5000

Ouvert tous les jours de 11h à 3h. Terrasse. Comptant seulement. Ce bar aux allures de pub de quartier, machines à sous comprises, rassemble une population majoritairement masculine, mais tout le monde y est le bienvenue, gai ou pas. Il est fréquenté par une clientèle de tous âges et est bien implanté dans le quartier Saint-Roch. Combien de rencontres ont eu lieu autour du billard du 321 ! Les clients sont plutôt des habitués fuyant l'agitation de la rue Saint-Jean.

LE DRAGUE
815, rue Saint-Augustin
418-649-7212 | www.ledrague.com

Ouvert tous les jours de 10h à 3h. V, MC, I. Au menu, les jeudis et dimanches, des hommes qui, l'espace d'une soirée, empruntent

les traits et la sensualité des femmes pour vous divertir. Mylène Farmer, Madonna, Cher et une kyrielle d'autres chanteuses s'accomplissent devant une foule majoritairement masculine. Dans le bar adjacent à la salle de spectacle, l'ambiance est plutôt propice aux rencontres, on peut aussi jouer au billard. La section discothèque vaut le détour avec sa mezzanine grillagée. L'ambiance est de la partie !

CLUBS DE DANSEUSES / SPECTACLES

CABARET CAROL

7241, Wilfrid-Hamel Ouest, Sainte-Foy
418-872-2582 | www.cabaretcarol.com

Ouvert ven de 11h30 à 3h, sam-jeu de 14h à 3h. V, MC, AE, I. Amateur de jeux et amoureux du risque ? Des loteries vidéo occuperont votre esprit. Amateur de sensualité et amant de la beauté ? Des nymphes aux sourires angéliques occuperont vos yeux. Amateurs de volupté et amant de caresses ? De jolis seins et fesses occuperont vos mains. Le Carol est par conséquent tout indiqué pour prendre quelques heures de plaisir. Les loges VIP, les isoloirs, tout contribue à un peu d'intimité avec votre danseuse préférée.

CABARET LADY MARY ANN

915, boul. Charest | 418-686-5089

Ouvert du lun-ven de 11h30 à 3h, sam de 15h à 3h et dim de 19h à 3h. Un spectacle en continu vous présente plus d'une trentaine de jolies danseuses dans ce cabaret à deux étages. Banquettes, salons privés, cigare lounge et section VIP sont aménagés pour votre confort et pour répondre à tous vos désirs. Pour

ceux qui en n'ont pas assez de regarder avec les yeux, rendez-vous à l'un des salons de danse extrême. Danses contacts disponibles.

LE FOLICHON

6300, boul. Wilfrid Hamel
418-871-1477 | www.folichon.com

Ouvert lun de 17h à 3h, mar-ven de 11h30 à 3h, sam de 17h à 3h. Fermé dim. V, MC, AE, I. Dans une mise en scène théâtrale, les danseuses arrivent par la droite descendant un escalier, les plus sensuelles iront s'étendre sur le sofa et les plus hardies iront se doucher sous la fontaine. Un cigare lounge est disponible à l'étage d'où il est possible de jeter un œil sur la scène et contempler un solo, duo ou trio de filles sur le lit érotique. Les isoloirs sont au même étage, non fermés pour s'assurer que toutes respectent la règle. Salons VIP très confortables. Pour 15 $, il est possible de faire danser la déesse pour vous seul.

CLUBS DE DANSEURS

BAR LE BUGS

1965, rue Franck Carrel | 418-683-3730

Ouvert lun-mar de 18h à 3h, mer-ven de 14h-3h, dim de 20h à 3h. Club de danseurs et danseuses mixte. 2 spectacles par soirée. Le Bugs est populaire auprès des femmes qui viennent fêter leur fin de vie de jeune fille et qui veulent en avoir plein la vue... Les danseur(ses) viennent à la table. Un salon VIP est aussi aménagé afin de permettre un peu plus d'intimité. Bref, on ne s'ennuie pas car à toutes les heures les danseurs se succèdent sur la musique techno, pour des danses parfois très élaborées. Possibilité de se restaurer sur place.

Magasinage

Beauté

COIFFEUR

ATELIER DE COIFFURE LA CABOCHE
191, rue Saint-Joseph Est
418-525-8888

Ouvert mar-ven de 8h à 19h, sam de 8h à 16h. Fermé dim-lun. V, MC, I. Un salon qui se démarque sur la rue Saint-Joseph par son design moderne. L'équipe de coiffeurs jeunes et branchés s'occupe de vous à merveille. Du shampoing à la coupe, toutes les étapes sont exécutées à la perfection. Les mèches sont splendides et le choix de coloration très varié. On en sort beau, rajeuni, prêt à croquer dans la vie!

BICHAT COIFFURE
75, Grande Allée Est
418-525-4708

Ouvert mar-sam de 7h30 à 17h30. Fermé dim-lun. V, MC et comptant. En passant devant le Bichat on se laisse séduire par cette devanture digne des grands salons de coiffure de Paris. Une entrée imposante certes, mais un service très sympathique. Ici, les coiffeurs sont de grands professionnels, ils vous prennent en main et c'est avec raison que vous leur faites confiance. En sortant du salon, on a l'impression d'être une star. On a passé un beau moment, et on attend avec impatience notre prochain rendez-vous.

JUMBO JUMBO
165, rue Saint-Jean
418-525-8626

Ouvert lun de 11h30 à 20h30, mar-ven de 9h à 20h30, sam de 8h30 à 17h, dim de 9h à 17h. Coupe femme : 32-44, hommes 23-29. Couleur : 34-40. V, MC, I. Dans une des maisons anciennes de la rue Saint-Jean, Jumbo Jumbo vous prend avec ou sans rendez-vous. Ce beau local, qui vient tout juste d'être entièrement rénové, accueille des coiffeurs dynamiques prêts à créer la coupe de vos rêves et ils ne sont pas avares de conseils.

LA MAIN DE VOTRE COLORISTE
1976, rue De Bergerville, Sillery
418-527-5977

Ouvert lun de 9h à 17h, mar-ven de 9h à 21h, sam de 8h à 17h. Couleur de base 32,99$. Coupe, couleur et mise en plis 70$. Dans ce décor où le rouge flamboie, les coiffeuses s'activent avec énergie autour des clients. Pour avoir une tête dynamique tout en accord avec sa personne, ce styliste-visagiste-coloriste est à l'écoute des gens qu'il sert. Ceux qui franchissent le seuil de ce salon peuvent littéralement être métamorphosés en super-star. Du panache, de la gueule, de l'excès, il ne suffit que d'un claquement des doigts et le tour est joué.

LEE LOVE
821, rue Saint-Jean
418-524-5683

Ouvert lun-ven de 10h à 20h, sam de 10h à 18h, dim de 11h à 18h. V, MC, I. Coupe : 42,50$ et +. Coloration : 45$ et plus. Salon de coiffure au style décapant où on se fait masser le crâne au son d'une musique cool par des doigts d'enfer pour 45$. Les masques capillaires s'imprègnent lentement dans les cheveux pendant qu'on flâne dans un jacuzzi aménagé sur la terrasse. Il faut savoir que les coiffeurs sont fichés comme d'anciens mauvais garçons! Pour vraiment prendre son pied, on termine la petite visite par la boutique érotique pour femmes qui jouxte le salon. Les accessoires de jeux coquins côtoient des petites culottes amusantes aux dessins de mangas. Que de plaisir!

À la recherche d'un cadeau original

Pour dénicher un cadeau sortant de l'ordinaire, confectionné au Québec, par un artisan, le quartier du Petit Champlain, dans la Basse-Ville, mérite une visite. Pour la liste de toutes les boutiques : www.quartierpetitchamplain.com

COSMETIQUES

CANDEUR

113, rue Saint-Paul

418-353-1683 | www.candeur.com

On sait qu'on arrive près de cette petite boutique de la rue Saint-Paul lorsque des effluves florales, épicées ou fruités nos passent sous le nez. À l'intérieur, on se retrouve face à une panoplie de produits faits à la main et à base de produits du terroir. Tout le monde peut y trouver son compte ; jolis pains de beauté en forme de camée, savons faits à partir de produits du terroir et toute une gamme de produits pour le bain. Quelle fragrance choisirez-vous ? Lavande, muguet, bleuet, chocolat, menthe, pamplemousse, pois de senteur…

DANS UN JARDIN

2600, boul. Laurier, Place de la Cité

418-651-3191

Ouvert lun-mer de 9h30 à 17h30, jeu-ven de 9h30 à 21h, sam de 9h30 à 17h, dim de 12h à 17h. V, MC, AE, I. Enseigne québécoise fondée en 1983, Dans un jardin se spécialise dans les produits pour la toilette quotidienne, notamment pour le bain. Cette belle boutique, très lumineuse présente une grande variété d'huiles végétales essentielles, savonnettes, gels moussants et sels de bain, gels douche aux senteurs multiples dans des gammes féminines et masculines. La maison distribue également trois lignes de produits pour les bambins : « Coccinelle » , « Pois de senteur » et « Princesse Jujube » aux parfums fruités, sans alcool ni colorant, enrichis de cire d'abeille et de vitamine E. La gamme des produits Decléor inspirée par l'aromathérapie vise à associer la senteur au bien être. La ligne « Parfum de cuisine » contient des bocaux d'herbes à infuser, de confitures, d'épices et des flacons d'huiles d'olives artisanales. *Autres adresses : Galeries de la Capitale, 5401 boul. des Galeries 418-623-2911, Place Laurier, 2700 boul. Laurier Ste-Foy 418-653-5886.*

FRUITS ET PASSION

Galeries de la Capitale

418-621-5053 | www.fruits-passion.com

Ouvert lun-mer de 9h30 à 17h30, jeu-ven de 9h30 à 21h, sam de 9h à 17h, dim de 10h à 17h. V, MC, AE, I. Pour trouver une boutique « Fruits et Passion », il suffit de fermer les yeux et de se laisser guider par son odorat. Des senteurs de mûres et de cassis vous attirent irrémédiablement à l'intérieur pour découvrir toute une gamme de bains moussants, des poudres, des sels de bain, des huiles de massage, des parfums d'intérieur, des savons multicolores. Difficile de résister à toutes ces bonnes odeurs, à ce ballet multicolores de flacons de toutes les formes. *Autres boutiques : 75, rue du Petit Champlain 418-692-2859, Place Laurier 2700, boul. Laurier 418-650-0302.*

SEPHORA

Place Ste-Foy

1 877 SEPHORA | www.sephora.com

Ouvert du lun-mer de 9h à 17h30, jeu-ven de 9h30 à 21h, sam de 9h30 à 17h, dim de 10h à 17h. Au grand plaisir des amoureuses de Sephora,

le géant français des cosmétiques et parfums s'installe à Québec. Avec son concept de libre expérience, les clients sont invités à se balader au travers la boutique librement tout en testant les produits. Une équipe de conseils-experts demeure sur place pour répondre aux questions. Avec des marques exclusives comme CK Beauty, Laura Geller, Stila, Make Up for Ever, Marc Jacobs, Vera Wang et Pink Sugar, il y a de quoi y passer une bonne partie de la journée.

SPA

L'ATTITUDE
71, rue Crémazie Ouest
418-522-0106 / 1 888 603-0106
www.attitudemassotherapie.com
Ouvert lun-ven de 9h à 20 h, sam de 9h à 17h, dim de 11h à 17h. Comptant ou chèque seulement. L'Attitude est un centre de relaxation et de massothérapie. Le mercredi est placé sous le signe de la détente avec un rabais au niveau des massages. Ce jour-là, pour environ 45 minutes de massages, il faut compter 35$. Leurs horaires sont parfaits pour s'offrir un bon moment de relaxation après le travail, on en sort tellement serein. Plusieurs formations de massothérapie sont proposées, allant du cours d'initiation au perfectionnement professionnel.

IZBA SPA
36, boul. René-Lévesque Est
418-522-4922 | www.izbaspa.qc.ca
Ouvert lun-mar de 9 h à 19h (17h le lun en été), mer-ven de 9 h à 22h, sam-dim de 9 h à 17h. V, MC, AE, I. Entre autres particularités, vous y trouverez un bar à oxygène et des soins de massothérapie inspirés de la méthode russe du Banya, qui fait alterner des soins aux feuilles et au miel. Elle procure une belle sensation sur le corps et donne à la peau une souplesse et une fermeté incomparables.

Izba spa possède également des bains tourbillons. *Comptez environ 75$ pour un soin du visage et 70$ + pour un massage.*

Vêtements

LE SERAPHIN
738, rue Saint-Jean
418-522-2533
www.boutiqueseraphin.com
Ouvert lun-mer et sam de 10h à 18h, jeu-ven de 10h à 21h, dim de 11h à 17h30 (jusqu'à 21h tous les soirs en été, sauf le dim 19h). V, MC, I. Une boutique mixte remplies de T-shirts aussi équitables que design, de jeans bien coupés, de petites robes rigolotes… Bref, une bonne adresse streetwear avec quelques grandes marques et des affaires à faire pendant les soldes.

SCHÜZ
748, rue Saint-Jean
418-523-4560
Ouvert lun-mer et sam de 10h à 18h, jeu-ven de 10h à 21h, dim de 11h à 17h30 (jusqu'à 21h tous les soirs en été, sauf le dim 19h). V, MC, AE, I. Le godillot increvable, la basket marrante, les sandales design… Elles y sont (presque) toutes! Et pourtant la boutique n'est pas bien grande. La sélection est soignée et vous serez sûr de ne pas avoir la même paire que tout le monde.

CODE VERT
586B, rue Saint-Jean
418-524-4004
www.codevert.ca
Une boutique de mode urbaine à 100% éthique qui a pour but de sensibiliser la population à la consommation responsable et à l'environnement en offrant des vêtements certifiés équitables recyclés et/ou en fibres naturelles. Parmi les collections que l'on y retrouve, un grand choix de créations québécoises.

HARRICANA

44, côte de la Fabrique
418-204-5340 | www.harricana.qc.ca

Ouvert du lun-sam de 10h à 20h, dim de 11h à 18h.
La boutique renommée de Mariouche Gagné à Montréal a maintenant pignon sur rue à Québec. Il est désormais possible de vous procurer des créations de cette designer québécoise, qui a fait sa marque avec ses vêtements et accessoires faits à partir de fourrures recyclées. Vous serez vite charmer par les créations d'Harricana. Collections hiver, été, pour la maison et accessoires.

URBAIN PRET À PORTER

996, ave. Cartier
418-521-1571

Ouvert du lun-mer de 10h à 17h30, jeu-ven de 10h à 21h, sam de 10h à 17h, dim de 12h à 17h. Cette boutique s'adresse directement aux fashionistas avec ses vêtements urbains et branchés de grande marque. Sur deux étages, on vous présente des exclusivités Diesel, Miss Sixty, Ed Hardy, Yumi et autres grands noms de la mode. Surveillez les soldes, elles en valent le coup. Au 2e étage, l'espace U, tout un monde de chaussures qui vous attend !

Idées cadeaux

BET POKER

418, rue Caron
418-529-2345 | www.betpoker.com

Ouvert mar-mer de 11h à 17h, jeu-ven de 11h à 20h, sam de 11h à 17h, dim-lun fermé. Amateurs de jeux de carte ! Voici la boutique idéale pour vos soirées. Bet Poker offre tout ce qui entoure le monde des cartes ; jetons de poids, tables à jouer, livres spécialisés, accessoires pour agrémenter vos parties et tournois et même des t-shirts pour les vrais fanatiques. Possibilité de louer de l'équipement pour des événements spéciaux.

BOUTIQUE CANADEAU

1124, rue Saint-Jean
418-692-4850 | www.canadeau.com

Ouvert tous les jours de 10h à 18h (jusqu'à 19h en été). V, MC, AE, I. Située dans le Vieux-Québec, cette boutique spécialisée rend hommage à l'artisanat canadien, et plus précisément à l'art inuit. La pièce maîtresse de leur collection : l'ammolite, LA pierre précieuse du Canada. Sa couleur ? Pas une mais plusieurs, oscillant entre l'orangé et le vert. À part ça, quelques bijoux et autres pièces amérindiennes valent le coup d'œil.

BOUTIQUE DES MÉTIERS D'ART

29 rue notre Dame, Place Royale
418-694-0267 | www.metiers-d-art.qc.ca

Du 24 juin à début sept de 9h30 à 22h. Le reste de l'année fermeture à 21h le jeu-ven. V MC, AE, I. Cette très belle boutique a pour objectif la promotion de la création contemporaine des métiers d'art au Québec. Les jolies pièces exposées sont pour la plupart, confectionnées par des artisans québécois. Il s'agit du regroupement du travail d'environ 135 artisans. Bref, c'est un lieu idéal pour trouver un beau cadeau et promouvoir l'artisanat local.

KETTO

951, av. Cartier
418-522-3337 | www.kettodesign.com

Ouvert lun-mer de 10h à 17h (jusqu'à 19h en été), jeu-ven 10h-21h, sam-dim 11h-17h. Julie St-Onge Drouin est une artiste québécoise qui a commencé en créant des bijoux en céramique. Elle nous présente ici l'intégralité de ses créations. Le design déluré de petits personnages rigolos se retrouve sur des tee-shirts, de la vaisselle, des pots de fleurs, des cartes postales, des autocollants, des bijoux, des miroirs, et même des bobettes. Mais surtout, tout ici est fait à Québec, en commençant par

sa peinture, produite en Basse-ville. C'est mignon et rigolo, parfait pour faire un cadeau.

MACHIN CHOUETTE

225, Saint-Paul

418-525-9898 | www.machinchouette.com

Ouvert lun-mer et sam de 10h à 17h, jeu-ven de 10h à 18h, dim de 12h à 17h. V, MC, I. Déplorant le nombre d'objets laissés à l'abandon, une équipe de quatre filles a cherché à les réintégrer tout en les rendant utiles et fonctionnels… Et ce, sans les altérer, juste pour leur donner une seconde vie. Et c'est ce qui rend cette boutique si originale. À partir d'objets sentant le vieux bois, récupérés d'un peu partout, on se retrouve avec des meubles pas banals du tout. Prenez une vieille boîte servant à transporter le beurre et vous vous retrouvez avec un tabouret tout confort. Avec beaucoup de doigté, un mannequin devient lampadaire et une vieille valise se change en table. Que d'imagination ! Et attention, ces métamorphoses sont toujours différentes les unes des autres, ce qu'on précise avec courtoisie.

O PETITES DOUCEURS DU QUARTIER

51, rue du Petit-Champlain | 418-692-4870

Juillet-août ouvert du lun-sam de 9h30 à 21h et dim de 9h30 à 17h , sept-oct du lun-mer de 9h30 à 17h30, jeu-ven de 9h30 à 21h, sam-dim de 9h30 à 17h, nov à mars du lun-mer de 10hà17h, jeu-ven de 10h à 21h, sam-dim de 10h à 17h, avr à juin lun-mer de 9h30 à 17h30, jeu-ven de 9h30 à 21h, sam-dim de 9h30 à 17h. Nouvellement installée dans le Petit Champlain, cette boutique est gérée par un couple Belge-Français ayant entrepris des commerces aux quatre coins du monde. Du Madagascar à la Martinique, c'est le Québec qu'ils ont choisi pour finalement s'installer. O Petites douceurs du Quartier est une charmante boutique où l'on retrouve une panoplie d'idées cadeaux pour tous les âges. Toutous, bonbons, produits gourmands du Québec, objets décoratifs d'artistes québécois et d'ailleurs, article de cuisine, chandelles et encore plus. Caroline, la proprio charmante comme tout, se fera un plaisir de vous assister dans vos recherches.

POINT D'EXCLAMATION – OBJETS R'ART

762, rue Saint-Jean

418-525-8053 | http ://point-12.spaces.live.com/

Ouvert de 9h à 22h l'été, fermeture plus tôt certains jours pour le reste de l'année. Plus de 40 artistes québécois font vitrine dans cette charmante galerie-boutique de la rue Saint-Jean. Un décor épuré fait que tout l'attention du client est porté vers les œuvres colorées. Mode, bijoux et accessoires sont les principaux créneaux de la boutique.

LE ROQUET

141, rue Saint-Paul

418-694-2245 | www.leroquet.com

Ouvert tous les jours de 11h30 à 17h30, été de 9h30 à 21h. V, MC, AE, I. Vous recherchez une façon originale pour déclarer votre amour ? Alors, le leitmotiv du 'Roquet', imprimé sur des tee-shirts, va peut-être vous inspirer : « têtu, rebelle et authentique » lit-on en dessous d'un dessin de roquet ! Autres petites idées rigolotes : une tête de fillette se posant la question : « moi, tannante ? » ou encore un chiot qui se déclare « imprévisible, sensible et irrésistible ». Pour son beau-père, pourquoi ne pas opter pour le tablier représentant un serveur qui « vend de la piquette » ? Bref, pleins de bonnes idées, sur des tee-shirts, sacs ou tablier. 25 $ le tee-shirt à manches courtes, 35 $ pour les longues. *Autre adresse : 34, boul. Champlain (418-266-2872) ouvert 9h30-17h30, été jusqu'à 21h.*

Rue Saint Paul : la rue des antiquaires

La grande majorité des antiquaires se regroupe rue Saint-Paul, dans le Vieux Port. Un lieu sympathique pour faire du lèche-vitrine.

GALERIE D'ART BROUSSEAU ET BROUSSEAU

35, rue Saint-Louis
418-694-1828 | www.sculpture.artinuit.ca
Ouvert tous les jours de 9h30 à 18h (17h30 en basse saison). V, MC, AE, I. Une galerie superbe pour les férus d'art Inuit ou tout simplement pour les curieux car cet art si particulier vaut le temps de s'y attarder. Les étagères créent des cadres qui soulignent magnifiquement toute la beauté des courbes et des couleurs des sculptures. Un personnel extrêmement qualifié et qui ne manque pas de vous faire découvrir les subtilités, les mythes et légendes de cette culture ancestrale.

OH! BOIS DORMANT

84 ½, rue du Petit Champlain
418-694-7474
Ouvert lun-mer de 9h30 à 17h30, jeu-ven de 9h à 21h, sam-dim de 9h30 à 17h, été tous les jours de 9h à 21h. V, MC, AE, I. Dans cette boutique, on rend hommage au bois. Et en plus, on le fait dans le souci de l'environnement, puisque les pièces fabriquées sont en bois recyclé, en commençant par le magnifique comptoir de caisse. Les pièces exposées sont faites par des artistes québécois. La gamme de pièces est large : meubles, vases, tableaux, bijoux, et diverses figurines en bois tourné. On retrouve également quelques objets en verre. Une belle façon de découvrir l'artisanat québécois.

Fleurs

FLEUR CONCEPT

263, rue Saint-Paul
418-692-5040 / 1 800-520-5040
www.fleurconcept.com
Ouvert lun-mer de 8h30 à 17h30, jeu-ven de 8h30 à 21h, sam de 8h30 à 17h, dim de 12h à 17h. V, MC, AE, I. Il ne faut pas se laisser impressionner par la taille des fleurs à l'entrée du magasin. Inévitablement on croit être replongé dans l'univers d'Alice au pays des merveilles. À l'intérieur, les fleurs reprennent des proportions plus classiques ! Les prix sont sensiblement les mêmes qu'ailleurs mais on obtient en plus un vaste choix et des créations florales originales. Les fleurs sont entreposées dans un immense frigo ouvert. Des vases, des plantes vertes remplissent la boutique. En prenant son temps et en tenant compte de ses coups de cœur, le bouquet prendra vie sous vos yeux émerveillés par tant de grâce.

FLEUR D'EUROPE

916, av. Cartier | 418-524-2418
Ouvert lun-ven de 9h30 à 17h30, sam de 9h à 17h. Fermé dim. V, MC, I. Des fleurs, des plantes partout.. un air de savane savamment

agencée règne chez ce fleuriste. On y trouve de l'aide, des conseils, un sourire. Pour vous ou pour offrir, vous repartez avec un joli bouquet.

FLEURS DU JOUR – GALERIE FLOWER BOX

1287, ave. Maguire
418-682-4140
www.fleursdujour.ca | www.flowerbox.ca
Ouvert du lun-mer de 9h à 18h, jeu-ven de 9h à 19h, sam de 9h à 17h, dim de 10h à 17h. Fleurs du jour prépare des arrangements floraux originaux loin du classique bouquet de roses. Avec une belle sélection de plantes et de fleurs remarquables, on croit plutôt être devant une œuvre d'art. Pour les amoureux de plantes qui ont un espace restreint, une boutique Flower Box se trouve au 2e étage. De jolies boîtes en aluminium, en céramique ou en carton que l'on accroche au mur remplacent le traditionnel cache-pot. Jolie et moderne, une décoration qui ne prend pas trop d'espace.

ORCHIDEE

1068, av. Cartier
418-529-0739
Ouvert lun-mer de 9h à 17h30, jeu-ven de 9h à 21h, sam de 9h à 17h30, dim de 10h à 17h. V, MC, AE, I. Des belles fleurs dont la fraîcheur est garantie par un arrivage régulier. Elles viennent de Hollande, d'Amérique du Sud et d'ailleurs. Des roses, des iris… Elles peuvent être livrées dans le monde entier grâce à Téléflora. Des bouquets de fleurs séchées réalisés par la propriétaire constituent une belle alternative. Un réaménagement de la boutique laisse maintenant voir les artisans à l'ouvrage.

AU SALON FLEURI

135, Saint-Joseph Est
418-524-5218 / 1 800 661-5218
www.salonfleuri.com
Ouvert lun-jeu de 8h30 à 17h, ven de 8h30 à 21h, sam
8h30-17h. Fermé dim. V, MC, AE, I. Situé dans la basse-ville, le siège social de cette entreprise qui compte plusieurs adresses à Québec offre une large sélection de plantes et de fleurs. Les arrangements floraux sont magnifiques et le choix très varié. Le service est impeccable et les employés sont des passionnés.

Pour enfants

BOUTIQUE L'ÉCHELLE

1039, rue Saint-Jean
418-694-9133 | www.boutiquelechelle.com
Ouvert lun-mer de 10h30 à 17h, jeu-ven de 10h30 à 21h, sam de 10h à 17h, dim de 12h à 17h. Été : tous les jours de 10h à 23h, V, MC, AE, I. Sans doute s'agit-il de l'échelle menant dans ce grenier à merveilles. Enfants comme adultes s'emballent pour les mille babioles que l'on peut y retrouver. Les étagères sont accessibles aux petites mains curieuses d'attraper les marionnettes, les camions, les voitures miniatures. Pour les plus grands, on retrouve une grande variété de peluches, crayons, porte-clefs, tirelires et autres poupées russes. Quelques bracelets et bijoux de fabrication artisanale ont également leur place, quand au choix des autocollants, il rappelle l'époque des collections. Les grands enfants optent pour les pantins, les cuillères en bois d'érable ou bien les gigueux fabriqués au Québec.

BENJO

543, Saint-Joseph Est ou 550, Charest Est
418-640-0001 | www.benjo.ca
Lun-mer 10h00-17h30, jeu-ven 10h00- 21h, sam 9h30-17h, dim 9h30-17h. Est-ce un rêve ou la réalité ? Celui qui franchit la porte de cet univers du règne de l'enfant ne restera pas indifférent devant autant de merveilles. Des jouets à perte de vue s'étalent sur 25 000 pieds carré. Un train électrique sillonne le magasin. A

son bord, on traverse les quinze départements de cette grande surface. Une piste de course géante, un théâtre de marionnette, une fabrique de toutous, un cirque miniature, une maison de poupées géante, un mur de Lite Brite sont quelques-uns des attraits de cet univers magique. Benjo c'est aussi un atelier Resto Brico où les petits et grands artistes bricolent, peignent sur de la céramique, du papier mâché, des boîtes décoratives et le lieu privilégié des fêtes d'enfants. Attention ! Le retour à l'enfance est contagieux !

Livres et disques

DISQUAIRES

ARCHAMBAULT
1095, rue Saint-Jean
418-694-2088 | www.archambault.ca
Ouvert tous les jours de 9h30 à 21h. V, MC, AE, I. Il n'est pas étonnant que cette filiale de Quebecor Média soit la référence en musique. Son choix de CD s'étend sur quatre étages. La section de musique francophone n'est pas laissée pour compte. Un certain choix de livres et magazines est proposé. On peut s'amuser à trouver où se cachent les quelques instruments de musique. *Autres succursales : Place Sainte-Foy, 2450, boul. Laurier, 418-653-2387 ; La Capitale, 1580, boul. Lebourgneuf, 418-380-8118.*

HMV
Place Fleur de Lys, 550, boul. Wilfrid-Hamel
418-524-3591
Ouvert lun-mer de 9h30 è 17h30, jeu-ven de 9h30 à 21h, sam de 9h-17h, dim de 10h à 17h. V, MC, AE, I. À l'intérieur de cette succursale, de jeunes amateurs s'affèrent autour des comptoirs de rap, alternatif, dance, electronica. On trouve aussi de la soul et de la country, mais surtout une importante sélection de disques heavy metal qui attire les adeptes. Une section vend aussi des films d'action, souvent assez sanguinaires, en langue originale américaine. Les beaux locaux de l'étage du haut s'ouvrent au jazz et au classique. *Autres succursales : La Capitale, 5401, boul. des Galeries, 418-623-0730, Ste-Foy, Place Laurier, 2700, boul. Laurier 418-658-4302.*

PLATINE
115, ch. Sainte-Foy
418-529-8174
www.platine.ca
Ouvert lun-mer de 11h à 17h30, jeu-ven de 11h à 21h, sam de 11h à 17h, dim de 11h à 17h. V, MC, AE, I. Difficile d'identifier clairement le genre de musique : hardcore, techno ou punk. Le jargon est l'excuse poussant le curieux à se joindre à la conversation. Nul n'est en reste devant le choix des CD. Quelques tables tournantes servent davantage à être exposées qu'à être vendues. À la sortie, les « flyers » annoncent des expériences encore plus enivrantes ; à moins qu'on se résigne à les garder en guise de cartes-souvenirs.

SILLONS
1149, rue Cartier
418-524-8352 / 1 800 287-7455
www.sillons.com
Ouvert lun-ven de 10h à 21h, sam de 10h à 17h, dim de 11h à 17h. V, MC, AE, I. Un registre impressionnant de musique du monde s'y concentre, précisément délimité par des sections divisées d'après les provenances : Europe, Afrique, Asie, Océanie, etc. L'inventaire privilégie la musique francophone, la pop rock, le jazz et le classique. Parce que la musique emprunte souvent des routes sinueuses, ce disquaire fait aussi connaître les artistes locaux et indépendants. Un choix solide, à en juger les affiches des diverses formations et chanteurs irréductibles, fièrement annoncés dans la boutique.

UN COIN DU MONDE

1150, av. Cartier | 418-648-1562

Ouvert tous les jours de 9h à 22h (21h le dim). V, MC, AE, I. Réservation, mise de côté, commande spéciale. Un petit coin où l'on vient feuilleter en toute tranquillité le dernier numéro de son magazine fétiche parmi une vaste sélection, ou encore, découvrir les nouvelles tendances de l'industrie musicale. Grâce aux postes d'écoute, on passe de la sélection des incontournables du classique, de la pop franco et anglo au blues et aux trames sonores.

LIBRAIRIES

ARCHAMBAULT

1095, rue Saint-Jean

418-694-2088 | www.archambault.ca

Ouvert tous les jours de 9h30 à 21h. V, MC, AE, I. Archambault se spécialise dans la musique mais des livres y sont néanmoins vendus. *Autres succursales : Place Sainte-Foy, 2450, boul. Laurier, 418-653-2387; La Capitale, 1580, boul. Lebourgneuf, 418-380-8118.*

LA BOUQUINERIE

1120, rue Cartier | 418-525-6767

Ouvert lun-mer de 9h30 à 18h (21h en été), jeu-ven de 9h30 à 21h, sam de 9h30 à 17h30, dim de 10h à 17h30. V, MC, I. Cette jolie petite librairie généraliste est agencée avec goût. Les employés y sont particulièrement souriants. Les rayons de littérature étrangère et québécoise, de poésie, de roman, de science fiction et de philosophie sont très bien fournis. Les livres pour enfant sont nombreux. Si vous habitez le coin, vous risquez d'y croiser votre voisin : cette bouquinerie n'est plus un secret pour les résidents du quartier.

LA BOUTIQUE DU LIVRE

Place de la Cité 2600, boul. Laurier | 418-651-4935

Ouvert lun-mer de 9h à 17h30, jeu-ven de 9h à 21h, sam de 9h30 à 17h, dim de 12h à 17h. V, MC, AE ,I. Ce spécialiste du livre d'art et d'œuvres littéraires se fait un plaisir de présenter ses livres avec un certain cachet. Ainsi, les sections récits de voyages et romans historiques sont bien en vue. Les étudiants raffoleront de cette librairie qui propose un bon éventail de livres pour tous les domaines.

GLOBE TROTTER

Place de la Cité, 2600, boul. Laurier

418-654-9779

Ouvert lun-mer de 9h-17h30, jeu-ven 9h-21h, sam 9 h30-17h, dim 12h-17h. V, MC, AE, I. La librairie de voyage de référence : Pierre et Isabelle connaissent la planète comme leur poche et les catalogues des éditeurs de guides n'ont aucun secret pour eux. Le nombre de titres proposés est impressionnant et même si vous projetez de partir en Arménie ou en Guinée Bissau, en Slovénie ou aux Açores, vous trouverez ici de quoi préparer votre voyage. Un grand coup de chapeau à cette librairie que tous les globe-trotters peuvent bénir.

LIBRAIRIE DU NOUVEAU-MONDE

103, rue Saint-Pierre | 418-694-9475

Ouvert tous les jours de 9h à 18h. V, MC, I. Service de commandes et de recherches bibliographiques. Depuis 1980, cette librairie est la référence en édition québécoise. Aussi, ce local cumule les livres sur ses larges tablettes de bois massif : littérature, histoire générale et régionale, politique, anthropologie des autochtones, généalogie, arts de la table, objets de patrimoine et même jardinage. Elle relève tous les défis lancés par le lecteur. Le service ne fait pas languir, le personnel répond aux questions sans rougir. Une section est attribuée aux cartes. L'inventaire des dictionnaires permet de s'y retrouver. Une référence pour faire le tour des attraits du pays.

LIBRAIRIE PANTOUTE

1100, rue Saint-Jean

418-694-9748

www.librairiepantoute.com

Ouvert tous les jours de 10h à 22h (dim à partir de 12h). V, MC, AE, I. Service de recherche bibliographique, vente en ligne ou par la poste. D'après le registraire du gouvernement québécois, « pantoute » n'est pas un mot français. Les fondateurs ont donc justifié leur verbiage en agglutinant les noms « Pandore « , « Toutankhamon « et « Thétis « . Un jeu de mots à l'image de l'humour de cette librairie digne d'être appelée « institution « , avec plus de 25 ans d'expertise dans le domaine. Le magasin tient avec ordre et rigueur tout ce que la littérature a pour caprice. En haut des jolies étagères, règne le regard critique des plus grands écrivains immortalisés sur clichés. La mezzanine offre un panorama sur la plus grande librairie à Québec. À l'entrée, une sélection d'ouvrages recommandés et commentés par les libraires est fort utile. *Autre adresse : 286, rue Saint-Joseph Est, 418-692-1175.*

LIBRAIRIE VAUGEOIS

1300, av. Maguire, Sillery

418-681-0254

Ouvert lun-mer de 9h30 à 18h, jeu-ven de 9h30 à 21h, sam de 9h30 à 17h. Fermé dim. V, MC, I. Une belle librairie dotée d'un répertoire des plus variés. Les bouquins sont choisis avec amour par la propriétaire qui est fière de sa section québécoise, l'une des plus riches en ville. Le rayon des livres pour enfants est très élaboré. On peut également commander les livres qui ne seraient pas sur les étagères. Et pour les lecteurs assidus, le club 13/12 est une belle manière d'économiser : quand vous aurez acheté 12 livres, vous obtiendrez un bon cadeau d'une valeur d'un douzième de la totalité de vos achats.

RENAUD-BRAY

Galeries de la capitale

5401, boul. des Galeries

418-627-5480 | www.renaud-bray.com

Ouvert lun-mer de 9h30 à 17h30, jeu-ven de 9h30 à 21h, sam de 9h à 17h, dim de 10h à 17h. V, MC, AE, I. Renaud-Bray reste une référence en matière de librairies au Québec. Une grande chaîne très bien approvisionnée dans pratiquement tous les types de littératures. Outre les livres qui occupent la plus grande place, on trouve des espaces pour les disques, les jouets, les jeux, la papeterie, les revues et une section réservée aux enfants. Si vous êtes un peu déboussolé par tant de choix, Renaud-Bray vous propose une sélection de « coups de cœur » toujours très judicieux. *Autres adresses : Place Laurier 2700 boul. Laurier, 418-659-1021 du lun-dim de 9h-22h.*

LIVRES ET DISQUES USAGÉS

BOUQUINISTE LA REVERIE

21, rue Saint-Angèle

Charmante petite librairie à deux pas de la rue Saint-Jean. Belle sélection de livres usagés bien catégorisés. On y trouve des nouveautés en bon état et à très bas prix. Un bouquiniste comme on les aime ; petit, pas cher et un accueil sympathique de son propriétaire Jean-Jacques Beaulieu qui se fera un plaisir de répondre à vos questions et de discuter avec vous de sa ville bien aimée.

LE COLISÉE DU LIVRE

175, rue Saint-Jean

418-647-2594

Ouvert tous les jours de 10h à 21h. V, MC, I. Livres ou disques usagés à des prix dérisoires, dont la majorité est francophone. Pour les romans, ce sont de vraies aubaines. On trouve des livres neufs à prix réduits. On pratique l'échange.

Pour les vieux livres, soit on récupère la moitié du prix de vente fixé en bon d'échange, soit le quart en argent. On note un gros effort au niveau du classement et de la qualité des livres. À l'étage, on trouve une section parfaite pour les étudiants : sciences pures et humaines assez d'actualité. Également une belle section de livre pour enfants.

LE COMPTOIR DU LIVRE

726, rue Saint-Jean
418-524-5910

Ouvert tous les jours de 10h à 21h. V, MC, AE, I. On y passe des heures de plaisir à fouiner, à trouver le livre que l'on cherche ou tout simplement à tomber sur le livre que l'on ne pensait pas lire de sitôt. C'est bien rangé, le propriétaire n'hésite pas à vous aider et à chercher avec vous. Des dictionnaires, des romans, des BD et des CD ainsi que des superbes livres de voyages et de photographies créent un ensemble très riche. Les gros consommateurs de livres ou les moins dépensiers opteront pour un ouvrage d'occasion. *Autre adresse : 215, rue Saint-Joseph Est 418-525-6402.*

LIBRAIRIE À LA BONNE OCCASION

24, boul. René-Lévesque Est
418-647-0477

Ouvert lun-ven de 10h30 à 17h45, sam de 11h30 à 17h. V, MC, I. Le bouquiniste donne d'emblée le ton avec son humour et ses jeux d'esprit. Il clame d'ailleurs qu'il préfère parler plutôt que de vendre et que « ce n'est pas les bons livres qui se raréfient mais l'être humain ». Et quand on s'attarde sur ses livres et quand on les aime… On ne peut être que ravi de la richesse de la collection, (théologie, mathématique, histoire, économie, science-fiction, BD, arts…), de ces belles reliures et de cette bonne odeur. « Attention, des livres se

cachent ! », s'exclame un client. Bref, il faut prendre son temps pour dénicher son coup de cœur du moment ou pour retrouver un livre qui n'est plus publié. Il a aussi un grand choix de CD en musique classique, jazz…

LIBRAIRIE HISTORIA

155, rue Saint-Joseph Est
418-525-9712

Ouvert lun-ven de 11h à 18h, sam de 11h à 17h, dim de 11h à 17h30. I et comptant seulement. Toute petite librairie qui sent bon la pipe et les vieux bouquins. Vous trouverez de tout ici mais essentiellement des livres d'histoire, romancés ou non, et même des périodiques comme les revues Historia ou Miroir de l'Histoire. Alors farfouillez un peu et vous dégoterez de petits trésors.

CD MELOMANE INC.

248, rue Saint-Jean
418-525-1020 | www.cdmelomane.com

Ouvert lun-mer de 10h à 18h, jeu-ven de 10h à 21h, sam de 10h à 17h, dim de 12h à 17h. V, MC, AE, I. Un large répertoire de CD neufs et usagés, mais aussi des DVD. Pour les amoureux de vinyles, des pièces de collection sont également disponibles. La maison propose le service de vente et d'échange. Mais le plus futé c'est la clinique du docteur mélomane. Mélomane, un médecin spécialiste qui répare vos CD, DVD et PlayStation. Sans oublier l'option transfert de 33 tours, de vidéo, sur CD ou DVD.

MUSIQUE DU FAUBOURG

623, rue Saint-Jean
418-529-4848 | www.musiquedufaubourg.com

Ouvert lun-mer de 9h30 à 17h30, jeu-ven de 9h30 à 21h, sam de 9h30 à 17h, dim de 12h à 17h30. V, MC, AE, I. Un magasin spécialisé dans la vente, achat et échange de CD, DVD. Mais aussi en instruments de musique à prix défiant toute concurrence. Ce qu'on apprécie ici en tant que

consommateur c'est la fameuse formule de taxes incluses. Un répertoire intéressant et des prix futés.

LE COMPTOIR DE L'AVENTURE – BOUTIQUES VOYAGES

51, rue des Jardins
418-692-0937 / 1 888-692-9965
www.comptoiraventure.com
Ouvert de lun-ven de 9h à 17h, sam-dim fermé.
Le Comptoir de l'aventure propose de nombreux voyages de plein air au Québec, en Nouvelle-Écosse, en Colombie-Britannique, à Terre-Neuve et au Maine ; vélos, randonnée pédestre, kayak de mer, observation de la faune en sont que des exemples.

VOYAGE GLOBE-TROTTER

970, av. Cartier
418-529-7717 / 1 877 529-7717
www.voyagesglobetrotter.com
Ouvert lun-mer de 9h30 à 17h30, jeu-ven de 9h30 à 20h, sam de 10h à 16h. Fermé dim. V, MC, AE, I. Une agence de voyage certes, mais qui propose un grand nombre de guides de voyage. Lina Audet et son équipe vous accueillent et sauront vous conseiller dans vos choix, quelle que soit la destination.

Centres commerciaux

LES GALERIES DE LA CAPITALE

5401, boul. des Galeries
418-627-5800 | www.galeriesdelacapitale.com
Ouvert lun-mer de 9h30 à 17h30, jeu-ven de 9h30 à 21h, sam de 9h à 17h, dim de 10h à 17h. Situé à quelques minutes seulement de tous les points stratégiques, Les Galeries de la Capitale est une des principales destinations shopping et divertissement de Québec. Le centre

offre un choix de 280 boutiques, dont Simons, Sears, La Baie, Zellers, Gap, Renaud-Bray, Sports Experts, Future Shop, H&M et Mexx ainsi que 28 restaurants. Il comprend le Mega Parc, le deuxième plus important parc récréatif intérieur en Amérique du Nord avec ses 20 attractions, de même que six salles de cinémas Fortune et le plus grand écran IMAX au pays. Information touristique, vestiaire, prêt de poussettes et de fauteuils roulants, salles d'allaitement et tables à langer sont également disponibles sur place gratuitement.

PLACE DE LA CITÉ

2600, boul. Laurier, Sainte-Foy
418-657-6920 | www.placedelacite.com
Ouvert lun-mer de 9h30 à 17h30, jeu-ven de 9h30 à 21h, sam de 9h30 à 17h, dim de 12h à 17h. Fermeture des halles d'alimentation à 18h lun-mer et sam-dim. Plus de 150 boutiques, services et halles d'alimentation, Place de la Cité abrite des boutiques exclusives (les bijoux Agatha, par ex.). Un centre récréosportif, un salon de quilles, des halles d'alimentation s'y trouvent aussi.

PLACE FLEUR DE LYS

552, boul. Wilfrid-Hamel
418-529-0728 | www.place-fleur-de-lys.com
Ouvert lun-mer de 9h30 à 17h30, jeu-ven de 9h30 à 21h, sam de 9h à 17h, dim de 10h à 17h. Dans un décor assez original, ce centre commercial accueille plus de 250 boutiques dont Sears, La Baie, Maxi, Zellers, La Source. Grand, spacieux, il est situé à quelques minutes de la basse-ville et du centre-ville de Québec. Un centre de sport Énergie Cardio est aussi sur place.

PLACE LAURIER

2700, boul. Laurier, Sainte-Foy
418-651-5000 / 1 800-322-1828
www.laurierquebec.com
Ouvert lun-mer de 10h à 17h30, jeu-ven de 10h à 21h, sam de 9h à 17h, dim de 10h à 17h. Il est immense,

éclairé, beau, c'est le plus grand centre commercial de l'Est du Canada. Les accros du magasinage trouvent leur bonheur parmi 350 magasins dont 43 restaurants. Sears, Zellers, La Baie, Renaud Bray y ont élu domicile. Juste après les ponts de Québec, au cœur de la nouvelle ville, Place Laurier réunit une multitude de services dont une halte-garderie, des bureaux de change et des guichets automatiques.

PLACE STE-FOY
2452, boul. Laurier, Sainte-Foy
418-653-4184 | www.placestefoy.ca
Ouvert lun-mer de 9h30 à 17h30, jeu-ven de 9h30 à 21h, sam de 9h30 à 17h, dim de 10h à 17h. Si vous faites dans l'ordre les trois centres commerciaux de Sainte-Foy, armez-vous de courage. On débute par Place Sainte-Foy qui abrite un Simons, une multitude d'autres boutiques et une trentaine de restaurants.

Voyage

CAA-QUÉBEC
500, rue Bouvier, bureau 202
418-624-8222 / 1 877-222-0107
www.caaquebec.com
Ouvert lun-mer de 9h à 17h30, jeu-ven de 9h à 20h, sam de 10h à 16h. Fermé dim. V, MC, AE, I. Le CAA offre des services pour les automobiles mais aussi pour le touriste. Une agence de voyage mais aussi d'assurances, des cartes et des itinéraires pour les voyages et des chèques de voyage American Express sans frais y sont disponibles. *Autre succursale : Place de la Cité, 2600, boul. Laurier, 418-653-9200.*

VOYAGE GLOBE-TROTTER
970, av. Cartier
418-529-7717 | www.voyagesglobetrotter.com
Ouvert lun-mer de 9h30 à 17h30, jeu-ven de 9h30 à 20h00, sam de 10h à 16h. Fermé dim. V, MC, AE, I. Un coup d'œil aux guides de voyage présents sur les tablettes suffit à nous convaincre que cette agence dessert toutes les destinations de la planète. Un service vraiment parfait y est offert par l'équipe de Lina Audet. On cherche le meilleur prix, on vous fait parvenir vos billets même si vous êtes à Tombouctou. Bref, ils se démènent avec sourire. Le résultat est évident, on en fait SON agence de voyage.

VOYAGE LAURIER DU VALLON
1660, ch. Saint-Louis, Sillery
418-687-4172 | www.laurierduvallon.com
Ouvert lun-ven de 9h à 17h30, sam sur rendez-vous. Fermé dim. V, MC, AE, I. En Europe, dans le Sud, partout dans le monde, cette agence regorge d'idées et de destinations. Très sérieuses, les conseillères ne sont pas avares en conseils. Elles rassurent les anxieux sur les conditions de vols et l'hébergement, elles vous expliquent tout. Serviables et attentionnés, les membres de cette petite équipe vous étonneront.

VOYAGE VASCO
970 Avenue Cartier | 418-529-7717
6655 boulevard Pierre-Bertrand | 418-622-9111
1100 Bd Chaudière | 418-948-8488
2500 chemin des Quatre-Bourgeois,
Sainte Foy | 418-653-6110
305, 76e rue Ouest, Charlesbourg | 418-948-2440
1 888 628-2726 | www.voyagevasco.com.
Les heures varient selon les agences. V, MC, AE, I. Votre petit coin de paradis est à portée de main ! Ces spécialistes du voyage et des croisières vous promettent mers et mondes. Le personnel est à l'écoute afin de s'ajuster au goût du voyageur. On y va pour les forfaits vacances, les circuits, les croisières mais aussi pour les occasions de dernière minute, très avantageuses, et les vols secs. L'équipe a un penchant pour les destinations en Europe, Asie, Mexique, aux Caraïbes, en Amérique du Sud et du Nord et en Afrique. Le monde est à vous !

Étudiants

Apprendre

INSTITUTIONS MAJEURES

UNIVERSITÉ LAVAL

2325, rue de l'Université

418-656-3333 | www.ulaval.ca

L'université de la capitale, située sur un grand campus, un peu à l'extérieur du centre-ville. Les formations offertes sont réputées pour leur qualité. On y retrouve les disciplines classiques, arts et sciences, administration, sciences infirmières… et des programmes un peu plus novateurs. Pour en savoir plus, visiter le site Internet.

ECOLE NATIONALE D'ADMINISTRATION PUBLIQUE

555, boul. Charest Est

418-641-3000 | www.enap.uquebec.ca

L'ENAP est un établissement d'enseignement supérieur qui est voué à la formation et au perfectionnement des gestionnaires publics. Elle dispense un enseignement de deuxième et de troisième cycle. Trois champs principaux caractérisent cet enseignement : l'analyse des politiques, l'analyse des organisations et l'évaluation des processus et des techniques de gestion. L'ENAP collabore également avec d'autres institutions universitaires et est argement impliquée dans divers projets de coopération, notamment en Afrique et en Amérique latine.

INSTITUT NATIONAL DE LA RECHERCHE SCIENTIFIQUE (INRS)

490, rue de la Couronne

418-654-4677 | www.inrs.uquebec.ca

Consacré à la recherche, l'INRS offre aux étudiants une formation de haut niveau. Avec plus de 20 programmes d'enseignement, quatre centres de recherche et 350 professeurs, l'INRS saura satisfaire la soif de connaissance et de recherche de tout jeune scientifique dans des domaines aussi variés que l'environnement, les télécommunications, l'urbanisation ou la virologie.

TÉLÉ-UNIVERSITÉ (TELUQ)

455, rue du Parvis

418-657-2262 / 1-888-843-4333

www.teluq.uquebec.ca

Avec la Télé-Université vous pouvez acquérir une formation universitaire à partir de chez vous. Avec 87 programmes et plus de 350 cours, le retour aux études n'aura jamais été aussi facile !

LES COLLÈGES

CÉGEP DE SAINTE FOY

2410, ch. Sainte-Foy

418-659-6600

www.cegep-ste-foy.qc.ca

Avec ses 130 ans d'histoire, le Cégep de Sainte-Foy accueille chaque année plus de 6300 étudiants. Soucieux de l'épanouissement de l'étudiant, le collège a mis en place tout le nécessaire pour concilier études et vie sociale stimulante ! Sans oublier la panoplie d'activités parascolaires qui leur est suggérée. Avis aux intéressés : un programme sport-études y est offert. Une institution dynamique pour des jeunes à la recherche de défis.

CÉGEP LIMOILOU

1300, 8e Avenue

418-647-6600 | www.climoilou.qc.ca

L'émancipation de sa personne passe par un enseignement de qualité visant à parfaire ses connaissances, favoriser un mode de vie sain pour mieux s'engager dans la société. Ce cégep sait comment former ses quelques 9000 élèves. Avec près de 30 programmes pré-universitaires ou techniques, il propose aussi un volet sport-études

et un enseignement coopératif. Chef de fil en technologie de pointe, il se spécialise en optique/photonique.

COLLÈGE FRANÇOIS-XAVIER-GARNEAU
1660, boul. de l'Entente
418-688-8310 | www.cegep-fxg.qc.ca

Un collège spécialisé dans la santé, la justice, les affaires internationales et les arts. La qualité de l'enseignement et le professionnalisme du personnel de ce cégep lui valent sa renommée. Un établissement qui concilie modernité et excellence.

COLLÈGE MÉRICI
755, Grande Allée O.
418-683-1591 / 1 800 208-1463
www.college-merici.qc.ca

Fondé en 1930 afin d'accueillir les Ursulines, ce collège est un établissement de renom, situé dans un décor enchanteur, en bordure des plaines d'Abraham. Un maximum de 1200 étudiants bénéficient d'un enseignement privé et mixte à dimension humaine. En plus des programmes pré-universitaires, le collège se spécialise dans les techniques de tourisme, de gestion des services alimentaires et de restauration, des techniques de gestion hôtelière, d'orthèses et de prothèses orthopédiques, de recherche sociale et d'éducation spécialisée. Il est toujours bon d'avoir plus d'une corde à son arc!

LES ARTS DE LA SCÈNE

CONSERVATOIRE D'ART DRAMATIQUE DE QUÉBEC
31, rue Mont Carmel
418-643-2139
www.conservatoire.gouv.qc.ca

Le Conservatoire d'art dramatique de Québec dispense une formation complète et post-collégiale aux personnes qui désirent faire une carrière d'acteur. Deux champs de spécialisation : la formation de comédiens professionnels et la scénographie, qui mène aux métiers de décorateur de théâtre et de dessinateur de costumes. Le corps professoral, constitué de grandes vedettes, accompagne les jeunes artistes durant trois années.

CONSERVATOIRE DE MUSIQUE DE QUÉBEC
270, rue Saint-Amable
418-643-2190
www.conservatoire.gouv.qc.ca

Institution d'enseignement qui a vu le jour en 1943, et dont Wilfried Pelletier fut le fondateur et le directeur de 1942 à 1960. De nombreux professionnels de la musique y ont été formés depuis, instrumentalistes, chanteurs et compositeurs. On y suggère un éventail de cours les uns plus intéressants que les autres : alto, violon, violoncelle, contrebasse, piano, orgue, clavecin, guitare, harpe, flûte, basson, clarinette, cor, hautbois, saxophone, trombone, trompette, percussions, chant, direction d'orchestre, composition, composition électroacoustique.

ÉCOLE DE CIRQUE DE QUÉBEC
750, 2e avenue
418-525-0101
www.ecoledecirque.com

Localisée dans une ancienne église au cœur du quartier Limoilou, cette école vise à promouvoir les arts du cirque en formant des artistes compétents. Des formations complètes sont offertes, mais des cours de loisirs pour tous sont également disponibles (trampoline, jonglerie, échasses, monocycle, trapèze, danse et encore plus).

WWW.RATE MYPROFESSORS.COM

Au tour des élèves de donner une note à leur professeur. Même si cet exercice n'a rien de scientifique- parfois le verdict ne repose que sur un ou deux commentaires- il est intéressant de se préparer mentalement à l'année scolaire qui nous attend. De nombreux profs québécois sont répertoriés sur le site.

ÉCOLE DE DANSE DE QUÉBEC

310, boul. Langelier, bureau 214
418-649-4715
www.ecolededansedequebec.qc.ca

Un programme de technique de danse contemporaine en collaboration avec le Cégep de Sainte-Foy et reconnu par le ministère de l'Éducation, du Loisir et du Sport. En partenariat avec la commission de la capitale, un programme danse-étude (niveau primaire et secondaire) est disponible. Enfin, pour les amateurs de danse des cours de différents niveaux sont proposés et ce, pour tous les âges.

LANGUES

BERLITZ

900, boul. René-Lévesque, bureau 850
418-529-6161
www.berlitz.ca

Un incontournable dans l'enseignement des langues. Toutes les majeures y sont représentées au sein de l'équipe permanente ; pour les besoins plus pointus, on se charge de trouver un prof qualifié qui enseignera sa langue maternelle. Les cours sont individuels ou donnés en petit groupe ; on se déplace même pour des besoins d'entreprise. Pour des besoins spécifiques et des objectifs précis, le programme sera personnalisé à souhait. Mais toujours, l'emphase est mise sur une approche conversationnelle facile, où prime l'acquisition des connaissances linguistiques pratiques. S'y donnent également des cours d'orientation interculturelle, de même que des évaluations linguistiques au profit d'entreprises voulant évaluer des employés potentiels.

CENTRE DE LANGUES INTERNATIONAL CHARPENTIER

1135, ch. Saint-Louis, Sillery
418-780-2200
www.clicnetwork.com

Une approche agréable pour apprendre les langues, la méthode Charpentier, un outil pédagogique testé depuis 25 ans et continuellement amélioré. Cette formule permet à l'étudiant de recevoir des cours en petits groupes ou encore des cours privés s'il le souhaite. Il s'agit d'un programme d'enseignement sur mesure qui respecte les particularités du jeune apprenti.

ECOLE DES LANGUES

Université Laval, Québec, Sainte-Foy
418-656-2321
www.elul.ulaval.ca

L'École des langues enseigne le français (langue seconde ou étrangère et langue maternelle) et d'autres langues : allemand, anglais, arabe, chinois, espagnol, italien, japonais, polonais, russe et vietnamien. Le nombre élevé de professeurs étrangers vous permettra de pratiquer votre nouvelle langue et de vous améliorer en continu.

INFORMATIQUE ET MULTIMÉDIA

COLLÈGE BART

751, côte d'Abraham

418-522-3906 / 1 877 522-3906 | www.bart.qc.ca

Situé dans le Vieux-Québec, ce collège a été fondé en 1917. Traditionnellement voué à la formation de techniciens administratifs, il vient d'élargir ses horizons en intégrant un D.E.C. en programmation web et réseau, en gestion de réseaux et enfin en animation 2D/3D. Plusieurs A.E.C sont également offerts ainsi que des formations en ligne.

COLLÈGE CDI

905, av. Honore-Mercier, Bureau 20

418-694-0211 / 1 866 789-1904

www.collegecdi.com

Alors que les logiciels de toutes sortes envahissent le marché, les besoins du milieu des affaires pour des programmeurs qualifiés ne cessent de croître. Selon un concept de flexibilité tout à fait unique, l'enseignement y est personnalisé, et les horaires de cours d'une souplesse rarement vue dans le monde de l'enseignement. De plus, les 32 campus formant le réseau de ce collège partout au Canada permet à l'étudiant de se rapprocher de l'employeur éventuel. Une aide à la recherche d'emploi ciblée selon les forces de l'étudiant complète le panorama des services offerts.

COLLÈGE O'SULLIVAN DE QUÉBEC

840, rue Saint-Jean

418-529-3355 / 1 866 944-9044

www.osullivan-quebec.qc.ca

Connu depuis plus de 60 ans comme expert en formation de personnel de soutien administratif, le collège s'adapte aux besoins du monde actuel. Son nouveau programme d'informatique de grande qualité en est la preuve. Différents A.E.C sont offerts. Le collège forme des webmasters, infographistes et animateurs 3D, programmeurs et concepteurs en solutions net et enfin des spécialistes en réseautique. Des diplômés hautement qualifiés, prêts à travailler.

FORMATIONS DIVERSES

L'ATTITUDE

71, rue Crémazie Ouest

418-522-0106 / 1 888 603-0106

www.attitudemassotherapie.com

La formation professionnelle conçue par le professeur et fondateur Michel Van Waeyenberge est une reconnue par le ministère de l'Éducation, du Loisir et du Sport. Elle est conforme aux exigences de la Fédération des massothérapeutes de Québec. Son équipe forme des spécialistes des massages Amma, Californien et Esalen. Enfin, pour les amateurs, des cours d'initiation sont également disponibles.

COLLÈGE DE COIFFURE DE QUÉBEC

334, rue Saint-Vallier Ouest

418-522-9944

www.collegecoiffurequebec.com

Une formation privée sur mesure. Les sessions débutent au mois de septembre et de février et les cours ont lieu le jour ou le soir. Une formation rapide et de qualité. Vous terminerez celle-ci par un stage dans le milieu des affaires et le service de placement vous accompagnera dans votre recherche d'emploi.

COLLÈGE RADIO TÉLÉVISION DE QUÉBEC

751, Côte d'Abraham

418-647-2095 | www.crtq.net

La formation au CRTQ se conclut par

une attestation d'études collégiales en animation radio télévision. Le personnel enseignant est constitué de professionnels qui vous introduisent au monde réel des studios de la radio. Vous participerez à l'enregistrement d'émissions variées et vous apprendrez à évoluer dans le monde des communications. Votre formation durera deux sessions de neuf mois. Les conditions d'admissibilité sont très exigeantes, mais vous sortez avec un diplôme reconnu par l'État et prêt à commencer votre vie active.

ÉCOLE MKO
2336, ch. Sainte-Foy, Ste-Foy
418-659-5553 | www.masso-mko.com
Fondée en 1984, cette école se spécialise dans la formation de professionnels en massothérapie, kinésithérapie et orthothérapie. Avec un équipement à la fine pointe de la technologie et un personnel enseignant compétent, l'école a construit sa notoriété.

Magasinage

MAISON EMMAÜS
915, Saint-Vallier Est | 418-692-0385
Ouvert lun-mer de 8h30 à 17h30, jeu-ven de 8h30 à 21h, sam de 9h à 17h. Fermé dim pour le magasinage, mais ouvert de 9h à 17h si vous voulez vous départir de certains de vos biens personnels. V, MC, I. D'accord il faut s'armer de patience pour venir à bout des quatre étages bien garnis du fameux comptoir Emmaüs : vêtements, accessoires, articles ménagers. Au dernier étage, les électroménagers sont stratégiquement alignés. Le choix faramineux permet de bien choisir son morceau. Le service est très chaleureux, on cherche avec vous et on repère pour vous.

ARMÉE DU SALUT
89, rue Saint-Joseph Est | 418-522-2763
1125, ch. De la Canardière | 418-641-0050
Plusieurs succursales. Les meubles et les électroménagers y sont presque donnés. C'est l'endroit tout indiqué pour trouver la bonne affaire ! Les plus démunis pourront bénéficier d'une foule de services. L'achat devient ici acte de solidarité.

SOCIÉTÉ SAINT-VINCENT-DE-PAUL
Comptoir de Frédéric : 2901, ch. Sainte-Foy
418-651-3993
Plusieurs succursales. Ouvert lun-ven de 10h à 16h30, sam de 9h à 13h. Meubles, électroménagers et petits appareils trouvent ici facilement preneur. Un organisme qui a beaucoup de cœur et qui vient en aide à tout type de personnes dans le besoin.

BOUCLAIR
Place Laurier
418-657-3672 | www.bouclair.ca
Plusieurs succursales. Ouvert lun-mer de 9h30 à 17h30, jeu-ven de 9h30 à 21h, sam de 9h à 17h, dim de 10h à 17h. V, MC, AE, I. Pour ceux qui disposent de temps, Bouclair peut être une alternative économique et originale. Confectionner soi-même une nappe, des rideaux, quelques coussins, agrémente intelligemment son logis. Également des accessoires de cuisine, de salles de bain et quelques lampes et petits meubles à prix compétitifs.

www.retrouvailes .ca

Site permettant de retrouver d'anciens compagnons de classe. Qui sait ? La rencontre pourrait mener à l'organisation d'un party retrouvailles monstre ! Plus de 19 000 membres inscrits.

ZONE

999, av. Cartier | 418-522-7373 / 1 877 845-3532
www.zonemaison.com

Ouvert lun-mer de 9h30h à 18h, jeu-ven de 9h30 à 21h, sam de 9h30 à 17h30, dim de 10h à 17h. V, MC, AE, I. Des idées de décoration à foison, de beaux objets pour ceux qui aiment les matières modernes : bois, verre, métal. Les articles de cuisine et de décoration (lampes, rideaux, vases, chandeliers) suivent la tendance et s'échangent à bon prix.

Voyage

VOYAGES CAMPUS

Université Laval, Pavillon Pollack, local 1258
418-654-0224 | www.voyagescampus.com

Ouvert lun-ven de 9h30 à 17h. Ça voyage au bureau. Le service n'en demeure pas moins attentif aux moindres volontés des étudiants. L'agence négocie directement avec les lignes aériennes. Malgré la queue au comptoir, on prend le temps de planifier. La carte ISIC permet d'économiser près de 40% sur les tarifs ferroviaires et aériens et bien d'autres surprises. Le programme Vacances Travail permet de prendre de l'expérience à l'étranger tout en s'amusant.

Sorties

BARS, PUBS ET DISCOTHÈQUES

Il n'y a pas de meilleure thérapie que celle de s'éclater entre amis. Sur la piste de danse ou autour d'un bock de bière, il est facile de se laisser aller. Pour éviter de vider son porte-monnaie, surveiller les spéciaux des 5 à 7. Plusieurs endroits proposent des 2 pour 1 sur les alcools.

LE CACTUS

814, rue Myrand, Sainte-Foy
418-527-9111 | www.cactusquebec.com

Ouvert tous les jours de 11h à 3h. Cuisine, terrasse, télévision. Une faune estudiantine y afflue, venue profiter du célèbre spécial sur les ailes de poulet à 0,40 $ les lundis. Il semblerait que les étudiants de l'Université Laval aient commencé cette tradition il y a plusieurs années lorsque la populaire émission de télévision « La petite vie » était diffusée le lundi soir. Sinon, l'endroit se trouve parmi les plus fréquentés par les 20-25 ans de Sainte-Foy qui viennent y manger et boire de façon très animée. L'ambiance y est !

PUB-X

2300, ch. Sainte-Foy, Sainte-Foy | 418-658-7829

Ouvert lun-sam à partir de 15h, dim à partir de 19h. De l'extérieur, le pub-X, ancien entre-cours, se fait très discret, soustrait à la vue, dans le sous-sol de l'hôtel Universel. Par contre, situé entre deux cégeps et l'Université, il est un des endroits de prédilection des initiations et autres partys d'étudiants. Conseillé seulement si vous êtes étudiant ou si vous avez le goût de revivre vos 18 ans.

LE PUB

Cité Universitaire
1312 Pavillon Alphonse-Desjardins Sainte-Foy
418-656-7075 | www.lepubuniversitaire.com

Ouvert lun-ven de 11h à 2h, sam de 17h à 2h. Fermé dim.

Bar, terrasse, billard, cuisine, et DJ du mardi au samedi. Situé à l'intérieur du pavillon Alphonse- Desjardins, c'est l'alternative idéale à la bibliothèque, pour faire la pause entre deux cours. Mais attention, le pub n'est pas seulement un endroit pour venir discuter de philosophie après les classes, car certains soirs, plus de 400 personnes, étudiantes ou non, s'y réunissent pour faire la fête, de quoi rendre jalouse la clientèle des autres universités de la province. La rumeur veut qu'après le Centre Bell, ce soit au Pub qu'il se vende le plus de bières Molson au Canada. Un petit arrêt le jeudi soir porte à croire que cette rumeur est fondée. Des spéciaux très compétitifs sont en vigueur chaque soir et la cuisine reste ouverte jusqu'à 22h (21h les samedis). Stationnement gratuit après 16h30. Terrasse ouverte en été.

CONCERTS ET SPECTACLES

Surveillez les concerts gratuits. L'été, la ville s'anime de festivals, plusieurs spectacles sont gratuits. Voir sections festivals. Plusieurs salles de spectacles proposent des tarifs étudiants. Renseignez-vous !

CONSERVATOIRE

Pour encourager les finissants et surtout pour assister à un spectacle à moindre coût, le conservatoire de musique et d'art dramatique est la référence. Pour se procurer un laissez-passer, il suffit de contacter les conservatoires, dont les adresses sont indiquées dans la section apprendre de ce même chapitre.

CINÉMA

Plusieurs cinémas proposent des rabais les mardis et mercredis, en soirée. Il est aussi possible d'avoir des réductions sur les projections qui se font avant 16h.

CINÉPLEX ODÉON PLACE CHAREST

500, rue du Pont

418-529-7771 | www.cineplex.com

Adulte 8,50 $, 13 ans et moins et 65 ans et plus : 6,50 $. Mardi 4,95 $ pour tous. Même si on n'y présente pas de cinéma de répertoire, les prix sont alléchants.

LE CLAP

2360, ch. Foy, Sainte-Foy

418-653-2470 | www.clap.qc.ca

Adultes ven-sam après 18h : 9,50 $, mar-mer : 7 $, 65 ans et + : 7 $, étudiants 7 $, après 21h : 5 $, 14 ans et moins : 6 $. Ce cinéma installé dans « la pyramide » est une véritable institution : nouveautés, films d'avant-garde, classiques, films cultes. Une programmation qui sort des sentiers battus. Le ciné a son propre journal, à parcourir avant de faire son choix. Belles salles, son parfait et tous les services pour combler un petit creux avant la prochaine représentation.

CINEMA CARTIER

1019, ave Cartier

418-522-1011 | www.cinemacartier.com

Tarifs la semaine avant 17h 7 $, soirs et fins de semaine 9 $, après 21h 5 $. Une salle de diffusion de 118 places qui présente essentiellement des œuvres inédites en salle à Québec. Films internationaux, classiques, films cultes, documentaires, rétrospectives, hommages sont ce qui différencie la programmation du Cinéma Cartier des autres salles de la ville. Pour connaître la programmation, se procurer La revue du Quartier Montcalm ou bien consulter le site web.

Enfants

À Québec

PARC AQUARIUM DU QUÉBEC
1675, av. des Hôtels
418-659-5264 / 1 866 659-5264
www.sepaq.com/aquarium
Ouvert tous les jours (à l'exception du 25 décembre). Juin-mi-sept : 10h-17h, mi-sept-mai : 10h-16h. Tarifs : adulte 15,50$, enfants 6-17 ans 8,25$, 3-5 ans 5,50$, 2 ans et moins gratuit, forfait famille pour 2 adultes et 2 enfants de 6 à 12 ans : 49$ taxes incluses. Des travaux titanesques ont modernisé ce site pour le rendre encore plus ludique et attrayant. Des phoques et des morses vivant dans de grands bassins extérieurs nous accueillent dans le parcours-découverte explorant la faune marine, du Saint-Laurent à l'Atlantique Nord. Les ours blancs sont nourris devant le public tout au long de l'année. À l'intérieur, un immense tunnel (350 000 litres d'eau) souterrain regroupe 4000 spécimens appartenant à 96 espèces différentes. Commence ensuite le parcours intérieur menant des cours d'eau aux marais puis à la rivière avant d'arriver au fleuve puis de finir par l'océan. Pour profiter de votre visite, comptez au moins une demi-journée. Des animations ont lieu toute l'année avec les phoques et les morses. Les plus curieux opteront pour la visite guidée, passionnante. Bon plan : le brunch du dimanche matin à 23,50$ pour un adulte comprend la visite et le brunch sur la terrasse avec vue sur le fleuve. Des fêtes d'enfants peuvent être organisées sur place, dans une salle privée.

LES GLISSADES DE LA TERRASSE
76, rue Saint-Louis
418-692-2955
Voisines du Château Frontenac. Ouvert 15 déc-15 mars, tous les jours de 11h-23h. 2$ par descente, 1,25$ pour les moins de 6 ans. Prix de groupes disponibles pour une demi-journée ou au nombre de glissades. Gardez les yeux grands ouverts! Attachez vos bonnets... À bord d'une traîne à neige allant jusqu'à 70 km/h, vous ressentirez une bouffée de plaisir accompagnée d'une vue imprenable sur le fleuve et le Château. Deux patinoires et une mini-cabane à sucre sont installées à proximité. Il est aussi permis de succomber à un chocolat chaud !

MEGA PARC DES GALERIES DE LA CAPITALE
5401, boul. des Galeries
418-627-5800 | www.mega-parc.com
mi-sept à mi-juin lun-mer 12h-17h, jeu-ven 12h-21h, sam 9h30-17h, dim 11h-17h. Mi-juin au 31 août lun-mer 10h-17h, jeu-ven 10h-21h, sam 9h30-17h, dim 11h-17h. C'est le deuxième plus important parc récréatif intérieur en Amérique du Nord, avec ses 20 attractions incluant une montagne russe, une grande roue, un carrousel, une patinoire olympique, un mur d'escalade, un parcours d'aventure, un mini-golf et des arcades.

MUSÉE DE LA CIVILISATION
85, rue Dalhousie
418-643-2158 / 1 866-710-8031
www.mcq.org
Été : ateliers sur réservation tous les jours de 9h30 à 18h30, Tarifs : ajouter 2$ au prix d'entrée. Hiver sam-dim 10h-17h uniquement (pas de réservations les fins de semaines). Le musée organise de nombreux ateliers pour enfants, en rapport avec les expositions temporaires.

MUSÉE NATIONAL DES BEAUX-ARTS DU QUÉBEC
Parc des Champs-de-Bataille
418-643-2150 / 1 866-220-2150
www.mnba.qc.ca
Ateliers tous les samedis et dimanches : 13h, 14h15, 15h30. Réserver son laissez-passer sur place le jour même. Gratuit. Un professeur reçoit les enfants et leur explique l'atelier. Le

thème, relié à une exposition temporaire, varie tous les mois. Parmi les activités ayant déjà eu lieu citons la fabrication de figurines en argile, d'un coffret égyptien, d'un décor de château. Le musée organise aussi des camps de jour artistiques en été et des ateliers thématiques pendant le temps des fêtes et la semaine de relâche en mars.

CENTRE D'INTERPRÉTATION DE PLACE-ROYALE

27, rue Notre-Dame
418-646-3167 / 1 866 710-8031
www.mcq.org

Ouvert du 24 juin au 7 sept, tous les jours de 9h30 à 17h. Sept-juin, mar-dim de 10h à 17h. Fermé lun. Adultes 6$, aînés 5$, étudiants 4$, enfants 2$, 11 ans et moins gratuit. Entrée gratuite tous les mardis du 1er nov au 31 mai et les samedis de 10h à 12h du mois de janvier et de février. Ce centre d'interprétation fait revivre les 400 ans d'histoire de la Place Royale de façon très ludique. En plus, il propose deux ateliers pour les familles. Sam-dim 10h-17h : les familles enfilent les habits de Charles Édouard Grenier, tonnelier et de sa famille. Ils revivent ainsi une tranche d'histoire.

UNIVERS TOUTOU

Les Galeries de la Capitale
5401, boul. des Galeries
418-623-5557
www.universtoutou.com

Dim 10h-17h, lun-mer 9h30-17h30, jeu-ven 9h30-21h, sam 9h-17h.V, MC et Interac. Comme par magie, cet atelier/usine permet de créer à sa façon son animal de peluche. Parmi une vingtaine de modèles de toutous, on fixe son choix, procède au rembourrage, y insère une âme, prête serment de fidélité. Le tout certifié sur un passeport où figure la photo du toutou de son nouveau maître. Il va sans dire que l'achat de vêtements et d'accessoires est fortement conseillé. Pour habiller Teddy, tous les fantasmes sont permis : pyjama, pantoufles en forme de toutou, bikini, costume d'Halloween, etc. On quitte la boutique la valise bien remplie. Toutes les fantaisies sont de mise dans cet univers féerique !

Dans les environs

STATION TOURISTIQUE DUCHESNAY : D'ARBRE EN ARBRE

Parc d'aventure Duchesnay
143, Duchesnay, Pavillon Horizon
Sainte-Catherine-de-la-Jacques-Cartier
418-875-4522 / 1 866-444-3824
www.arbreenarbre.com

Ouvert de la mi-juin au début sept tous les jours 9h-17h et début mai au 1er novembre les fins de semaine seulement de 9h30-15h. Adulte : 29,75$, 12-17 ans : 24,50$, enfant : 16,00$ (taxes non incluses). Départ toutes les demi-heures. Cinq parcours sont proposés. Grimper dans les arbres n'est plus un interdit mais une activité de plein air qui gagne de plus en plus d'adeptes. Grâce à un équipement d'escalade, les participants imitent Tarzan et se déplacent d'arbres en arbres en toute sécurité. Diverses activités ludiques et sportives s'enchaînent. Le parcours se rend jusqu'à la cime des arbres, déployant ainsi un panorama grandiose sur le lac Saint-Joseph. Du nouveau… un parcours de nuit pour les soirs de pleine lune disponible de juin à septembre.

SUPER LABYRINTHE DE BOIS DE LA JACQUES-CARTIER

143, route Duchesnay | 418-875-0434
www.sepaq.com/duchesnay

En répondant aux questions de ce rallye éducatif et humoristique, les visiteurs s'enfoncent dans les sentiers d'un labyrinthe dodécagonal, qui

ressemble à un fort. Le but : trouver le centre et la sortie. Le parcours dure 2h30 et il est constamment modifié. Un passage où on perd la notion du temps tout en s'amusant.

VILLAGE VACANCES VALCARTIER

1860, boul. Valcartier, Valcartier
418-844-2200 / 1 888 384-5524
www.valcartier.com

Ouvert tous les jours dès 10h. Parc aquatique : adulte 31,01$, enfant 24,81$, aîné 24,81$ (taxes non incluses). Centre de jeux d'hiver : adulte à partir de 21,26$, enfant à partir de 16,83$, 3-4 ans 7,97$ (taxes non incluses). Camping à partir de 29,95$/nuit. Été comme hiver, le célèbre Village Vacances propose une multitude d'activités. Ses circuits de glissades thématiques vous plongent tantôt dans une ambiance fantastique médiévale, tantôt dans l'exotisme d'un parcours d'un demi-kilomètre appelé l'Amazone. Au total, 35 glissades de toutes formes et 2 rivières d'aventures thématiques en été, 42 pistes de glissade en hiver. L'été, la piscine à vagues et les descentes en bol, en chambre à air simple ou double vous en font voir de toutes les couleurs. L'hiver, le rafting et le karting de glace se joignent à la partie.

CLUB FAMILLE

Station touristique Stoneham,
600, chemin du Hibou, Stoneham et Tewkesbury
418-848-2411 / 1 800 463-6888
www.ski-stoneham.com

Ouvert fin juin à mi-août. Propose de nombreux forfaits (détente, spectacle, golf…). Des vacances énergisantes s'adressent autant aux parents qu'aux enfants. Des activités tout azimuts : soupers thématiques, bal costumé, feux de camp, kayak, escalade, trampolines acrobatiques, planche de montagne, cinéma plein air, piscine chauffée, spa extérieur, mini-golf, tennis, etc. Un camping rustique y est installé.

LA VALLÉE SECRÈTE

1010, ch. de la Traverse, Saint-Raymond
418-875-4408 | www.valleesecrete.com

Sur réservation. Tarif : 2-12 ans à 8$, 13 ans et plus 10,50$, gratuit pour les moins de 2 ans. Forfait famille (2 enfants et 2 adultes) 36$. Divers forfaits disponibles. Premier départ à 9h. En fonction du parcours, l'activité dure de 2 à 4h. Les gnomes existent pour de vrai ! Ils se cachent dans la Vallée Secrète depuis 500 ans et ne demandent qu'à être retrouvés. Armés d'une boussole, de clés et d'un chapeau de gnome, les visiteurs partent à leur recherche à travers une randonnée en forêt remplie de surprises.

CANYON SAINTE-ANNE

206, route 138 est, Beaupré
418-827-4057 | www.canyonste-anne.qc.ca

Ouvert : tous les jours de 9h à 16h30 (1er mai au 23 juin, fête du Travail à fin octobre), 9h à 17h30 (24 juin à la fête du Travail). Entrée : 11 CAN$, enfant de 13 à 17 ans : 8 CAN$, enfant de 6 à 12 ans : 5 CAN$. En s'échappant brusquement du bouclier canadien, la rivière Sainte-Anne, après une chute de 74 m de hauteur, se précipite en bouillonnant dans une étroite faille rocheuse dominée par des arbres centenaires. Vous y apprécierez le décor du haut de l'un des deux ponts suspendus qui jalonnent le parcours. Pendant la saison estivale, c'est un lieu idéal de randonnée et de pique-nique.

Dans les environs

Activités d'hiver

SKI ALPIN

HÔTEL DE GLACE

75, Montée de l'Auberge, Pavillon Ukiuk
Station touristique Duchesnay
Sainte-Catherine-de-la-Jacques-Cartier
418-875-4522 / 1-877-505-0423
www.hôteldeglace.qc.ca

Accès par l'autoroute 40 Ouest, sortie 295 Sainte-Catherine-de-la-Jacques-Cartier ; 367 Nord. Ouvert du 4 janvier au 4 avril 2010. Cette année, l'Hôtel de Glace fêtera son 10e anniversaire. Pour souligner cette grande occasion, l'hôtel sera entièrement redessiné ! Des visites guidées grand public sont offertes tous les jours entre 10h30 et 16h30. Adulte 16$, étudiant-aîné 14$, enfant 6-12 ans 8$, 5 ans et moins gratuit, famille (2 adultes, 3 enfants) 40$. 36 chambres et suites. À partir de 324$ par personne, la nuit, en forfait.
Accédez à un monde magique où la glace et la neige se métamorphosent en des décors fabuleux. Depuis ses débuts, l'Hôtel de Glace a séduit plus d'un demi-million de visiteurs! Avec ses voûtes de neige de plus de cinq mètres de haut et ses sculptures de glace cristalline qui côtoient le feu des foyers, l'unique hôtel de glace en Amérique se démarque tant par son esthétisme que par l'accueil chaleureux des employés. Une visite de l'Hôtel de Glace vous permettra d'admirer 36 chambres et suites thématiques, un espace détente nordique incluant spas et sauna, une chapelle de glace où plusieurs mariages sont célébrés chaque année, le Bar de Glace pouvant accueillir jusqu'à 400 personnes, le Café Glacé où cafés aromatisés et boissons chaudes sont servis ainsi qu'une glissade de glace amusant petits et grands. Une expérience féérique !

MONT-SAINTE-ANNE

2000, boul. Beau-Pré, Beaupré
418-827-4561 / 1 888 827-4579
www.mont-sainte-anne.com

De mi-novembre à fin avril. Horaire des montées : lun-ven de 9h à 15h45 et de 16h à 21h (entre 4 et 7 soirs par semaine selon la saison), sam-dim 8h30-15h45. Tarifs Journée (selon la saison) : adultes 59-62, 13-17 ans 46$- 48$, enfants (7-12 ans) 32-34 et aînés 49-51. Ces prix sont ceux de la saison d'hiver 2008-2009. Abonnement à la semaine disponible. Ski de fond et excursions en raquette. La plus ancienne, et la plus importante station de ski de la région… ce qui promet beaucoup de plaisir sur les 66 pentes de ski, dont 17 sont éclairées. En haut des pistes, juste avant de se jeter dans la poudreuse, admirez la vue sur le fleuve. École de ski, boutiques de location d'équipement, services de restauration et garderie.

STATION TOURISTIQUE STONEHAM

600, ch. du Hibou, Stoneham et Tewkesbury
418-848-2411 / 1 800 463-6888
www.ski-stoneham.com

De fin novembre à mi-avril. Horaire des montées : lun-ven de 9h à 22h, sam 8h30 à 22h, dim de 8h30 à 21h. Tarifs Journée (selon la saison) : adulte 49-52, 13-17 ans 37-39, 7-12 ans 22-24 et 65 ans et plus 40-42. Ces prix sont ceux de la saison d'hiver 2008-2009. Avec ses 32 pentes dont 16 éclairées, la station de Stoneham bénéficie de belles conditions atmosphériques. Le cadre est grandiose. Toute la logistique possible est présente pour que vous passiez une bonne journée : neige artificielle, télésiège et téléskis, hébergement, restauration, etc. Récemment, la station a investit de

STATION TOURISTIQUE DUCHESNAY
© SEPAQ - Steve Deschênes

grandes sommes pour installer une structure permanente de half-pipe olympique. Grâce à cette initiative, elle sera l'hôte des Championnats mondiaux de Surf des neiges en 2013.

SKI DE FOND

SENTIERS DU MOULIN

99, ch. du Moulin, Lac-Beauport
418-849-9652 | www.sentiersdumoulin.com

Hiver de décembre à dernière neige. Billet d'entrée pour la journée : 13$ adulte, 14-20 ans : 11$, 7-13 ans : 6$, 6 ans et moins : gratuit. Un réseau de plus de 38 km de pistes ! La route se poursuit avec un parcours de 48 km en collaboration avec le centre de ski de fond Le Refuge de Saint-Adolphe. Les sentiers sont parfaitement aménagés avec la présence de 6 refuges chauffés. On y admire le paysage du Lac-Beauport. Sur place, un chalet fait office d'hébergement, propose du matériel de ski en location et un service de restauration.

CHIENS DE TRAINEAU

LES SECRETS NORDIQUES

100, rue Beaumont, Beaupré
418-827-2227 | www.lessecretsnordiques.com

Interprétation du village canin de mi-décembre à mi-mars, 5$/pers. Située au Mont-Sainte-Anne, à 40 minutes du vieux Québec, cette entreprise de passionnés de la nature propose des sorties d'initiation au traîneau à chiens pour tous (groupes, familles). On y découvre aussi la vie des 65 chiens nordiques au village canin, en compagnie d'un guide interprète. Une expérience inoubliable. *Possibilité de rando-neige ou traîneau à chiens (Adultes 92-132, enfants 42-82)*

AVENTURE NORD-BEC STONEHAM

4, ch. des Anémones, Stoneham
418-848-3732
www.traineaux-chiens.com

De Québec, prendre la 73 Nord en direction Saguenay, passer le parc de la Jacques Cartier et tourner à gauche au Chemin des Anémones (au kilomètre 76-77). Une multitude de forfaits sont proposés ici. Entre autres, traîneau à chien, raquettes, motoneige et nuit dans une tente amérindienne.

AVENTURE INUKSHUK

30, des Aventuriers,
Ste-Catherine-de-la-Jacques-Cartier
418-875-0770 | www.aventureinukshuk.qc.ca

Localisé à l'intérieur de la Station touristique Duchesnay, Aventure Inukshuk offre des activités tout au long de l'année. L'hiver, on vous offre des balades et expéditions de toutes sortes en traîneau à chien et l'été des activités comme l'observation de l'ours noir ou bien la visite de la cité des chiens. Plusieurs forfaits disponibles.

Plein air

RÉSERVE NATIONALE DE FAUNE DU CAP TOURMENTE

570, ch. de Cap-Tourmente, Saint-Joachim
418-827-4591 | www.captourmente.com

Jan-mars la réserve est ouverte les fins de semaine et lors de la relâche scolaire de 8h30-16h, fin avril à nov tous les jours de 8h30-17h. Centre d'interprétation, fin avril à nov. Tarifs pour l'entrée dans le parc : Adulte : 6$, étudiant 5$, enfants moins de 12 ans : gratuit. Hiver 4$. Le Cap Tourmente domine la rive nord de 600 m de hauteur et regroupe des écosystèmes divers : une falaise, la forêt de conifères, la forêt de feuillus qui atteint ici sa limite nord, la prairie, la batture (plage marécageuse recouverte à marée haute, caractéristique des rives du Saint-Laurent) et enfin le fleuve qui s'élargit en estuaire. Durant l'été indien, le Cap Tourmente offre un spectacle unique : aux couleurs de l'automne s'ajoute la masse blanche de plus d'un million de grandes Oies des neiges qui y font étape au cours de leur migration vers le sud. Au printemps, il est aussi possible de les observer lors de leur trajectoire vers le nord. Au début du siècle, la chasse intensive des grandes oies des neiges avait réduit leur population à moins de 3000 individus. On en compte aujourd'hui plus de 350 000, grâce à des mesures efficaces de protection.

PARC DE LA CHUTE MONTMORENCY

2490, av. Royale, Québec | 418-663-3330
www.sepaq.com/chutemontmorency

6 km à l'est du centre-ville de Québec. Accès à la partie haute via l'avenue Royale (route 360) et à la partie basse via le boulevard Sainte-Anne (route 138). Bus 50 et 53. Stationnement automobile 9,25$. Téléphérique : Adulte 10,50$, enfant 5,25$, famille (2 adultes et enfants, stationnement inclus) 31,50$. Bien que moins large que les chutes du Niagara, le saut est plus haut d'une trentaine de mètres. Le site a été aménagé en vue d'offrir aux visiteurs des points de vue grandioses (téléphérique, escalier panoramique, pont suspendu, belvédères, sentiers de promenade et aires de pique-nique). La chute est encore plus spectaculaire en hiver lorsqu'elle est gelée et que s'est créé le « pain de sucre », énorme cône de glace formé par la cristallisation de la vapeur d'eau en suspension : ce dernier est une curiosité qui attire toujours beaucoup de monde. Surplombant la chute, le Manoir Montmorency, élégante villa reconstruite comme au XVIIIe siècle, abrite un centre d'interprétation consacré à l'histoire du site, un restaurant, un café-bar et des boutiques.

PARC NATIONAL DE LA JACQUES-CARTIER

Route 175 Nord | 1 800 665-6527
www.parcsquebec.com/jacquescartier

40 km de Québec. Accès quotidien : adultes 3,50$, enfants 1,50$. Ouvert de mi-mai à mi-oct, mi-déc à mi-mars. Hébergement en chalet/camp rustique et camping. Véritable sanctuaire de la nature sauvage, le parc national de la Jacques-Cartier occupe un territoire de 670 km², constitué d'un plateau fracturé par des vallées aux versants abrupts, couvert de conifères et lacs et profondément entaillé par la rivière Jacques-Cartier. On y pratique le mini-raft, le kayak et le canot-camping sur 26 km, la pêche à gué ou en canot (Permis de pêche du Québec et droits d'accès obligatoires), la randonnée pédestre (100 km), le vélo de montagne (167 km) en été et le ski nordique (55 km) et la randonnée en raquettes (21 km) en hiver. Faune : orignal, cerf de Virginie, ours noir, loup, lynx. Le parc organise des activités de découverte qui intéresseront toute la famille : jouer au garde-parc et s'initier au métier de la protection de la faune et de la flore, randonnée guidée en canot rabaska, découverte des abris

PARC NATIONAL DE LA JACQUES-CARTIER
© SÉPAQ - M. Pitre

sous roches, safari à l'orignal etc. La plupart des activités sont gratuites.

RÉSERVE FAUNIQUE DES LAURENTIDES

700, boul. Lebourgneuf
Rte 175 Nord, vers Chicoutimi
418-528-6868 | www.sepaq.com/rf/lau

Située entre les régions de Québec et du Saguenay-Lac-Saint-Jean. Territoire protégé depuis 1895, la réserve faunique des Laurentides (7961 km^2) a toujours été reconnue comme un réservoir de ressources naturelles et fauniques. Elle offre un excellent potentiel récréatif avec activités nombreuses et variées pour chasseurs, pêcheurs et adeptes d'activités de plein air. En été, la villégiature et la pêche sont en vedette. En hiver, les skieurs de fond et les villégiateurs se donnent rendez-vous au Camp Mercier tandis que l'Auberge Le Relais attire un grand nombre de motoneigistes. Faune : orignal, caribou, ours noir, loup, lynx, castor, lièvre et une multitude d'espèces d'oiseaux… *Postes d'accueil principaux : Mercier, La Loutre. Hébergement : 127 chalets répartis en 28 sites, 100 emplacements de camping, hôtellerie. Activités : canotage, canot-camping (deux rivières), chasse à l'orignal et à l'ours, motoneige (Auberge le Relais : restauration et hébergement), pêche (à la journée et avec séjour), ski de randonnée et raquette.*

STATION TOURISTIQUE DUCHESNAY

140, montée de l'Auberge,
Sainte-Catherine-de-la-Jacques-Cartier
418-875-2122 / 1 877 511-5885
www.sepaq.com/duchesnay

Ancienne école de gardes forestiers depuis 1932, la Station touristique Duchesnay, située en bordure du lac Saint-Joseph, est gérée par la Sépaq depuis 1999. Celle-ci développe et met en valeur le potentiel touristique de ce territoire, axé sur l'environnement et le plein air. La forêt laurentienne (érables

et bouleaux jaunes) couvre une superficie de 89 km². On y découvre un véritable patrimoine naturel, notamment à travers les activités proposées (coureur des bois, orientation et survie en forêt, randonnées écologique et pédestre) ou ski de fond (150 km), raquette (15 km), patinage, glissade et vélo, baignade, canot, kayak, pédalo. *Forfaits disponibles. Auberge comprenant 48 chambres avec vue sur le lac Saint-Joseph. Capacité d'hébergement (villas, chambres individuelles). Bistro-bar Le Quatre-Temps. Salles de réunion et aussi, un spa scandinave.*

MARAIS DU NORD

1100, chemin de la Grande-Ligne, Stoneham
418-841-4629
http://apel.ccapcable.com/marais-du-nord
Du lun au ven de 8h à 17h du 1er mai au 30 août et de 9h à 16h du 1er septembre au 30 avril. Les sam et dim de 8h à 17h du 1er mai au 31 octobre et de 9h à 16h30 du 1er novembre au 30 avril. Fermé les 24,25 déc et le 1er janv. Adulte 3,50$, étudiant de 6 à 17 ans 2$, enfant 5 ans et moins gratuit. Les Marais du Nord c'est un milieu naturel humide où il fait bon de s'y balader à son rythme. Sécuritaire et facile d'accès, le site est composé de sentiers très bien aménagés qui guident les visiteurs au travers les marais. Le plus long parcours n'atteint pas plus de 2,2 km. Il ne faut surtout pas hésiter d'aller poser ses questions à l'accueil touristique. Les gens qui y travaillent sont sympathiques et se feront un plaisir de vous guider vers des sentiers qui correspondent à vos intérêts. Des plates-formes d'observation sont installées sur certains sentiers, ce qui permet de mieux observer la faune et la flore des marais. Ornithologues... n'oubliez pas vos jumelles ! Plus de 159 espèces d'oiseaux ont été répertorié. Des activités thématiques sont organisées au cours de l'année. Écoute nocturne des chouettes, randonnées en canot rabaska au coucher du soleil, fouilles archéologiques, en sont des exemples.

Plages et activités nautiques

BAIE DE BEAUPORT

Autoroute 40, sortie 316 sur Henri-Bourassa
418-666-2364 | www.baiedebeauport.qc.ca
Camping, restaurant-terrasse100 places. Sur ce site enchanteur en bordure du fleuve Saint-Laurent, il fait bon prendre un bain de soleil, jouer au volley-ball, pratiquer la voile, le canot, le kayak et la planche à voile. La baignade se fait en piscine seulement. Des cours de voile et un service de location sont offerts aux visiteurs.

PARC NAUTIQUE DE CAP-ROUGE

4155, ch. de la Plage-Jacques-Cartier,
Cap-Rouge | 418-641-6148
Tarifs : voiliers : 20-60$, canots, pédalos, kayaks récréatifs : 5$ à 7,50$ l'heure et les kayaks 12-27$ l'heure. Prix spéciaux pour les résidents de Québec. Voiliers, catamarans, pédalos, chaloupes, kayaks et canots sont quelques-unes des activités nautiques possibles dans la baie de Cap-Rouge. Cours de voile.

Pour une petite excursion en famille, pourquoi ne pas combiner une randonnée au Marais du nord avec une petite escapade chez Accès nature. Un agréable club nautique sur le lac Saint-Charles où l'on peut profiter du lac. On peut louer diverses embarcations (pédalos, canots, kayaks, etc.) et des accessoires pour la pêche. Un havre de paix à seulement quelque minutes de la ville.
1531, chemin de la Grande-Ligne | 418-849-6163 | www.laccesnature.qc.ca

VIEUX PORT YACHTING

155, rue Dalhousie
418-692-0017 | www.vpy.ca

De mi-mai à fin septembre.Une école de voile homolo-guée par la Fédération de Voile du Québec. Le Vieux Port Yachting permet d'apprendre à naviguer sur un 27-33 pieds en 30 heures (sur semaine de 9h à 15h ou sur deux fins de semaine pour les adultes) pour 435$. Également, des cours d'introduction à la voile et la location de navires (avec ou sans capitaine selon votre niveau) pour 3 heures, la journée ou plus.

CANYONING-QUÉBEC

2000, boul. Beaupré,
Mont Sainte-Anne
418-998-3859 | www.canyoning-quebec.com

Juin-oct. Deux excursions par jour sont offertes, départ 9h et 14, d'une durée de 3 à 4 heures. Adulte 89$, équipement compris, étudiants de 25 ans et moins 64$, tarifs de groupe disponibles. Au pied du Mont-Sainte-Anne. Une nouvelle aventure qui permet de voir la chute Jean-La-rose et ses trois cascades de près. La descente sur corde d'eau verticale est accessible en toute sécurité à partir de 10 ans. C'est une expérience à vivre seul ou en groupe. D'autres circuits sont proposés dans Charlevoix, en Guadeloupe et même à Cuba. Tout nouveau : la sortie Grande Cascade ! Les plus téméraires s'en donneront à cœur joie !

LES EXCURSIONS JACQUES-CARTIER

860, av. Jacques-Cartier Nord, Tewkesbury
418-848-7238 | www.excursionsj-cartier.com

De début mai jusqu'à fin octobre. Ouvert tous les jours. Rafting panoramique durée de l'excursion 3h à 3h30, dim-ven 59,95$ / pers, sam 63,95$ / pers. (prévoir location d'un habit isothermique). Deux descentes par jours, 8h30 et 13h. Pour les amoureux de l'aventure douce, cette excursion vous permet d'admirer la vallée par la rivière. Quant à lui, le rafting sportif provoque tout un lot d'émotions. Une descente de 8 km à vous couper le souffle. Une fois l'excursion terminée, vous profiterez du site enchanteur des Excursions Jacques-Cartier. *Des forfaits d'équitation sont également disponibles.*

Une journée sur l'Île d'Orléans

ÎLE D'ORLEANS

10 km au nord-est de Québec par la route 138 et accès par le pont de l'île d'Orléans.

D'une superficie de 192 km², bien visible depuis Québec, elle apparaît comme une terre plate, qui présente des érablières au nord, des chênaies au sud-ouest, des zones maréca-geuses au centre et des plages en bordure du fleuve. Elle n'a rien perdu de sa tranquillité pastorale qui inspira le chanteur Félix Leclerc (il y vécut jusqu'à sa mort). Avec ses églises aux clochers effilés et ses demeures nor-mandes du XVIIIe siècle, elle perpétue l'image de la vie rurale en Nouvelle-France. La route 368 qui permet d'en faire le tour (68 km) offre de superbes vues sur la côte de Beaupré et le Mont Sainte-Anne, ainsi que sur les rives du Bas-Saint-Laurent. Six localités jalonnent le parcours. Vous pourrez faire un arrêt à Saint-Laurent, le centre maritime de l'île (construction navale au XIXe siècle) ; à Saint-Jean pour visiter le manoir Mauvide-Genest (visite guidée mai-oct 10h-17), datant de 1734, de style normand, considéré comme le plus bel exemple d'architecture rurale du régime français ; au village de Sainte-Famille (la plus ancienne paroisse de l'île, fondée par Mgr de Laval en 1669) pour jeter un coup d'œil à l'église de 1748, qui se distingue par ses trois clochers et un intérieur néoclassique ; enfin, à Saint-Pierre,

dont l'ancienne église du XVIIIᵉ siècle fut rénovée vers 1830 par Thomas Baillairgé. Mais surtout, l'Île d'Orléans est un véritable havre de paix, un endroit bucolique, un lieu calme et magique. À n'importe quelle saison de l'année, nous vous conseillons d'y faire un saut.

CHOCOLATERIE DE L'ÎLE D'ORLÉANS

150, chemin du Bout de l'Île, Ste-Pétronille
418-828-2250 | www.chocolaterieorleans.com
Ouvert tous les jours, nov-mai de 9h30 à 17h30, juin-oct de 9h30 à 20h. 8,40$/100 gr. de confiseries, 4,72$/100 gr de chocolat en écorce. V, MC, I. La matière première de cette chocolaterie provient soit de France, soit de Belgique. Aménagés dans une résidence de plus de 200 ans, cette boutique et son centre d'interprétation, sauront vous charmer avec leurs effluves chocolatés. La chocolaterie la transforme en des produits de très bonne qualité qui sont distribués aux commerces de la région ou vendus sur place. Plus de 24 sortes de chocolats s'y retrouvent au gré des saisons et des fêtes : truffes, cerises, pralinés, beurre d'érable etc. L'été, les sorbets et les glaces « maison » méritent votre attention. Section café-bistro : baguettines, salade, bar à pâtes, pizzas. *De mi-mai à mi-octobre, ouverture du resto-café à partir de 10h.*

AUBERGE LE CANARD HUPPÉ

2198, ch. Royal, Saint-Laurent
418-828-2292 / 1 800 838-2292
www.canard-huppe.com
Été ouvert tous les jours en tout temps, hiver sur réservation. Salle à manger : dernière réservation à 20h. 10 chambres de 125$ à 240$ petit déjeuner compris. TH soir : menu gastronomique 45-75. Forfaits incluant la chambre, le souper et le petit-déjeuner à partir de 220$ pour 2 personnes. V, MC, AE, I. Une bonne raison de plus pour aller sur l'Île. Si vous en avez l'occasion, nous vous le conseillons fortement. Car du lever au coucher, on s'occupe de vous comme de princes, le moment du repas s'approchant des cieux. La cuisine de marché met l'accent sur les produits régionaux et sur des plats typiques mais sublimés par une originalité indéniable. Un salmis de cailles flambé au Grand-Esprit peut vous donner une idée des petites merveilles qui y sont concoctées. L'hôtel a été rénové en 2009.

Croisières

Le lever du soleil sur Québec qui s'offre depuis le traversier est le cliché immanquable. Heureusement que l'aller-retour entre Lévis et Québec dure moins d'une heure, le temps de prendre judicieusement quelques photos. Pour plus d'informations sur le traversier de Québec :
1 877-787-7483 ou www.traversiers.gouv.qc.ca

CROISIÈRES AML

124, rue Saint-Pierre
418-692-1159 / 1 800-563-4643
www.croisieresaml.com
Départ du quai Chouinard (face à la Place Royale). Croisière de jour, de mai à octobre. Croisière L'Excursion maritime, durée 1h30, heures de départ 11h30, 14h et 16h. Sam et dim, croisières buffet-déjeuner : départ 11h30, durée 1h30. Souper croisière Buffet : départ 19h, durée 4h. Souper Croisière 5 services. Départ 19h, durée 4h. Renseignez vous sur les tarifs en vigueur. Banquets. Séminaires. Congrès. Capacité de 1000 passagers. Pour découvrir Québec et sa région à bord du Louis-Jolliet en plus d'admirer les Chutes de Montmorency, l'Île d'Orléans. Un guide présente les sites par un rappel historique qui permet de parfaire ses connaissances de la ville et de la région avec une approche singulière, celle des eaux.

CROISIÈRE LE COUDRIER

108, rue Dalhousie, bassin Louise quai 19
418-692-0107 | www.croisierescoudrier.qc.ca
Billetterie-Port d'attache. Croisière La Touristique

Adultes 31,99 $, aînés et étudiants 29,99 $, enfants 14,99 $. Les croisières le Coudrier vous emmènent autour de Québec, pour une visite commentée d'une durée de 90 minutes, au cours desquelles vous profitez d'un autre point de vue sur la ville. Les gourmands préféreront les souper-croisières 4 services avec produits du terroir. Pour ceux qui veulent s'éloigner un peu plus de la Capitale, des croisières, durant une journée, vous entrainent vers l'Île d'Orléans, Grosse-Île Isle-aux-Coudres ou l'Isle-aux-Grues. Les bateaux admettent les vélos, ce qui peut être très pratique. On revient totalement dépaysé et conquis par ces espaces qui fourmillent de sites enchanteurs. Croisières aux pingouins, observation des oies blanches, baleines et croisière cueillette de pommes sont d'autres exemples d'activités que propose la compagnie.

Spas

Les bains finlandais connaissent un grand succès au Québec depuis quelques années. Le principe : on passe du chaud (sauna, bain vapeur, bain tourbillon) au froid (douche ou lac) et on atteint ainsi un état d'apaisement divin ! Les plus stressés complèteront le tout avec un massage.

SIBERIA STATION INC.

339, boul. du Lac, Lac-Beauport
418-841-1325 | www.siberiastationspa.com

Ouvert tous les jours. 35 $ l'entrée pour la journée (11h-20h). 25 $ pour l'accès en soirée (17h-20h). Plusieurs sortes de massages proposés (60-90 $), avec un rabais de 5 $ sur l'accès aux bains. Accès au spa pour enfants (dimanche matin seulement, dès 9h) : 17,50 $. Futé : 50 % de rabais sur l'accès au spa en journée le jour de votre anniversaire. Un beau spa scandinave, situé en pleine nature, à l'entrée du Lac-Beauport. Ce lieu de détente et de relaxation vous permettra de vivre pleinement l'alternance entre le chaud, le froid et le repos du corps...

Vous pourrez en outre y profiter d'un massage (6 choix sont offerts, en plus des options "quatre-mains" et "en tandem") pour vous évader complètement. Toutes les conditions sont ici réunies pour profiter des bienfaits de la nature dans les meilleures conditions.

LE NORDIQUE
SPA ET DÉTENTE
747, ch. Jacques-Cartier Nord,
Stoneham-Tewkesbury
418-848-7727 | www.lenordique.com
32$ du lun-jeu et 37$ du ven-dim. Le positionnement de ce spa, sur les bords de la majestueuse rivière de la Jacques Cartier en fait un lieu magique. Massage suédois uniquement.

TYST TRADGARD
35, chemin de la Détente,
Sainte-Catherine-de-la-Jacques-Cartier
418-875-1645 | www.tysttradgard.com
Ouvert lun et mer-sam de 10h-20h, mar et dim de 10h-18h. Ce spa situé dans la belle station Duchesnay, renommée pour la qualité de l'hébergement, l'hôtel de glace en hiver et les nombreuses activités. Le spa propose une expérience « sensorielle » dans des pavillons très originaux. L'un est inspiré de l'Égypte, l'autre de l'Afrique. Optez pour un forfait « aventure », qui vous relaxera grâce à son massage de 60 minutes, l'accès aux bains nordiques et différentes activités 169,95 $ par personne.

ZONESPA RELAIS SANTÉ
186, rang Saint-Julien, Saint-Ferréol-les-Neiges
418-826-1772 / 1 866-353-1772
www.zonespa.com
Entrée : 36$ pour 3h. Massage en supplément. Un beau spa, très récent, dans lequel on profite du bain de vapeur, sauna finlandais, d'une pluie vivifiante et bien sûr d'un accès au lac. Nombreuses possibilités de massages, de soins pour le corps et de soins esthétiques.

Sainte-Anne-de-Beaupré

Une petite ville connue pour sa Basilique et son patrimoine agricole. Ste-Anne-de-Beaupré est un lieu de pèlerinage fréquenté depuis le XVIIe siècle. La basilique actuelle date de 1923. La précédente, construite en 1876, a été détruite par un incendie en 1922. L'intérieur de la basilique est éclairé par plus de 200 vitraux. Un musée, des chapelles et des boutiques se trouvent aux alentours. À l'intérieur de la chapelle de l'Immaculée, on trouve une réplique de la Pietà de Michel-Ange. Autre lieu de pèlerinage, le chemin de croix qui mène à l'église la Scala Santa, érigée en 1891. Les pèlerins se donnent rendez-vous le 26 juillet, jour de la fête de Sainte-Anne.

BASILIQUE
SAINTE-ANNE-DE-BEAUPRE
10018, av. Royale, Sainte-Anne-de-Beaupré
418-827-3781 | www.patrimoine-religieux.com
Ouverte toute l'année, sur la rive nord du Saint-Laurent, face à l'île d'Orléans, cette basilique, dont la première construction remonte au XVIIe siècle, est dédiée à la sainte patronne du Québec. De renommée mondiale, facilement repérable de la route, elle est le plus ancien lieu de pèlerinage de la province. C'est un gigantesque édifice néogothique pourvu de deux clochers entre lesquels veille la statue dorée de Sainte Anne. À l'intérieur, la basilique se compose de cinq immenses nefs séparées par des colonnes à chapiteaux sculptés, et la voûte en berceau est recouverte de mosaïques relatant la vie de Sainte Anne. 200 vitraux à dominante bleue l'éclairent. Dans l'aile gauche du transept, la statue de la sainte tenant Marie dans ses bras attire les fidèles, qui se recueillent devant

elle. Les reliques de Sainte Anne sont abritées dans la chapelle située juste derrière. De nombreux témoignages de miraculés ornent les colonnes des nefs. S'y entremêlent béquilles et prothèses, souliers d'enfants et photos. Ce lieu de recueillement, respecté de tous les Québécois, connaît en été une très grande affluence. L'attrait religieux, touristique et historique de la basilique a engendré autour d'elle la prolifération de boutiques de « bondieuseries », associées à de petites « bineries » disséminées çà et là. Le tout est cher et sans intérêt.

LE CYCLORAMA DE JÉRUSALEM

8, rue Régina, Sainte-Anne-de-Beaupré
418-827-3101 | www.cyclorama.com

De mai à fin octobre de 9h à 18h. Fermé durant l'hiver. Adultes 9$, enfants de 6-16 ans 6$, aînés 8$, famille (2 adultes avec enfants) 25$, 5 ans et moins gratuit. Vu de l'extérieur, ce monument détone complètement à côté de la Basilique. Une erreur d'urbanisme mais le thème religieux est respecté. À l'intérieur, une œuvre géante exécutée à Munich de 1878 à 1882 mesurant 14 mètres de haut et 110 mètres de circonférence vous donne l'illusion d'être à Jérusalem au temps de la crucifixion du Christ. Ce site religieux attire des milliers de pèlerins et de touristes d'année en année.

Château-Richer

AUBERGE BAKER

8790, chemin Royal
Château-Richer (Côte-de-Beaupré)
418.824.4478/ 1 866.824.4478
www.auberge-baker.qc.ca

Auberge : 75-135$ en occupation double, petit déjeuner inclus. Wi-fi. Restaurant: Ouvert lun-ven 12h-21h30, sam-dim 10h-21h30. Depuis plus de soixante-dix ans, cet incontournable de la côte de Beaupré accueille touristes et habitués des environs. Offrant l'hébergement et le couvert, il s'agit d'une adresse de choix pour une étape gourmande dans la région, à seulement 20 minutes de Québec et 10 minutes du Mont Sainte-Anne. L'auberge propose 5 chambres spatieuses et confortables, au dessus du restaurant, avec mobilier antique, téléphone et salles de bain privées. Un studio et un petit chalet, plus modernes, sont aussi disponibles. Le restaurant, dont la table est réputée mais sans prétention, est composé d'une salle aux murs de pierres datant de 1840 et d'une autre plus spacieuse, avec une large fenestration. On y sert des plats typiques de la région, avec des ingrédients soigneusement sélectionnés. Le choix est varié, et les tables d'hôtes généreuses. Que ce soit pour un repas ou pour quelques jours, une auberge qui vaut le détour!

Une immersion dans la gastronomie autochtone

Envie de vivre une expérience gastronomique inspirée des Premières Nations ? Le restaurant La Traite de l'Hôtel-Musée Premières Nations est un must. Martin Gagné et son équipe vous préparent avec finesse les fruits de la chasse, de la pêche et de la cueillette. Des plats comme la grillade de Wapiti et son jus de cervidé réduit à l'épinette noire ou bien le bonbon de saumon fumé à l'érable et sa crème de fleurette au pistil de fleur d'épilobe sont des exemples de se qu'on peut retrouver sur le menu. Une cuisine qui vous fera connaître des d'ingrédients souvent méconnu par les Québécois mais pourtant si présent dans notre province. Ne manquez surtout pas les brunchs… Un délicieux buffet complet !

Wendake

En 2008, la Nation Huronne de Wendake a vu la finalisation de plusieurs chantiers d'importance. Un hôtel musée des Premières Nations y a vu le jour ainsi qu'une nouvelle salle de spectacles en plein-air. Un sentier pédestre longeant la rivière Saint-Charles y a également été inauguré. Ces nouveautés intéressantes viennent compléter une offre déjà existante d'activités culturelles et de promenades à faire à pied ou en vélo. Pour des informations plus détaillées : www.wendake.ca

MAISON DU TOURISME
100, boul. Bastien
418-847-1835 | www.tourismewendake.com
Tous les jours de 8h30 à 17h. En entrant à Wendake, un arrêt au bureau d'information touristique s'impose. Une équipe passionnée et dynamique vous fera des suggestions qui rendront votre séjour parmi les hurons-wendats des plus agréables. Un circuit pédestre est recommandé par la maison du tourisme. Chutes, musées, boutiques d'artisanat, restaurants et autres découvertes sont au rendez-vous.

HÔTEL-MUSÉE DES PREMIERES NATIONS
5, Place de la Rencontre, Wendake
418-847-2222 | 1 866-551-9222
www.hôtelpremieresnations.ca
Chambre confort à partir de 99$, suite junior à partir de 119$ et suite exécutive à partir de 190$. Divers forfaits disponibles. Restaurant et bar sur place. Voir dans la section hébergement pour en savoir plus. Musée : Du 24 juin à la fête du travail (début sept.) ouvert tous les jours de 9h-20h, De la fête du travail au 1er nov du dim-mer de 9h-16h et du jeu-sam de 9h-20h, Du 2 nov au 23 juin dim et mer de 9h-16h, du jeu-sam de 9h-20h, Lun-mar sur réservation pour groupes et clients de l'hôtel. Visites guidées à 10h, 13h et 15h.. Entrée : adulte 8$, âîné 7$, étudiant 6$, enfant de 7 à 16 ans 3$, enfant 6 ans et moins gratuit, famille : 20$. Forfait découverte disponibles incluant la visite du musée, des sites historiques du village et la découverte de la chute Kabir Kouba. Le musée partage avec l'hôtel un bâtiment en bois à l'architecture vraiment originale, inspirée d'une maison longue et d'un fumoir algonquin. L'objectif de l'exposition permanente est de faire comprendre l'histoire et le mode de vie de la nation Huronne-Wendat à travers divers objets, comme des armes, des tissus, des canots, etc. Ces pièces historiques étaient en grande partie détenues par des habitants de Wendake. Il importait de les exposer et de les conserver dans de bonnes conditions.

KIUGWE – LE GRAND RENDEZ-VOUS

Amphithéâtre de la Nation, Place Desjardins
100, boul. Bastien, Wendake | www.kiugwe.com

Billets en vente avec le réseau Billetech : www.billetech.com. Dates pour 2010 à confirmer mais généralement de juillet à septembre. Le spectacle a lieu dans un tout nouvel amphithéâtre, en plein-air, à deux pas des chutes Kabir Kouba. À travers des légendes amérindiennes, les acteurs retracent l'histoire du monde. Les spectateurs sont invités à se déplacer avec la troupe vers des lieux importants de Wendake. De retour dans l'amphithéâtre, un spectacle haut en couleurs les attend.

WENDAKE VILLAGE SITE TRADITIONNEL DES HURONS WENDAT ONHOÜA CHETEK8E

575, rue Stanislas-Koska, Wendake
418-842-4308 | www.huron-wendat.qc.ca

Accès par le boul. Laurentien (73 Nord), sortie 154 vers Saint-Émile, puis la rue Max-Gros-Louis Nord. Visite guidée toute l'année (2h) : Adulte 12$, 13-17 ans 9$, 7-12 ans 7$, 6 ans et moins gratuit. Forfait spectacle, repas et visite disponible. Une visite intéressante qui explique bien le mode de vie des hurons d'hier à aujourd'hui. Forfait « canot et tradition » en été, « raquette et nature » en hiver. Ce village amérindien propose une fidèle reproduction du mode de vie de la nation des Hurons (Wendat). On visite la maison longue traditionnelle. On verra aussi un fumoir à poissons, un sauna- hutte de sudation où l'on jetait de l'eau bouillante sur des pierres- et un tipi en voile de bateau. On assistera à des danses et à des démonstrations de fabrication artisanale de canots d'écorce et de raquettes à neige. Boutique d'artisanat amérindien, librairie spécialisée en littérature et musique amérindiennes, restaurant Nek8arre où l'on peut déguster de la cuisine amérindienne (entre 15$ et 30$ par personne), traditionnelle et nouvelle.

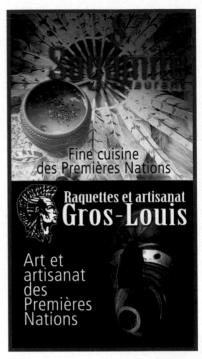

SAGAMITE RESTAURANT

10, boul. Maurice-Bastien, Wendake
418-847-6999 | www.wendake.com/sagamite/

Ouvert 7j/7. La cuisine ferme à 22h sauf le vendredi et samedi à 23h. Menu midi : 9,45-13,95$, TH soir : 23,95-36,95$. Toutes cartes de crédit. Terrasse. Au cœur du village Huron, la Sagamité propose, dans un cadre très agréable (on entend les chutes Kabir Kouba), une ambiance et des mets typiquement autochtones. On ne manque pas de goûter à la Sagamité- la soupe traditionnelle – ou à la potence de gibiers – disponible uniquement dans ce restaurant. Le tout accompagné d'une bonne banique (pain amérindien) et d'une Kwe, une nouvelle bière d'inspiration wendat, avec du malt, du houblon et du maïs. Si vous célébrer un anniversaire au Sagamité, n'hésitez pas à le mentionner au personnel… un chant d'anniversaire des plus originaux saura rendre l'occasion encore plus spéciale.

CANOTS LÉGARÉ

12766, boul. Valcartier, Loretteville

418-843-7979 | www.canotslegare.com

Ouvert sam-mar de 9h à 17h, mer-ven de 9h à 21h. Cours lundi et mardi de 18h30 à 21h. Cette entreprise familiale qui a près de 100 ans propose diverses embarcations à louer pour profiter de la beauté de la rivière Saint-Charles. On a le choix entre différents types de canots, des kayaks pour une ou deux personnes et des rabaskas qui peuvent embarquer jusqu'à 11 personnes.

CORRIDOR DES CHEMINOTS

Cette piste cyclable s'étend sur 22 km. Elle mène à d'autres pistes de la région. Le corridor des Cheminots relie l'arrondissement de Limoilou à Val Bélair. Il permet ainsi de se rendre de Wendake au domaine Maizerets, dans la ville de Québec. De l'autre côté, il mène à la très belle piste Jacques-Cartier/Portneuf, qui aboutit à Shannon.

RAQUETTES ET ARTISANATS GROS-LOUIS

30, Maurice-Bastien

418-842-2704 | www.raquettesgroslouis.com

Ouvert tous les jours de 9h30 à 17h30. Depuis 1939, cet établissement fabrique des raquettes de grande qualité et est l'un des plus grands fournisseurs du pays. De la raquette en babiche à la raquette en aluminium, on vous aidera à choisir la paire qui conviendra à vos besoins. La famille Gros-Louis transmet les traditions huronnes wendat et celles de certaines autres nations autochtones au travers ses créations. On y retrouve bijoux, calumets, capteurs de rêves, encens traditionnels, mocassins, bottes d'hiver, vêtements en cuir et encore plus. La plupart des objets sont fabriqués sur place et si on est chanceux, on peut observer quelques artistes à l'œuvre lors de sa visite.